Maria-Rita Helten-Pacher
Herbert Staud
Wolfgang Taubinger

sprachreif

Deutsch Oberstufe

Schreibkompetenz-training 2

Analytische und interpretatorische Textsorten

www.oebv.at

Einleitung

Zur Arbeit mit diesem Buch

Dieses Buch will Ihnen helfen, sich erfolgreich auf Schularbeiten und die ab 2014/2015 gültige schriftliche Reife- und Diplomprüfung im Fach Deutsch vorzubereiten, und zwar für die Textsorten **Zusammenfassung**, **Textanalyse** und **Textinterpretation**.

Der Aufbau des Buchs trägt zwei Tatsachen Rechnung: zuerst jener, dass in Zukunft die Aufgabenstellungen bei den Schularbeiten häufig, bei der Reife- und Diplomprüfung immer darin bestehen werden, Texte nicht nur zu schreiben, sondern vorgegebene Ausgangstexte zu lesen und sich mit ihnen gemäß der Aufgabenstellung auseinanderzusetzen. Zweitens galt es zu berücksichtigen, dass bereits ein Band Schreibkompetenztraining im Rahmen der Reihe sprachreif erschienen ist, in dem grundsätzliche Überlegungen zum Schreiben angestellt werden, die in diesem Band folglich nicht mehr wiederholt werden.

Im ersten Abschnitt dieses Bandes finden Sie nach grundsätzlichen Überlegungen zum Textverstehen sowie zur Unterscheidung von Sachtexten und literarischen Texten Hilfestellungen für das sinnerfassende Lesen.

Im zweiten, wesentlich umfassenderen Abschnitt wird jede einzelne Textsorte in einem Kapitel thematisiert. Jedes Kapitel folgt einem systematischen Aufbau, der Sie mit der jeweiligen Textsorte vertraut machen soll.

Zu Beginn wird die Textsorte definiert. Es folgt eine Übersicht über die textsortenspezifischen Anforderungen an Situation, Adressatin/Adressat, Inhalt, Absicht, Gliederung, Sprache. Beim Üben sollten Sie immer wieder überprüfen, wie gut Ihre Texte diese Anforderungen erfüllen, denn nach diesen Kriterien werden Ihre Texte schließlich auch beurteilt — egal ob bei Schularbeiten, bei der Reife- oder Diplomprüfung oder später im Studium und Berufsleben. Anhand eines kommentierten Beispieltextes können Sie nachlesen, wie diese Anforderungen umgesetzt werden können.

Es folgen Übungen zu verschiedenen Aspekten der jeweiligen Textsorte — zum Aufbau, zur sprachlichen Bewältigung, zum notwendigen Fachvokabular, zum Überarbeiten. Den Abschluss jedes Kapitels bildet eine Schreibaufgabe nach dem Muster der Reife- und Diplomprüfung, ergänzt durch Hinweise zu ihrer Lösung.

Am Ende des Buches finden Sie alle Lösungen zu Übungen und Aufgaben für Ihre Selbstkontrolle.

Wir wünschen Ihnen viel Erfolg beim Üben mit diesem Buch und bei Ihren schriftlichen Prüfungen.

Maria-Rita Helten-Pacher   Herbert Staud   Wolfgang Taubinger

Anmerkung: Die Autorin und die Autoren haben ihre Texte nach den Vorgaben des BMBF für geschlechtergerechtes Formulieren (vgl. https://www.bmbf.gv.at/ministerium/rs/formulieren_folder2012_7108.pdf?4e4zxz) verfasst. In Zitaten und Originaltexten anderer Autorinnen und Autoren wurden die Originalformulierungen beibehalten.

Die Textsorte „Zusammenfassung"

Die Zusammenfassung ist keine eindeu— vor allem im wissenschaftlichen Umfe Texten, die vom Ausgangstext („Primär bestimmt werden.
Die Zusammenfassung vermittelt einer beschränkt. Merkmale einer Zusamme Zwecke der Wiedergabe des Inhaltes, d Textes.
Die Zusammenfassung kann einerseits den werden, andererseits auch als Term einmal zusammenfasst (= Resümee).

Ü5   Lesen Sie den folgenden Zei führen Sie folgende Arbeits

— Tragen Sie gleich beim e eine Wortgruppe) zum In
— Verkürzen Sie beim zwei Sie verdichten dabei einz wenn möglich, auch mit

Schreibaufgabe (Hausübung

Verfassen Sie eine Zusamm

Situation: Sie haben sich mi Psychologie und Deutsch be menfassung des Textes „Die

Lesen Sie den vorliegenden Schreiben Sie nun die Zusan

— Geben Sie wesentliche I
— Beschreiben Sie die dari
— Erläutern Sie die Gründe unterschiedlichen Seiten

Schreiben Sie 315 bis 385 W Markieren Sie Absätze mitt

Lösungen:

Zusammenfassung

Ü 10: sind ... fest verankert = Zustandspassiv. Au wicklung der Schweiz zu einer Wohlstandsgesells Partizipialkonstruktionen. ... legt ... eine kritische versiven Macht des Geldes vor, vor dem Hintergru steigert er in den Physikern diese Kritik zur Ne schaftlicher Omnipotenz = Komplexe Satzkonstr

Inhaltsverzeichnis

1 Zusammenfassen, Analysieren und Interpretieren von Texten

Der zweite Band *Schreibkompetenztraining* der Reihe *sprachreif* beschäftigt sich mit den Textsorten *Zusammenfassung*, *Textanalyse* und *Textinterpretation*.

Im Rahmen der kompetenzorientierten schriftlichen Reife- und Diplomprüfung aus Deutsch (SRDP) wird jede dieser drei Textsorten Bezug auf einen oder mehrere Ausgangstexte nehmen müssen. Als Grundlage dafür dienen sowohl Sachtexte als auch literarische Texte. Daher wird Ihnen der erste Abschnitt dieses Bandes einige Hilfestellungen zum Textverstehen und Lesen anbieten. Daran schließen die Erläuterungen zu den einzelnen Textsorten des Bandes an. Dabei wird die Gliederung des ersten Bandes beibehalten: Eine Textsorte wird zuerst vorgestellt, anschließend folgen ein Beispieltext und entsprechende Übungen.

1.1 — Texte verstehen

„Verstehen" hat laut DUDEN (Band 7, S. 741–742) etwas mit „erkennen", „geistig auffassen", „wahrnehmen" zu tun. Sie müssen sich also, wenn Sie sich auf einen unbekannten Text einlassen, von Ihrem geistigen Standort aus auf etwas Neues zubewegen und sich damit auseinandersetzen.

Obwohl das Verstehen von Sachtexten und literarischen Texten eine Reihe von Ähnlichkeiten aufweist, unterscheiden wir im Folgenden zwischen dem Verstehen von Sachtexten und literarischen Texten.

Wichtige Unterschiede zwischen Sachtexten und literarischen Texten:

Sachtexte
— beziehen sich auf die reale Welt
— streben zumeist Eindeutigkeit an
— informieren, klären etwas, appellieren …

Literarische Texte
— entwerfen vielfach eine erfundene Welt
— sind oft mehrdeutig und unbestimmt
— entwickeln Gegenwelten zur Realität
— zeichnen sich durch eine besondere formale und sprachliche Gestaltung aus

1.2 — Texte verstehen – welche Kompetenzen sind dafür notwendig?

Einen Sachtext oder literarischen Text zu verstehen, bedeutet für die Leserin und den Leser zunächst einmal, Buchstaben, Wörter und Sätze zu erkennen und ihnen – unter Zuhilfenahme des eigenen Vorwissens – eine Bedeutung beizumessen. In weiterer Folge werden mehrere aufeinander folgende Sätze verknüpft und thematische Zusammenhänge hergestellt. Abschließend erfolgt das für alle Abschnitte des Textes. Damit erfassen Lesende die Teilthemen des Textes und sein übergreifendes Thema. Vor- und Weltwissen der Leserin und des Lesers leisten dabei einen wichtigen Beitrag.

Kompetente Leserinnen und Leser sind schließlich in der Lage, den konkreten Text einer Textsorte zuzuordnen und vorhandene sprachlich-stilistische Mittel zu erkennen.

Beispiel: Sobald Sie an dem unten angeführten Text gemerkt haben, dass es sich um einen Zeitungsbericht handelt, werden Sie auf Grund Ihrer Textsorten-Kompetenz die Schlagzeile und die fett gedruckte Zusammenfassung besonders intensiv lesen, weil Sie wissen, dass Sie dort alle wichtigen Informationen finden. Die weiteren Ausführungen führen nur noch Details an. [1]

Literarische Texte laden wegen ihrer Mehrdeutigkeiten und Unbestimmtheiten zu einem weiteren Schritt ein – zur Bedeutungszuweisung, die über die Wiedergabe des Wortsinns und der Inhaltsebene hinausgeht (= Interpretation). Die im Rahmen der Textanalyse erkannten Strukturen sind eine geeignete Ausgangsbasis dafür.

[1] Diese Hinweise orientieren sich an: Jürgen Baurmann: Sachtexte lesen und verstehen. Seelze: Friedrich Verlag 2009, S. 41–45.

Ü1   **Lesen Sie den folgenden Text aus der Tageszeitung „Kurier" vom 8. 10. 2014.**

Bank-Filialleiter zweigte 1,4 Millionen Euro ab

Kaufte von Geld der Kunden zwei Rennpferde für Ehefrau – drei Jahre und neun Monate Haft.

Ein Wiener Banker ist am Dienstag im Straflandesgericht wegen Veruntreuung zu einer unbedingten Freiheitsstrafe von drei Jahren und neun Monaten verurteilt worden. Der ehemalige Filialleiter eines großen Geldinstituts hatte in einem Zeitraum von siebeneinhalb Jahren Kundengelder in Höhe von 1,4 Millionen Euro abgezweigt. Er benötigte das fremde Geld, weil er sich beim Hausbau übernommen hatte.

„Ich wollte meine Wohnverhältnisse verbessern", erläuterte der 47-Jährige einem Schöffensenat[1]. Der Mann wohnte an einer Ausfallstraße in Wien-Liesing und ertrug den Lärm nicht mehr. Er entschloss sich daher, im Wienerwald ein Haus zu bauen, wobei er davon ausging, dass dieses Projekt sich weitgehend mit dem Verkauf seines Elternhauses in Perchtoldsdorf finanzieren ließ.

„Aus dem Ufer geraten"
Ein Irrtum, wie sich herausstellen sollte. „Das Ganze ist leider aus dem Ufer geraten", gab der Banker zu Protokoll. Eine Hangrutschung, Probleme mit dem Kanalanschluss und der Einbau zusätzlicher Stützmauern hätten Löcher in sein Budget geschlagen. Als auch sein Kreditrahmen gesprengt war, begann er ab dem Jahr 2006 sich an fremdem Vermögen zu vergreifen.

Der Banker verwaltete in seiner Filiale eine ganze Reihe von Wertpapierdepots. Bei betagten Kunden, die vermögend waren und kein Online-Banking betrieben und demnach keinen laufenden Überblick über ihre aktuelle Finanzlage hatten, zwackte er Beträge ab und leitete diese auf ein eigens angelegtes Zwischenkonto um. „Ich habe leider den leichten Weg genommen", stellte der 47-Jährige fest.

Rennpferde für die Ehefrau
Das Geld floss nicht nur in den Hausbau. Auch die Ehefrau durfte sich freuen – ihr kaufte der Banker zwei Rennpferde und einen Audi Q5[2]. Erst im Herbst 2013 flogen die Malversationen[3] auf, der Filialleiter wurde im November festgenommen. „Dass das keiner kontrolliert hat", wunderte sich Richter Georg Olschak, „da denk ich mir als Bankkunde schon, das kann nicht wahr sein." „In diesem Bereich ist die Prüfung nicht stark ausgeprägt", belehrte ihn der Angeklagte, der mittlerweile seinen Job los ist. Die internen Prüfer würden sich hauptsächlich darauf konzentrieren, die den Kunden eingeräumten Überziehungsrahmen zu überwachen. Die Kunden wiederum „haben einfach nicht drauf geschaut", sagte der 47-Jährige.

Bei der Strafbemessung waren der lange Deliktszeitraum und der hohe Schaden erschwerend. Mildernd wurden demgegenüber die bisherige Unbescholtenheit, das Geständnis sowie die Bereitschaft zur Schadensgutmachung gewertet. Der 47-Jährige hat seinem ehemaligen Arbeitgeber, der den Kunden die abhandengekommenen Beträge ersetzen musste, ein Alleinverwertungsrecht für die Liegenschaft im Wienerwald eingeräumt. Zudem hat er zwei Pkw veräußert und den Erlös von insgesamt 56.000 Euro der Bank überwiesen.

Das Urteil ist nicht rechtskräftig. Der ehemalige Filialleiter erbat Bedenkzeit, die Staatsanwältin gab vorerst keine Erklärung ab.

QUELLE: http://kurier.at/chronik/wien/bank-filialleiter-zweigte-1-4-millionen-euro-ab/89.821.524; 08. 10. 2014

[1] Schöffensenat: Schöffengericht, für bestimmte Delikte zuständig
[2] Audi Q5: PKW der gehobenen Klasse
[3] Malversationen: finanzielle Unregelmäßigkeiten

Schritte zum Erfassen dieses Sachtextes
— Textsignale erfassen: Layout eines Zeitungsberichts – Überschrift – Bild – Bildunterschrift
— Wichtige Aussagen erfassen: In Wien ist der Filialleiter einer Bank zu einer mehrjährigen Haft verurteilt worden, weil er Geld unterschlagen hat, das er für private Zwecke brauchte.
— Beziehung zwischen den einzelnen Abschnitten (= Absätzen) herstellen: Wiederaufnahme bzw. Ersatzformen: Bank-Filialleiter – Wiener Banker – Filialleiter – Der Mann – Er – Banker – Filialleiter – der Angeklagte – der 47-Jährige – er – Filialleiter
— Vor- und Weltwissen aktivieren: Sie haben von Menschen gehört und gelesen, die ihre berufliche Position missbraucht haben, um ihren aufwändigen Lebensstil zu finanzieren; Wissen um die strafrechtlichen Konsequenzen
— Wissen um die Textsorte Zeitungsbericht aktivieren: Art der Aufmachung – Bild, Schlagzeile, fett gedruckte Zusammenfassung mit den wichtigsten Informationen – und sprachliche Gestaltung lassen sofort an einen Bericht denken.

2 Lesestile und Lesestrategien

2.1 — Leseabsichten unterscheiden

Wie man einen Sachtext am besten liest, hängt von der Leseabsicht ab. Leseabsichten können sein:

Kommunikation als „erotischer Akt"

Psychologie. „Slogan" war einst ein Schlachtruf – erklärt Agenturchef Alfred Koblinger. Er hält die Sprache im Marketing für zu kriegerisch und unser Gehirn für ziemlich faul.

VON ISABELLA WALLNÖFER

Die Presse: Sie sind kommende Woche Keynote-Speaker beim DMVÖ-Marketing-Kongress, der unter dem Motto steht: „Die Schlacht um den Kunden". Spielt sich denn ein Krieg um Kunden ab?
Alfred Koblinger: Die Sprache in unserer Branche ist tatsächlich kriegerisch. Das Wort „Slogan" wurde von den schottischen Clans als Schlachtruf verwendet, wenn sie auszogen, um den Clanmitgliedern des Nachbardorfes den Schädel einzuschlagen. Und auf eine „Zielgruppe" legt man an, um zu schießen. Dabei geht es im Marketing darum, eine Beziehung zwischen Marke und Kunden aufzubauen – das funktioniert wie bei einer menschlichen Beziehung: Ich will das Objekt meiner Begierde kennenlernen, ihm nahekommen, es vielleicht fürs ganze Leben haben. Dafür muss ich immer etwas tun – selbst wenn ich einmal verheiratet bin, reicht es nicht, meiner Frau zum Hochzeitstag Rosen zu schenken. Kommunikation ist für mich kein kriegerischer, sondern ein erotischer Akt. Werbung, aber auch Umwerbung.

Trotzdem findet eine Werbeschlacht statt: Man hört ständig „besser", „schneller", „länger".
Es gibt von allem zu viel, die Produkte sind austauschbar geworden, die meisten Bedürfnisse erfüllt. Einer senkt den Preis, und damit beginnt die Schlacht. Dann kommt es darauf an, dem Kunden die Qualität einer Marke zu vermitteln, damit er auch bereit ist, mehr zu bezahlen. Denn wo die Geiz-ist-Geil-Mentalität hinführt, hat man ja gesehen: zu einer Verrohung der Sitten.

Wie inszeniert man am besten eine Marke?
Was eine Marke macht und wie, das ist kaum mehr differenzierend. Es geht vor allem um das Warum. Warum soll ich diese Marke kaufen? Welchen Anspruch hat sie? Nehmen wir Nike: Die bewerben nicht das beste Sportequipment der Welt, sondern bestärken mich: Just do it! Du bist der Held, wir helfen dir nur dabei. Das schaffen aber nur wenige Unternehmen. Die meisten nehmen sich viel zu ernst und erklären mir, wie gut sie sind. Ich bin der Größte, ich bin der Schnellste. Aber die Menschen blenden diese Art von Werbung brutal aus: Unser Gehirn ist ja unser faulstes Organ – es wird nur aktiv, wenn Belohnungen versprochen werden. Beispiel Red Bull: Es verleiht Flügel – sprich: Du wirst besser.

Sie befassen sich aber nicht nur mit Gehirnforschung – auch mit Psychologie.
Ja, wir erzählen archetypische Geschichten. Die sind uns ja allen eingebrannt – von Kindheit an. Von Schneewittchen bis

Aschenputtel – Märchen, Sagen, auch erfolgreiche Filme oder Bücher wie „Harry Potter" machen diese Archetypen in uns lebendig. Die Geschichten in der Werbung funktionieren dann besonders, wenn ihnen so eine archetypische Geschichte zugrunde liegt und wenn sie diesen Belohnungsreiz gibt, der all diesen Geschichten innewohnt.

Wie hat das Internet die Werbung verändert?
Früher haben wir stellvertretend für eine Marke mit dem Konsumenten gesprochen: Das ist gut, kauf es. Das funktionierte oneway. Dann ist ein Dialog mit dem Kunden entstanden – über Mailings, Telefonmarketing. In einer digitalen Welt wird massenmediale Werbung kritisch hinterfragt. Viel wichtiger für eine Kaufentscheidung ist, was Freunde und Bekannte sagen. Sich in diese Gespräche einzuklinken – über Onlinemedien, über Facebook etc. – und Empfehlungen zu stimulieren, ist eine große Herausforderung heute.

Werden wir in Zukunft mit persönlicher Werbung überschwemmt? Was passiert mit den Daten?
Big Data ist in aller Munde. Kunden hinterlassen Unmengen von Daten im Netz, mit denen wir sie dann individuell targeten können – da sind wir wieder bei der Kriegssprache. Aber die Frage ist: Wann wird es dem Konsumenten zu viel? Wenn sie heute eine Pflanzenfibel bei Amazon kaufen, kriegen sie die nächsten dreißig Jahre wöchentlich Gartenbücher und -geräte vorgeschlagen – haben aber unter Umständen gar keinen Garten. Stellen Sie sich das gleiche Szenario am Handy vor. Die wesentlich bessere Alternative: Marken schaffen Content, der für ihre Kunden von Nutzen ist und über den sie reden – da kann ich sub\xadkutan meine Markenbotschaften dazuliefern.

Content im Internet wird auch manipuliert – z. B. durch gekaufte Likes oder Empfehlungen.
Überall, wo Schweinereien möglich sind, werden sie auch begangen. Aber wir sehen, dass auf Facebook die Likes wieder abnehmen, und das ist gut. Aber wir sehen, dass die Leute zunehmend kritisch sind, mit einer Marke kommunizieren, indem sie z. B. für den neuen Burger voten. Es wird einfach zu viel. Und wenn die Jungen sagen, in Zukunft wird alles digital sein, sage ich: Okay, aber wir brauchen auch Massenmedien, über die wir Markenmagie aufbauen können.

Dialog Marketing Kongress

Der Kongress „Insight Arena" des Dialog Marketing Verbands findet am 11. September in der Burg Perchtoldsdorf statt. Unter den Vortragenden sind neben Alfred Koblinger, CEO der Werbeagentur PKP BBDO in Wien, auch sein Kollege Alvaro Cabrera von der Agentur OgilvyOne New York und der Schweizer Dialog-Marketer René Eugstair (Agentur am Flughafen in Altenrhein). www.dmvoe.at

Alfred Koblinger will Kunden lieber mit Worten überzeugen als mit „kriegerischen Waffen".

QUELLE: Die Presse, 02. 09. 2013

1) Man will sich über Inhalt und Themen einen Überblick verschaffen = **orientierendes Lesen:** Dabei nimmt man Titel, Untertitel, Hervorhebungen, Bildunterschriften, Kästen etc. ins Visier.

2) Man sucht gezielt nach bestimmten gewünschten Informationen = **selektives Lesen:** Dafür „scannt" man den Text nach spezifischen Themen, Begriffen, Daten, Fakten … Hier könnte man z. B. Stellen zum Thema „kriegerische Sprache" herausfiltern.

3) Man möchte den Inhalt genau verstehen, untersuchen, z. B. zur Wissenserweiterung, Auseinandersetzung, Analyse, Interpretation … = **intensives (genaues) Lesen:** Hier bemüht man sich um ein detailliertes Verständnis, klärt alle offenen Fragen und Begriffe, dafür liest man manche Stellen mehrmals.

4) Man möchte mehr über das Thema lesen und zieht weitere Texte heran = **extensives Lesen:** Dafür recherchiert man in Büchern, in Zeitschriften, im Internet …

Kommunikation als „erotischer Akt"

Psychologie. „Slogan" war einst ein Schlachtruf – erklärt Agenturchef Alfred Koblinger. Er hält die Sprache im Marketing für zu kriegerisch und unser Gehirn für ziemlich faul.

VON ISABELLA WALLNÖFER

Die Presse: Sie sind kommende Woche Keynote-Speaker beim DMVÖ-Marketing-Kongress, der unter dem Motto steht: „Die Schlacht um den Kunden". Spielt sich denn ein Krieg um Kunden ab?

Alfred Koblinger: Die Sprache in unserer Branche ist tatsächlich kriegerisch: Das Wort „Slogan" wurde von den schottischen Clans als Schlachtruf verwendet, wenn sie auszogen, um den Clanmitgliedern des Nachbardorfes den Schädel einzuschlagen. Und auf eine „Zielgruppe" legt man an, um zu schießen. Dabei geht es im Marketing darum, eine Beziehung zwischen Marke und Kunden aufzubauen – das funktioniert wie bei einer menschlichen Beziehung: Ich will das Objekt meiner Begierde kennenlernen, ihm nahekommen, es vielleicht fürs ganze Leben haben. Dafür muss ich immer etwas tun – selbst wenn ich einmal verheiratet bin, reicht es nicht, meiner Frau zum Hochzeitstag Rosen zu schenken. Kommunikation ist für mich kein kriegerischer, sondern ein erotischer Akt. Werbung, aber auch Umwerbung.

Trotzdem findet eine Werbeschlacht statt: Man hört ständig „besser", „schneller", „billiger".

Es gibt von allem zu viel, die Produkte sind austauschbar geworden, die meisten Bedürfnisse erfüllt. Einer senkt den Preis, und damit beginnt die Schlacht. Dann kommt es darauf an, dem Kunden die Qualität einer Marke zu vermitteln, damit er auch bereit ist, mehr zu bezahlen. Denn wo die Geiz-ist-Geil-Mentalität hinführt, hat man ja gesehen: zu einer Verrohung der Sitten.

Wie inszeniert man dann am besten eine Marke?

Was eine Marke macht und wie, das ist kaum mehr differenzierend. Es geht vor allem um das Warum. Warum soll ich diese Marke kaufen? Welchen Anspruch hat sie? Nehmen wir Nike: Die bewerben nicht das beste Sportequipment der Welt, sondern bestärken mich: Just do it! Du bist der Held, wir helfen dir nur dabei. Das schaffen aber nur wenige Unternehmen. Die meisten nehmen sich viel zu ernst und erklären mir, wie gut sie sind. Ich bin der Größte, ich bin der Schnellste. Aber die Menschen blenden diese Art von Werbung brutal aus: Unser Gehirn ist ja unser faulstes Organ – es wird nur aktiv, wenn Belohnungen versprochen werden. Beispiel Red Bull: Es verleiht Flügel – sprich: Du wirst besser.

Sie befassen sich aber nicht nur mit Gehirnforschung – auch mit Psychologie.

Ja, wir erzählen archetypische Geschichten. Die sind uns ja allen eingebrannt – von Kindheit an. Von Schneewittchen bis Aschenputtel – Märchen, Sagen, auch erfolgreiche Filme oder Bücher wie „Harry Potter" machen diese Archetypen in uns lebendig. Die Geschichten in der Werbung funktionieren dann besonders, wenn ihnen so eine archetypische Geschichte zugrunde liegt und wenn es diesen Belohnungsreiz gibt, der all diesen Geschichten innewohnt.

Wie hat das Internet die Werbung verändert?

Früher haben wir stellvertretend für eine Marke mit dem Konsumenten gesprochen: Das ist gut, kauf es. Das funktionierte one-way. Dann ist ein Dialog mit dem Kunden entstanden – über Mailings, Telefonmarketing. In einer digitalen Welt wird massenmediale Werbung kritisch hinterfragt. Viel wichtiger für eine Kaufentscheidung ist, was Freunde und Bekannte sagen. Sich in diese Gespräche einzuklinken – über Onlinemedien, über Facebook etc. – und Empfehlungen zu stimulieren, ist eine große Herausforderung heute.

Werden wir in Zukunft mit persönlicher Werbung überschwemmt? Was passiert mit den Daten?

Big Data ist in aller Munde. Kunden hinterlassen Unmengen von Daten im Netz, mit denen wir sie dann individuell targeten können – da sind wir wieder bei der Kriegssprache. Aber die Frage ist: Wann wird es dem Konsumenten zu viel? Wenn Sie heute eine Pflanzenfibel bei Amazon kaufen, kriegen sie die nächsten dreißig Jahre wöchentlich Gartenbücher und -geräte vorgeschlagen – haben aber unter Umständen gar keinen Garten. Stellen Sie sich das gleiche Szenario am Handy vor. Die wesentlich bessere Alternative: Marken schaffen Content, der für ihre Kunden von Nutzen ist und über den sie reden – da kann ich subkutan meine Markenbotschaften dazuliefern.

Content im Internet wird auch manipuliert – z. B. durch gekaufte Likes oder Empfehlungen.

Überall, wo Schweinereien möglich sind, werden sie auch begangen. Aber wir sehen, dass auf Facebook die Likes wieder abnehmen, auch die Fälle, in denen Konsumenten mit einer Marke kommunizieren, indem sie z. B. für den neuen Burger voten. Es wird einfach zu viel. Und wenn die Jungen sagen, in Zukunft wird alles digital sein, sage ich: Okay, aber wir brauchen auch Massenmedien, über die wir Markenmagie aufbauen können.

QUELLE: Die Presse, 02. 09. 2013

2.2 — Übungen

— Nennen Sie nach dem **orientierenden Lesen** das Hauptthema und die wesentlichen Einzelthemen.
— Finden Sie mittels **selektivem Lesen** möglichst schnell jene beiden Textstellen, in denen es um das Thema *Marke* geht, und jene Textstelle, die das Thema *Geschichtenerzählen* behandelt.
— Lesen Sie den Text genau (**intensives Lesen**) und wenden Sie dabei Lesestrategien an.

Lesestrategien können sein:
Den Text mit dem eigenen Sach- und Weltwissen verknüpfen:
— Notieren Sie in einem Cluster, was Ihnen zu den Begriffen *Kommunikation* und *Werbung* einfällt.
Vorausdenken:
— Überlegen Sie, welche Informationen und Antworten Sie sich auf die jeweilige Frage im Interview erwarten.
Fragen stellen:
— Formulieren Sie vor dem genauen Lesen Fragen, die Sie einem Werbefachmann stellen würden.
Reduzieren:
— Streichen Sie in den Antworten von Alfred Koblinger alle Beispiele.
— Markieren Sie im übrig gebliebenen Text die Hauptaussage bzw. die Hauptaussagen (in der ersten Antwort gibt es z. B. zwei Aussagen).
— Formulieren Sie die Aussage(n) jeder Antwort mit einem Satz (Hauptsatz, Hauptsatzreihe, Satzgefüge).
— Markieren Sie im Text das Wort *Werbung* und alle Begriffe (Nomen), die eng mit ihm verbunden sind.
Recherchieren, Nachschlagen:
— Klären Sie unklare Passagen oder Begriffe, indem Sie im Absatz (mehrmals) vor- und zurücklesen oder indem Sie nochmals die damit verbundene Frage lesen.
— Schlagen Sie die Bedeutung unbekannter oder unklarer Begriffe (in einem Fremdwörterbuch, Synonymwörterbuch, Lexikon im Internet oder in Buchform) nach.

Diese Lesestrategien können Sie für andere Sachtexte genauso nutzen.

AUFGABE

Schreibaufgabe

Verfassen Sie nun eine Zusammenfassung und bearbeiten Sie dabei die folgenden Arbeitsaufträge:

— Nennen Sie die im Interview behandelten Themen.
— Erschließen Sie, was Werbung für Alfred Koblinger bedeutet und wie sich seiner Meinung nach Werbung derzeit entwickelt.

Schreiben Sie 270 bis 330 Wörter. Markieren Sie Absätze mittels Leerzeilen.

— Betreiben Sie nun **extensives Lesen** zum Thema *Geschichtenerzählen in der Werbung*. Recherchieren Sie dafür 12 bis 15 Dokumente im Internet. Achten Sie bei den Internetseiten darauf, welche Interessen hinter den Texten stehen könnten: informative, kommerzielle, wissenschaftliche?
Gehen Sie dann folgendermaßen vor:
  – Stellen Sie durch selektives Lesen fest, ob Begriffe wie *Geschichtenerzählen, Geschichten, Erzählung, erzählen, Storytelling* im Text auffindbar sind.
  – Stellen Sie durch orientierendes Lesen fest, ob das Thema *Geschichtenerzählen* im Mittelpunkt des Textes steht oder zumindest ein wichtiges Thema darstellt.
  – Wählen Sie jene drei Texte aus, die Sie aufgrund der Internetseite und Ihrer Leseaktivitäten am ergiebigsten für das Thema *Geschichtenerzählen in der Werbung* halten und wenden Sie genaues Lesen an.

AUFGABE

Schreibaufgabe

Verfassen Sie nun eine Zusammenfassung der von Ihnen gewählten drei Texte und bearbeiten Sie dabei die folgenden Arbeitsaufträge:

— Geben Sie wieder, was unter *Geschichtenerzählen in der Werbung* verstanden wird.
— Vergleichen Sie die Darstellung der drei Artikel.

Schreiben Sie 270 bis 330 Wörter. Markieren Sie Absätze mittels Leerzeilen.

3 Schritt-für-Schritt-Textsortentraining

3.1 — Die Zusammenfassung

Die Textsorte „Zusammenfassung"

Die Zusammenfassung ist keine eindeutig definierbare Textsorte. Im schulischen und außerschulischen Kontext – vor allem im wissenschaftlichen Umfeld – finden sich unterschiedliche Formen von zusammenfassenden Texten, die vom Ausgangstext („Primärtext"), der Verwendungssituation und dem Erscheinungsmedium bestimmt werden.

Die Zusammenfassung vermittelt einen klaren Überblick über das Textganze, wobei sie sich auf das Wesentliche beschränkt. Merkmale einer Zusammenfassung sind die **Verkürzung** und **Verdichtung** einer Textvorlage zum Zwecke der Wiedergabe des Inhaltes, der Struktur bzw. des gedanklichen und argumentativen Aufbaus eines Textes.

Die Zusammenfassung kann einerseits als Oberbegriff für alle Arten von zusammenfassenden Texten verstanden werden, andererseits auch als Terminus für einen Textteil, der eine vorangegangene Darstellung noch einmal zusammenfasst (= Resümee).

3.1.1 — Anforderungen an eine Zusammenfassung/Beurteilungsgrundlagen

Situation	Die Verfasserin/Der Verfasser einer Zusammenfassung gibt in verknappter und verdichteter Form wesentliche Inhalte, die Gliederung, den gedanklichen Aufbau und die Gestaltung des Ausgangstextes wieder. Grundlage dafür sind das Verstehen der Textvorlage und die Fähigkeit, einzelne Informationen/Textteile zu abstrahieren und sprachlich zu komprimieren. Die Zusammenfassung kann als eigenständiger Text oder als Teil eines komplexeren Textes, z. B. als Teil einer (vor)wissenschaftlichen Arbeit, erscheinen.
Adressatinnen und Adressaten	Die Adressatinnen und Adressaten wollen über Sachverhalte kurz und prägnant informiert werden. Die Lektüre des Ausgangstextes darf bei den Adressatinnen und Adressaten nicht vorausgesetzt werden.
Inhalt	Der Inhalt einer Zusammenfassung richtet sich nach dem Thema bzw. den Teilthemen des Ausgangstextes, die in komprimierter Form sachlich wiedergegeben werden.
Absicht	Die Zusammenfassung vermittelt den Leserinnen und Lesern einen raschen Überblick über Inhalt und Aufbau eines Textes. Sie hilft ihnen, seine Relevanz für ihre Lektüreabsichten zu bewerten. Unter Umständen ersetzt oder erspart die Zusammenfassung die Lektüre des Ausgangstextes.
(Mögliche) Gliederung	Einleitung: Hinweis auf publikationsrelevante Daten – also Textsorte, Titel, Verfasserin bzw. Verfasser, Erscheinungsdatum, Ort, Publikationsmedium, Verlag – sowie das Thema. Hauptteil: Beim Schreiben der Zusammenfassung kann man sich an die Chronologie (Reihenfolge) der Informationen des Ausgangstextes halten oder die Informationen nach sachlogischen Kriterien ordnen. Schluss: orientiert sich an der Aufgabenstellung (z. B. „Beurteilen Sie, ob der Ausgangstext als Grundlage für eine Diskussion zum behandelten Thema geeignet ist.")

Sprache	Die Zusammenfassung wird im Präsens verfasst. Sie ist in einem neutralen, sachlichen Stil geschrieben. Detaildarstellungen oder Einzelbeispiele werden zuerst gedanklich abstrahiert und schließlich sprachlich komprimiert. Der Begriffsbildung allgemein und dem Einsatz von generalisierenden Oberbegriffen kommt große Bedeutung zu. Direkte Zitate aus der Textvorlage sollten nur in wichtigen Fällen angeführt werden; beim Einsatz der indirekten Rede ist auf die korrekte Verwendung des Konjunktivs zu achten.
Umfang	Der Umfang beträgt meist 270 bis 330 Wörter; selten 405 bis 495 Wörter. Die Einhaltung der vorgegebenen Wortanzahl ist wichtig; Unter- und Überschreitungen sind problematisch.
Beispiele für verwandte Textsorten	Inhaltsangabe, Abstract, Exzerpt, Précis …

3.1.2 — Die Zusammenfassung – Versuch einer Abgrenzung zu verwandten Textsorten

Inhaltsangabe

Die Inhaltsangabe hat als Ausgangstext einen literarischen Text, während Zusammenfassungen sich vorwiegend auf nicht literarische Primärtexte beziehen. In Inhaltsangaben sollen Handlungen und Inhalte des literarischen Textes (vorwiegend epische und dramatische, selten lyrische) verkürzt wiedergegeben werden.

Abstract

Ein Abstract fasst die Ergebnisse einer wissenschaftlichen Arbeit (im schulischen Kontext auch einer „Vorwissenschaftlichen Arbeit" bzw. „Diplomarbeit") zusammen und steht als ein Teil dieser Arbeit meist ganz am Anfang. Ein Abstract kann jedoch auch als selbstständiger Text erscheinen, wenn zum Beispiel Kurzfassungen von wissenschaftlichen Arbeiten in einer Bibliografie (= Sammlung von wichtigen Werktiteln zu einem bestimmten Thema) veröffentlicht werden.

Exzerpt

Exzerpte sind Zusammenfassungen sehr ähnlich; auch sie gehen von Sachtexten aus. Exzerpte werden erstellt, um aus einer Fülle von recherchierten Texten für eine vorgegebene Themenstellung genau die Informationen zu sammeln, die man für ein Referat, für ein Portfolio oder für eine „Vorwissenschaftliche Arbeit" bzw. „Diplomarbeit" benötigt. Exzerpte fassen gezielt ganz bestimmte Informationen eines Primärtextes zusammen, während Zusammenfassungen den gesamten Text berücksichtigen.

Précis

Bei dieser Textsorte werden Primärtexte auf ein Drittel der ursprünglichen Länge zusammengefasst, ohne den Informationsgehalt oder den Schreibstil zu ändern.

Beispieltext für eine „Zusammenfassung"

Ü1 Lesen Sie nun einen Zeitungstext („Illegaler Organhandel boomt") und im Anschluss daran die Zusammenfassung einer Schülerin der 10. Schulstufe nach einer Aufgabenstellung für eine Schularbeit.

Illegaler Organhandel boomt: Bis zu 160.000 Euro für eine Niere

30. 05. 2012

Die WHO spricht von 10.000 Organen pro Jahr, die weltweit am Schwarzmarkt verkauft werden –Zentrum China

„Eine Niere spenden, das neue iPad kaufen!" Mit diesem Slogan bewirbt laut einem Artikel im „Guardian[1]" ein Vermittler von Organen in China seine Dienste. Für eine Niere bietet er 2.500 Pfund (3.000 Euro) und behauptet, dass die Operation innerhalb von zehn Tagen durchgeführt werden könne. Was wie ein schlechter Scherz klingt, hat Hochkonjunktur: Die Weltgesundheitsorganisation (WHO) schätzt, dass jährlich 10.000 Organe am Schwarzmarkt verkauft werden – also jede Stunde eines – und schlägt Alarm.

Laut dem Artikel reisen Patienten aus der ganzen Welt für Transplantationen nach China, Indien oder Pakistan, wo sie für eine Niere bis zu 160.000 Euro bezahlen. Die Menschen, die sich ihre Niere entnehmen lassen, bekommen dafür oft nur einen Bruchteil. Für die Organhändler und operierenden Ärzte hingegen ist es ein lukratives Geschäft – noch dazu, wo die Nachfrage nach Nieren aufgrund von Krankheiten wie Diabetes und Bluthochdruck international steigt.

Steigende Nachfrage

Diese Entwicklung habe sich allerdings erst in den vergangenen Jahren wieder verstärkt, sagt der Arzt Luc Noel, Leiter jener WHO-Abteilung, die die Entwicklung bei legalen und illegalen Transplantationen beobachtet. „Der illegale Handel ging 2006/2007 weltweit zurück, der Transplantations-Tourismus nahm ab", so Noel gegenüber dem „Guardian". Es gebe jedoch Anzeichen dafür, dass der Organhandel nun wieder zunehme.

„Es gibt eine wachsende Nachfrage nach Organen, und der Profit, der damit gemacht werden kann, ist riesig", so Noel. Zudem würden in einigen Ländern Gesetze fehlen, um gegen den Organhandel vorgehen zu können, oder die Gesetze würden nicht vollzogen. Somit hätten diejenigen leichtes Spiel, die armen Menschen finanzielle Anreize bieten, wenn sich diese von einer Niere trennen.

Nur zehn Prozent des Bedarfs

Noel schätzt, dass Nieren rund 75 Prozent der weltweit illegal gehandelten Organe ausmachen. Nach WHO-Angaben wurden 2010 in 95 Mitgliedsstaaten rund 107.000 Organe (legal und illegal) transplantiert. Knapp 69 Prozent davon waren Nieren. Mit diesen Operationen konnten aber nur zehn Prozent des weltweiten Bedarfs gedeckt werden. Noel schätzt, dass eines von zehn Organen von Schwarzhändlern beschafft wird.

In China sind Transplantationen für Geld zwar verboten, trotzdem gab es in den vergangenen Jahren einen deutlichen Anstieg an derartigen Operationen. Personen aus dem Nahen Osten, Asien, aber auch Europa würden zwischen 80.000 und 160.000 Euro für eine Transplantation bezahlen.

Transplantationen in Militärspitälern

Dabei herrscht in China ein enormer Mangel an Spendernieren: Laut dem nationalen Nierentransplantations-Register bräuchten rund eine Million Menschen eine Niere, aber nur 5.253 haben im Jahr 2011 eine bekommen. Patienten haben somit jedes Jahr eine Chance von nur 0,5 Prozent, ein Spenderorgan zu erhalten. Zum Vergleich: In Großbritannien liegt die Chance bei 43 Prozent. Gerüchten zufolge sollen in China illegale Transplantationen sogar in Militärspitälern durchgeführt werden.

Harsche Kritik von Menschenrechtsaktivisten erntet China auch dafür, dass Organe von zum Tode Verurteilten entnommen werden. Im Jahr 2011 waren das 4.000 Menschen. Laut dem chinesischen Gesundheitsministerium will man diese Praxis bis 2017 einstellen - unter anderem aber auch deshalb, weil die Organe der Verurteilten anfälliger für Infektionen seien.

Jim Feehally, Professor an der Universitätsklinik Leicester, fordert, dass China umdenken und die Gesetze verschärfen müsse. Das Hauptthema bei illegalen Organverkäufern ist seiner Meinung nach die Ausbeutung: Reiche könnten sich nicht nur Organe kaufen, sondern auch eine weitere medizinische Versorgung leisten. Die Organspender dagegen würden eine entsprechende Nachbehandlung oft nicht erhalten.

Niere für iPad

Um den illegalen Organhandel in den Griff zu bekommen, plädiert WHO-Arzt Luc Noel dafür, die Versorgung mit Organen von lebenden und verstorbenen Spendern zu erweitern, die sich freiwillig dazu bereiterklären. Außerdem fordert er, die Menschen generell zu einem gesünderen Lebensstil zu animieren, damit diese keine Krankheiten wie Diabetes bekommen.

Welche skurrilen Formen der Verkauf von Organen manchmal annimmt, zeigt der Fall eines chinesischen Jugendlichen, der seine Niere im April für ungefähr 2.700 Euro verkaufte, um sich ein iPad 2 leisten zu können.

[1] Guardian: britische Tageszeitung
QUELLE: derStandard.at, 30.05.2012; http://derstandard.at/1336698138449/Schwarzmarkt-Illegaler-Organhandel-boomt-Bis-zu-160000-Euro-fuer-eine-Niere; 08. 12. 2014

Schreibaufgabe (auch für Hausübung/Schularbeit)

Verfassen Sie eine Zusammenfassung.

Lesen Sie den Zeitungstext „Illegaler Organhandel boomt" aus der Tageszeitung „Der Standard" vom 30. 05. 2012.

Schreiben Sie nun die Zusammenfassung und bearbeiten Sie dabei die folgenden Arbeitsaufträge:

AUFGABE

— Geben Sie die wesentlichen Inhalte des Zeitungstextes wieder.
— Erläutern Sie seinen gedanklichen Aufbau.
— Begründen Sie kurz, worin Sie die Absicht des Zeitungsartikels erkennen.

Schreiben Sie zwischen 260 und 310 Wörter.
Markieren Sie Absätze mittels Leerzeilen.

Beispieltext
für eine Zusammenfassung, verfasst von einer Schülerin (10. Schulstufe)

Erläuterungen

In dem Text „Illegaler Organhandel boomt: Bis zu 160.000 Euro für eine Niere",
2 einem Bericht aus dem „Standard" vom 30. 05. 2012, geht es um die Tatsache des steigenden illegalen Organhandels, vor allem in China.

> Einleitung: Nennung des Titels, des Primärtextes und Angabe der Quellen

4 Die Weltgesundheitsorganisation (WHO) spricht in China von 10.000 Organen pro Jahr, die weltweit am Schwarzmarkt verkauft werden. Laut dem „Guardian" bie-
6 ten Vermittler von Organen für eine Niere 3000 Euro und behaupten, dass die Operation innerhalb von zehn Tagen durchgeführt werden könnte. Patienten aus der
8 ganzen Welt reisen nach China, Indien oder Pakistan, um für bis zu 160.000 Euro eine Niere zu erlangen, wobei die Spender davon nur einen Bruchteil bekommen.
10 Die Nachfrage ist groß und steigt, somit ist der Organhandel für Händler und Ärzte ein lukratives Geschäft.

> Wer? Wo? Was? Informationen zum Sachverhalt

> Warum? Begründung

12 In einigen Ländern würden Gesetze fehlen oder nicht vollzogen werden, um gegen den Organhandel vorzugehen, sagt der Leiter der zuständigen WHO-Abteilung. Nach WHO-Angaben wurden 2010 in 95 Mitgliedstaaten rund 107.000 Organe
14 transplantiert. Mit diesen sowohl legalen als auch illegalen Operationen konnten aber nur zehn Prozent des weltweiten Bedarfs gedeckt werden.

> Hintergrund-informationen

16 Da in China ein Mangel an Spendernieren herrscht, haben Patienten eine Chance von 0,5 Prozent im Jahr, ein Organ zu erhalten. In China werden auch Organe von
18 zum Tode Verurteilten entnommen. Dies führt zu großer Kritik von Menschenrechtsaktivistinnen und Menschenrechtsaktivisten und soll zukünftig verboten
20 werden.

> Kritik am Sachverhalt

Ich denke, der Text soll auf die gewissenlosen Machenschaften im Bereich des Or-
22 ganhandels aufmerksam machen und darüber informieren. Das Maß an schockierenden Tatsachen zu diesem Thema steigert sich von Absatz zu Absatz. Die inhalt-
24 liche und argumentative Struktur des Textes zeigt einen klaren Aufbau: Zuerst werden Tatsachen erläutert, dann wird vor Gefahren gewarnt und zum Schluss bemüht
26 man sich um Lösungsvorschläge.

> Hinweise auf Aufbau und Gliederung des Textes; Überlegungen zur Schreibintention

(275 Wörter)

Hinweise zum Beispieltext

Situation: Die vorliegende Zusammenfassung wurde von einer Schülerin als Schularbeit in einer 6. Klasse ORG verfasst.

Adressatinnen und Adressaten: Da die Aufgabenstellung keinen zusätzlichen situativen Kontext aufweist und die Arbeit als Schularbeit verfasst wurde, stellt die Lehrkraft die Adressatin dar.

Inhalt: Der Text gibt die wesentlichen Informationen zum Thema „Illegaler Organhandel" wieder. Er setzt sich mit der Gliederung des Zeitungstextes auseinander und enthält abschließend Überlegungen zur Schreibabsicht der Verfasserin bzw. des Verfassers.

Absicht: Die Schreiberin stellt Inhalt und Aufbau des Zeitungstextes sowie die darin enthaltene Kritik an den Praktiken des Organhandels dar.

Gliederung: Die vorliegende Zusammenfassung gliedert sich in einen Basissatz zum Zeitungstext, beantwortet in der folgenden Einleitung die wichtigsten W-Fragen, führt diese in einem Hauptteil näher aus und verfasst einen Schluss. Entsprechend der Aufgabenstellung wird die mögliche Intention des Ausgangstextes dargestellt.

Sprache: Die Sprache dieser Zusammenfassung ist dem Thema angemessen, sachlich, informativ und verständlich. Fachbegriffe und Abkürzungen werden korrekt verwendet (WHO, Menschenrechtsaktivistinnen/Menschenrechtsaktivisten …). Sprachliche Mittel der Textreduktion werden sinnvoll eingesetzt.

Wichtige Teilkompetenzen für das Schreiben einer Zusammenfassung
Sie können …
— grundlegende Informationen zu einem Text in einem Basissatz zusammenfassen
— wesentliche Gedanken der Vorlage vollständig wiedergeben
— ein dem Ausgangstext angemessenes Gliederungsprinzip auswählen
— einen sachlichen, abstrahierenden, informativ-darlegenden Ausdruck verwenden
— eigenständige Formulierungen finden
— Ihren Text nach bekannten Überarbeitungsstrategien optimieren

3.1.3 — Übungsschritte auf dem Weg zur Zusammenfassung

Die folgenden Übungen dienen dazu, Sie mit Arbeitsschritten zur Zusammenfassung vertraut zu machen. Sie setzen dabei einfachere Strategien ein, wie zum Beispiel das Wegstreichen von Textteilen, die Ihnen verzichtbar erscheinen, oder die Arbeit mit W-Fragen. Sie üben auch schwierigere Strategien, wie das Generalisieren und Abstrahieren von Aussagen und das begriffliche Integrieren von Textabschnitten.
Sie berücksichtigen dabei auch die kommunikative Funktion des Textes (Schreibabsicht, Zielgruppe …) und analysieren den Aufbau der Argumentation sowie die sprachlichen Mittel, die eingesetzt wurden.
Sie werden dabei vom ersten Lesen der Textvorlage bis zum endgültigen Schreiben der Zusammenfassung mit passenden Übungsvorschlägen begleitet.
Die Anwendung geeigneter Lesestrategien wird Sie dabei unterstützen, auch umfangreiche und inhaltlich komplexe Texte rasch zu bewältigen.

Vom Lesen des Primärtextes zum Schreibplan

Lesen und inhaltliche Erschließung des Ausgangstextes
— Ein erstes überblicksmäßiges Lesen des Ausgangstextes dient der inhaltlichen Orientierung (vergleiche Lesestrategie S. 6 f.).
— Anschließend wird der Text langsam und aufmerksam gelesen, wobei auf thematische Schwerpunkte, Gliederungsstrukturen und inhaltlich tragende Begriffe („Schlüsselwörter") besonders geachtet wird („Detaillesen").
— Wenn Sie bereits gute Erfahrungen mit Lesestrategien gemacht haben (z. B. Schlüsselwörter farbig markieren, Absätze mit Randbemerkungen versehen, Zwischenüberschriften einfügen …), wenden Sie diese hier auch an.
— Versuchen Sie zuerst einmal nur gedanklich, das Thema (eventuell auch die Teilthemen) des Ausgangstextes für sich klar zu formulieren, bevor Sie zu schreiben beginnen.

Vorbereitungsschritte für die schriftliche Zusammenfassung – Auswahl geeigneter Strategien und Methoden

In den nächsten Arbeitsschritten lernen Sie Strategien kennen, die Ihnen dabei helfen, Primärtexte inhaltlich so zu „verdichten", dass ihr Umfang stark reduziert wird und trotzdem die wesentlichen Informationen und der „rote Faden" erhalten bleiben. Da es nicht „die" passende Strategie für die Zusammenfassung jedes Ausgangstextes gibt, kann man an einem Text verschiedene Strategien anwenden und diese nach Bedarf mischen.

Eine recht zielführende Vorgehensweise zur Textreduktion bzw. zur Textverdichtung ist die „**Wegstreich-Methode**". Dabei streichen Sie all jene Textteile des Primärtextes durch, die Ihnen für das Textverstehen nicht relevant erscheinen (häufig kann man erklärende Beispiele oder Detailergänzungen weglassen). Diese Methode können Sie bei der Übung 2 ausprobieren.

W-Fragen, die Sie bereits beim Schreiben von Zeitungsberichten kennen gelernt haben, helfen Ihnen dabei, die wesentlichen Aussagen eines Textes zu erfassen. Übung 3 bietet Ihnen dafür eine Textvorlage.

Bei einer Zusammenfassung müssen Sie die wichtigsten Aussagen des Textes gedanklich durchdringen, vom Besonderen der einzelnen Informationen zum übergeordneten Allgemeinen finden („abstrahieren"). Kleinere gedankliche Einheiten müssen zu immer umfassenderen Aussagen verdichtet werden. Der Einsatz von passenden Begriffen und die Bildung von **Oberbegriffen** sind dazu hilfreich. Diese Strategien können Sie in der Übung 4 anwenden.

Als Ergebnisse des Abstrahierens oder Generalisierens von Aussagen und auch bei der Wegstreich-Methode bleiben Einzelsätze oder reduzierte Textabschnitte, die anschließend zu einem Fließtext zusammengefügt werden, wobei Sie möglichst nichts wortwörtlich übernehmen sollten. Sie müssen besonders auf den logischen Zusammenhang Ihrer Zusammenfassung achten. In der Übung 5 können Sie das trainieren. Dafür ist es unerlässlich, sich mit den Möglichkeiten der Satzverknüpfung zu befassen.

Den Ausgangstext inhaltlich global erfassen und sofort eine Zusammenfassung schreiben: Wer sich mit dem oben angeführten schrittweisen Vorgehen beim Zusammenfassen schon gut zurechtfindet, kann eine andere Methode ausprobieren, die vor allem für geübte Schreiberinnen und Schreiber geeignet ist. Nach dem genauen Lesen des Ausgangstextes (eventuell mehrfaches Lesen) wird der Text beiseitegelegt und gedanklich in seinen wesentlichen Aussagen rekonstruiert. Dabei muss der „rote Faden" immer verfolgt werden. Stößt die Schreiberin bzw. der Schreiber auf inhaltliche Lücken, weil vielleicht ein paar neue Fachbegriffe oder wichtige Namen aus dem Text nicht gemerkt wurden, darf noch einmal kurz im Primärtext nachgelesen werden. Dann beginnt die Niederschrift der Zusammenfassung – allerdings ohne Textvorlage, nur aus dem Gedächtnis. Der Vorteil dieser Methode liegt darin, dass man nicht Gefahr läuft, Textpassagen wortwörtlich zu übernehmen.

3.1.4 — Anwendung verschiedener Strategien und Methoden zur Textreduktion und zur sprachlichen Komprimierung

Die Wegstreich-Methode

Ü2 Lesen Sie den folgenden Zeitungsbericht aus der Tageszeitung „Der Standard" vom 28. 10. 2014 und streichen Sie alle Stellen, die Ihnen für das Verständnis nicht unbedingt erforderlich erscheinen.

Vertreibung von Indigenen für Naturschutz in Indien

Indigene[1] werden durch Drohungen und falsche Versprechen dazu gebracht, ihr Land zu verlassen

Julia Schilly, 28. 10. 2014

Odisha – Es ist ein besonderer Nervenkitzel: Im offenen Jeep werden Touristen durch das Tigerreservat im Similipal-Nationalpark in Odisha in Ostindien gefahren. Wenn sich eine der Großkatzen tatsächlich im Dickicht zeigt, ist die Begeisterung groß. Bereits 1973 wurde das Gebiet zum Tigerreservat erklärt. Das hatte jedoch dramatische Konsequenzen für die dort seit Generationen ansässigen Indigenen: Zwischen 1987 und 2013 gab es mehrere Vertreibungen. Bewohner der drei verbliebenen Dörfer Jamunagarh, Kabatghai und Bakua weigern sich noch umzusiedeln.

Alice Bayer von der NGO[2] Survival International (SI)[3] war vor Ort und berichtet: „Die Familien le-

16 ben außerhalb des Waldes, unter elendigen Bedingungen, ohne Häuser, nur unter Plastikplanen."
Die Menschen berichteten ihr von vielen Jahren
18 der Einschüchterung durch Mitarbeiter der Forstbehörde. Den Leuten werde zum Beispiel damit
20 gedroht, dass sie als Maoisten[4] bezeichnet und verhaftet werden.

22 **Von Forstbehörde getäuscht**
Eigentlich erkennt das indische Forstgesetz das
24 Recht von Indigenen an, ihr Land weiterhin zu bewohnen und zu nutzen, auch wenn es zu einer Na-
26 turschutzzone umgewidmet wird. Viele Indigene
wissen jedoch nicht einmal, dass sie diese Rechte
28 besitzen. Die indische Forstbehörde lockt viele Indigene auch mit falschen Versprechungen von de-
30 ren Land. So wurden einer Gemeinschaft im Vorjahr Dokumente zum Unterschreiben vorgelegt,
32 die in Oriya verfasst waren. Eine Sprache, die sie
nicht lesen oder schreiben können.
34 Ein adäquates Ersatzgebiet haben sie nie erhalten.
„Den rund 120 Menschen wurde nur knapp ein
36 Quadratkilometer Land gegeben", sagt Bayer. Es ist
zu klein, damit sie sich weiterhin selbst versorgen
38 können. Währenddessen sehen sie täglich hunderte Fahrzeuge mit Touristen durch das Land fahren,
40 in dem ihre Familien seit Generationen lebten. In
den Zonen, aus denen sie vertrieben wurden, ent-
42 stehen Hotels und Straßen für die Busse.
Indiens Behörden scheinen im ganzen Land unbe-
44 wohnte Tigerreservate schaffen zu wollen. Dabei
leben viele Indigene seit Generation Seite an Seite
46 mit den Raubkatzen. Eine mögliche Erklärung findet sich im indischen Gesetz, sagt Bayer: Demnach
48 kann ein Nationalpark nur Förderungen bekommen, wenn es keine menschliche Besiedelung auf

50 dem Gebiet gibt. „Die Regierung argumentiert,
dass das alles zum Schutz der Tiger passiert. Es gibt
52 jedoch keine Belege, dass Indigene den Tieren je
geschadet haben", sagt die SI-Mitarbeiterin. Im Ge-
54 genteil: Laut einer Untersuchung der Weltbank[5]
aus dem Jahr 2011 haben die Indigenen eine
56 Schlüsselrolle im Naturschutz: Demnach ist die
Entwaldung in jenen Gebieten am geringsten, in
58 denen sie leben. Sie stellen illegale Jäger oder kontrollieren Waldbrände. Nach einer Umsiedlung
60 steigen hingegen Wilderei und illegale Abholzung.

Eure Wildnis, unser Zuhause
62 „Der Similipal-Nationalpark ist kein isolierter
Fall", betont Bayer. Weltweit gibt es Millionen von
64 Indigenen, die Naturschutzflüchtlinge sind. Mit
der Kampagne „Eure Wildnis, unser Zuhause"
66 macht Survival International darauf aufmerksam.
„Es ist Zeit, dass sich die Naturschutzindustrie ge-
68 gen diese Ungerechtigkeit erhebt", sagt SI-Direktor
Stephen Corry.
70 Indigene werden in Indien aus Tigerschutzreservaten vertrieben. Stattdessen fahren Kolonnen an
72 Jeeps mit Touristen – wie hier im Tigerreservat
Bandhavgarh – durch das Gebiet.

QUELLE: Julia Schilly, Der Standard, 28. 10. 2014; http://derstandard.at/2000007275478/Vertreibung-von-Indigenen-fuer-Naturschutz-in-Indien

[1] Indigene: „Indigen" bedeutet „in ein Land geboren" zu sein; indigene Völker sind die Nachkommen der Erstbesiedlerinnen/Erstbesiedler eines Gebietes.
[2] NGO: Eine NGO (= Non Governmental Organisation) ist eine private, unabhängige, nicht gewinnorientierte Organisation, die einen sozialen oder gesellschaftspolitischen Zweck verfolgt.
[3] Survival International (SI): Survival International ist eine internationale Nichtregierungsorganisation, die indigene Völker weltweit unterstützt.
[4] Maoisten: Anhänger einer politischen Strömung, die sich auf die Schriften des kommunistischen chinesischen Revolutionärs Mao Zedong stützt. In Indien kämpfen sie mit terroristischen Mitteln gegen die Regierung für die Rechte der Armen.
[5] Weltbank: Die Weltbank bezeichnet im weiten Sinne die in den USA angesiedelte Weltbankgruppe bzw. im engen Sinne die Internationale Bank für Wiederaufbau und Entwicklung als Teil dieser Gruppe. Die Weltbankgruppe hatte ursprünglich den Zweck, den Wiederaufbau der vom Zweiten Weltkrieg verwüsteten Staaten zu finanzieren. (Definitionen: siehe u. a. Wikipedia)

Wenn Sie diese Übung im Rahmen des Deutschunterrichts in Einzelarbeit durchgeführt haben, können Sie nun eventuell Ihr Ergebnis mit Ihrer Sitznachbarin oder Ihrem Sitznachbarn besprechen. Überlegen Sie gemeinsam, welche Informationen erhalten bleiben sollen.

Lösungsvorschlag für die Wegstreichmethode im ersten Absatz:

~~Odisha – Es ist ein besonderer Nervenkitzel: Im offenen Jeep werden~~ Touristen durch das Tigerreservat im Similipal-Nationalpark in Odisha in Ostindien ~~gefahren. Wenn sich eine der Großkatzen tatsächlich im Dickicht zeigt, ist die Begeisterung groß.~~ Bereits 1973 wurde das Gebiet zum Tigerreservat erklärt. Das hatte jedoch dramatische Konsequenzen für die dort ~~seit Generationen~~ ansässigen Indigenen: ~~Zwischen 1987 und 2013~~ gab es mehrere Vertreibungen. Bewohner ~~der drei verbliebenen Dörfer Jamunagarh, Kabatghai und Bakua~~ weigern sich noch umzusiedeln.
~~Alice Bayer von der NGO Survival International (SI) war vor Ort und berichtet:~~ „Die Familien leben außerhalb des Waldes, unter elendigen Bedingungen, ohne Häuser, nur unter Plastikplanen." Die Menschen berichteten ihr von vielen

Jahren der Einschüchterung durch Mitarbeiter der Forstbehörde. ~~Den Leuten werde zum Beispiel damit gedroht, dass sie als Maoisten bezeichnet und~~ verhaftet werden.

Der nach dem Wegstreichen übriggebliebene Teil des Textes ist sprachlich zerstückelt und muss neu formuliert werden. Die vorhandenen Informationen werden in grammatikalisch korrekte Sätze zusammengefasst und dabei gleichzeitig zu übergeordneten Aussagen verdichtet.

Ein mögliches Ergebnis der verkürzten Neuformulierung:
Um den Tourismus zu fördern, wurden im ostindischen Similipal-Nationalpark in Odisha ehemalige Wohngebiete von Indigenen gegen deren Willen in ein Tigerreservat umgewandelt. Trotz mehrerer Vertreibungsversuche und wiederholter Einschüchterungsmaßnahmen der Forstbehörde beanspruchen die Menschen das Land weiterhin als ihr rechtmäßiges Wohngebiet, auch wenn sie dort in bitterer Armut leben.

Fokussierung auf wesentliche inhaltliche Informationen durch den Einsatz von W-Fragen

Ü3   Lesen Sie das folgende Interview aus „Spiegel Online" vom 11. Dezember 2014.
Beantworten Sie anschließend die W-Fragen, die Sie in die unten angegebene Tabelle einfügen können.
Bemühen Sie sich um möglichst klare und knappe Formulierungen.

Fake-Bilder auf Facebook: Urlaubslüge nach Thailand

Auf Facebook reiste sie durch Asien, in Wahrheit saß Zilla van den Born nur in ihrem Zimmer in Holland. Mit gefälschten Fotos täuschte die Kunststudentin sogar ihre eigene Familie. Im Interview erzählt sie von ihrer wochenlangen digitalen Lüge.

Das Interview führte Rebecca Erken

Fünf Wochen lang glaubten Freunde und Familienmitglieder, dass Zilla van den Born, 25, durch Laos, Kambodscha und Thailand reist. Dabei waren alle Urlaubsbilder, die sie auf Facebook postete, ein digitaler Schwindel – die Studentin hatte zum Beispiel Bilder von sich vor exotische Hintergründe montiert. Das „Fakebooking" war Teil ihrer Bachelorarbeit[1] im Fach Grafikdesign an der Kunsthochschule Utrecht.

UniSPIEGEL: Wie reagierte Ihr Umfeld, als es von dem Betrug erfuhr?

Van den Born: Meine Mutter hat eine Woche lang nicht mit mir geredet. Auch meine Großmutter war wütend. Ihr Ausspruch „Mein Gott, Zilla" ist zum Titel meiner Bachelorarbeit geworden.

UniSPIEGEL: Warum haben Sie das denn überhaupt gemacht?

Van den Born: Ich wollte zeigen, dass die ideale Welt, die wir uns im Internet erschaffen, nicht existiert. Wir wissen, dass Fotos von Models mit Photoshop bearbeitet werden, aber wir sind uns nicht bewusst, dass alles, was wir täglich im Internet hochladen, ja auch irgendwie manipuliert ist.

UniSPIEGEL: Inwiefern?

Van den Born: Warum fotografiert niemand den Regen während des Urlaubs, das schmutzige Hotelzimmer oder die lange Warteschlange? Durch die Auswahl der Bilder wird eine geschönte Realität vorgegaukelt – ich habe das durch meine Arbeit auf die Spitze getrieben.

UniSPIEGEL: Sie haben sehr viel Aufwand betrieben, um Ihr Umfeld zu täuschen.

Van den Born: Ich habe zum Beispiel meine Wohnung mehrmals im asiatischen Stil umdekoriert, um nachts mit meiner Familie zu skypen – der Zeitumstellung wegen. Ich habe Souvenirs verschickt, asiatisches Essen gekocht und war für einen dunkleren Teint im Solarium. Ich habe zur Tarnung sogar ein zweites Bachelorarbeits-Thema vorbereitet, weil meine Dozenten zunächst nicht Bescheid wissen sollten.

UniSPIEGEL: Haben Sie Ihre Wohnung überhaupt verlassen?

Van den Born: Nur, wenn es unbedingt nötig war.

46 Einmal war ich im Freibad, um ein Schnorchelbild zu machen, das ich dann in eine exotische Unter-wasserwelt kopiert habe. Außerdem habe ich mal 48 einen buddhistischen Tempel in der Nähe von Amsterdam besucht, um mich dort mit einem 50 Mönch fotografieren zu lassen.

UniSPIEGEL: Lügen kann also anstrengend sein. 52 Hat es denn auch Spaß gemacht?

Van den Born: Es war wirklich eine ziemlich große 54 Belastung, mein ganzes Umfeld anzulügen. Ich musste mir an meinem Schreibtisch immer wieder 56 neue Anekdoten ausdenken, was ich angeblich Spannendes unternommen hatte. Dabei saß ich 58 total gestresst zu Hause an meiner Bachelorarbeit. Der Einzige, der Bescheid wusste, war mein 60 Freund.

UniSPIEGEL: Hat das Projekt Sie verändert? 62 **Van den Born:** Absolut. Ich habe irgendwie die Lust an Facebook und am Posten verloren. Wenn 64 ich jetzt auf eine Party gehe, mache ich nicht mehr Hunderte Fotos, um sie hochzuladen und jedem zu 66 zeigen: Seht her, welchen Spaß ich habe. Ich denke nicht mehr: Was mache ich, damit die Fotos beson-68 ders gut wirken? Sondern ich genieße das Leben. Nach meinem Abschluss habe ich die vorgetäusch-70 te Reise übrigens wirklich unternommen. Das war sehr spannend, und mir ist noch mal eines ganz 72 klar geworden: Fotos können die Gerüche, die At-mosphäre, das eigene Erleben nie ersetzen – und 74 das ewige Geknipse vermiest einem auch manch-mal das Reisen.

76 **UniSPIEGEL:** Haben Sie Fotos von Ihrer richtigen Reise gepostet?

78 **Van den Born:** Nein, ich war die meiste Zeit offline – und habe kein einziges Foto bei Facebook hoch-80 geladen. Es hat lange gedauert, bis mir Familie und Freunde geglaubt haben, dass ich dieses Mal wirk-82 lich in Asien war.

¹ Bachelorarbeit: Abschlussarbeit für das Studium

QUELLE: http://www.spiegel.de/unispiegel/wunderbar/facebook-luege-hollaendische-studentin-taeuscht-asien-reise-vor-a-998943.html; 01. 03. 2015

TIPP Wer sich genauer informieren will, wie Van den Born auf Facebook manipulierte, kann ihre Internetseite besuchen: zillavandenborn.nl

Einsatz der W-Fragen: Das Frageschema wurde an den Ausgangstext angepasst

W-Fragen:	Mögliche Antworten:
Wer? Was? (Wer hat was getan? – Diese beiden Fragen kann man häufig zusammen beantworten.)	
Wo? Wann? (Auch „wo" und „wann" lassen sich leicht gemeinsam beantworten.)	
Worum handelt es sich bei dem dargestellten Ereignis genau?	
Warum wurde der Versuch durchgeführt?	
Welche Folgen hatte diese Vorgehensweise?	

Ü4 Vergleichen Sie mit Ihrer Sitznachbarin oder Ihrem Sitznachbarn die Antworten auf die W-Fragen. Klären Sie, welche Antworten die treffenderen sind.

Textreduktion durch Generalisieren und Abstrahieren

Die Begriffe *Generalisieren* und *Abstrahieren* werden häufig als Synonyme verwendet.
Generalisieren bedeutet „verallgemeinern": Beim Generalisieren schließt man von Einzelbeispielen auf das Ganze. Überlegungen/Aussagen können übertragen und verallgemeinert werden. Einzelne Informationen werden gedanklich und schließlich auch sprachlich so zusammengefasst, dass der sie verbindende inhaltliche Aspekt erkannt und benannt wird.
Abstrahieren ist dem Verallgemeinern verwandt. Konkrete Feststellungen, Beschreibungen, Objekte ... werden genau geprüft, abgewogen und von der Einzelerscheinung losgelöst, sodass diese zu übergeordneten und deshalb auch abstrakten Feststellungen/Begriffen zusammengefasst werden können. Unwichtig erscheinende Aspekte eines Themas/einer Sache werden weggelassen und es erfolgt eine Konzentration auf das Wesentliche. Da für ein erfolgreiches Abstrahieren Wissen und Reflexionsfähigkeit Voraussetzungen sind, führt das Abstrahieren auch zu einem Erkenntnisgewinn.

Beispiele für Abstrahieren/Generalisieren: Die Frau sagte ..., ihr Mann antwortete ..., sie erwiderte ..., er widersprach ..., sie behauptete ..., er entgegnete ...
Übergeordnete Begriffe für die **beiden Sprechenden** können sein: *Paar, Ehepaar;*
Übergeordnete Begriffe für die **Art des Miteinandersprechens** können — je nach Redeinhalt — sein: *Dialog, Diskussion, Streit, Auseinandersetzung ...*

Die kognitiven (= gedanklichen) Fähigkeiten für das Abstrahieren bzw. Generalisieren sind wichtig, um komplexe Texte auf wesentliche Informationen/Aussagen zusammenzufassen.
Auf sprachlicher Ebene wird das mittels unterschiedlicher Verfahren umgesetzt.
Teile des Textes, die der Schreiberin/dem Schreiber verzichtbar erscheinen, können weggelassen oder verkürzt werden; andere werden in übergeordnete Aussagen integriert. Detaillierte Ausführungen werden verallgemeinert und mit Oberbegriffen überschaubar gemacht.

Oberbegriffe fassen zum Beispiel Wörter eines Wortfeldes systematisch zusammen und reduzieren den Textumfang, wobei gleichzeitig mehr Übersicht und Klarheit geschaffen wird.
Beispiele: Eine Füllfeder, ein Bleistift und ein Kugelschreiber sind „Schreibmaterialien"; Eiche, Birke und Ahorn sind „Laubbäume".

Beim Abstrahieren und sprachlichen Komprimieren wird häufig der **Nominalstil** eingesetzt.
In fachsprachlichen, wissenschaftlichen oder juristischen Texten findet man zahlreiche Formulierungen im Nominalstil, die höhere inhaltliche Präzision bei meist geringerer Wortanzahl ermöglichen. Beispiele für Nominalisierungen finden Sie auf S. 22 f.

Ü5 **Lesen Sie den folgenden Zeitungsbericht aus der Tageszeitung „Salzburger Nachrichten" vom 17. 12. 2014 und führen Sie folgende Arbeitsschritte aus:**

— Notieren Sie sich gleich beim ersten Lesen für jeden Absatz ein wichtiges Stichwort (oder auch eine Wortgruppe) zum Inhalt.
— Verkürzen Sie beim zweiten Lesen (Detaillesen) den Inhalt der einzelnen Absätze möglichst zu einem Satz. Sie verdichten dabei einzelne Informationen zu allgemeinen, übergeordneten Aussagen. Arbeiten Sie hier, wenn möglich, auch mit Oberbegriffen.

„Happy dying": Südkoreaner üben das Sterben

In sogenannten Happy-dying-Kursen proben Ostasiaten den eigenen Tod. Mit dem Ziel, glücklicher zu werden.

2 Bedächtig wie bei einer Trauerprozession steigt ein Dutzend Frauen und Männer die Stufen zum Keller eines buddhistischen Tempels in Seoul hinab.
4 Alle sind in ein gelbes Gewand aus Jute gekleidet – die traditionelle Trauerkleidung in Korea. Vor
6 sich tragen sie eine Kerze und ein mit Trauerrand

8 verziertes Foto von sich. „Nehmen Sie jetzt Abschied von sich", sagt eine Männerstimme.

Die Szene spielt sich in einem nur mit Kerzenschein beleuchteten großen Raum ab, in dem zahl-
10 reiche sargähnliche Holzkisten stehen. Dann legen

12 sich alle in einen der Särge, die Hände werden verbunden und der Deckel geschlossen. Die zwei 14 hammerähnlichen Schläge auf den Deckel sind nur Show. Etwa 15 Minuten verbringen die „Toten" im 16 dunklen Kasten – Zeit, die sie nutzen sollen, um über ihr eigenes Leben nachzudenken. Dann ist 18 die gespielte Bestattung zu Ende. „Happy dying" heißen die Kurse, die laut Veranstalter zur Medita- 20 tion über die Beziehung von Tod und Leben anregen sollen. Glückliches Sterben.

22 Die Aktion ist der Höhepunkt eines etwa vierstündigen Seminars. Alles geschieht freiwillig. Und was 24 einem westlichen Teilnehmer bizarr und vielleicht makaber vorkommt, liegt in dem ostasiatischen 26 Land schon seit längerem im Trend. Darin spiegelt sich auch die wachsende Sehnsucht der vom Alltag 28 gestressten Koreaner nach einem glücklicheren Leben wider.

30 Den Menschen soll neue Lebensfreude vermittelt werden. Die Liste der Teilnehmer reicht vom Ober- 32 schüler bis zum Rentner. Und das Interesse wachse, sagen die Anbieter. Viele Unternehmen und 34 Verbände meldeten ihre Beschäftigten oder Mitglieder an, sagt Seminarleiter Kim Ki Ho, dessen 36 Firma Beautiful Life die Kurse im Tempel der buddhistischen Organisation Nungin Sunwon seit 38 2004 anbietet. Die Teilnehmer zahlen dafür 50.000 Won (etwa 36 Euro).

40 Kritiker wie der Todesforscher Kim Cha Young von der Sogang-Universität sprechen sogar von ei- 42 ner „Industrie der Schein-Bestattung". Einige Anbieter wollten damit nur Geld machen, meint Kim. 44 „Sie nutzen die Angst vor dem Tod aus."

Kim Ki Ho sieht das selbstverständlich anders: 46 „Viele Menschen kommen, weil sie ihr Leben ändern wollen." Die Konfrontation mit dem Tod solle 48 ihnen den Wert des Lebens wieder näherbringen, sagt der 50-Jährige. „Die eigenen Gedanken ande- 50 ren mitzuteilen, hilft sehr."

Während Firmen ihre Mitarbeiter in die Seminare 52 schicken, um die Arbeitsmotivation zu stärken, gibt es auch noch einen anderen Grund. So ver- 54 weist Kim Ki Ho auch auf die hohe Suizidrate des Landes. Ein Grund dafür sei der Wettbe- 56 werbsdruck, der hier besonders stark sei und die Menschen unglücklich mache. In der Hauptstadt 58 Seoul waren Selbsttötungen im vergangenen Jahr laut offizieller Statistik die häufigste Todesursache 60 für Menschen zwischen zehn und 39 Jahren.

Die Todesseminare stehen nicht immer in Verbin- 62 dung mit religiösen Lehrprogrammen wie etwa im Tempel. Die Coffin Academy (Sarg-Akademie) ist 64 nach Berichten südkoreanischer Medien einer der größten Anbieter. „Emotion, Synergie, Business" 66 heißen die Schlagworte. „Wir akzeptierten maximal 60 bis 80 Teilnehmer", sagt Firmenchef Jung 68 Joon. Die katholische Wohlfahrtseinrichtung Kkottongnae in der Nähe von Seoul bietet die 70 „Sarg-Erfahrung" bereits seit Ende der 1990er-Jahre an. Dort heißt das „Neugeburt".

Die beiden 36 Jahre alten Freundinnen Park Young 72 Yim und Kim So Yub aus Seoul erleben das Seminar in dem Tempel auch als „spirituelle Erfahrung". 74 Von den Teilnehmern an diesem Tag ist niemand Buddhist. In einem Raum des Zen-Zentrums be- 76 antworten sie Fragen zu ihren Wünschen und Enttäuschungen und verfassen einen Abschiedsbrief. 78

Sie sei gekommen, weil sie der plötzliche Tod des Popsängers Shin Hae Chul – in Südkorea auch als 80 „König der Dunkelheit" bekannt – betroffen gemacht habe, sagt Park. Kurz vor dem Tod des 82 46-Jährigen im Oktober habe sie noch ein Interview mit ihm gesehen. „Ich kann jeden Moment 84 sterben und ich habe meiner Familie und meinen Freunden noch so viel zu sagen." Park und ihre 86 Freundin wollen den Kurs unbedingt weiterempfehlen. Andere erhoffen sich einfach nur Inspira- 88 tion. Ein junger Mann sagt: „Ich lebe ein langweiliges Leben, ich wollte eine sinnvolle Erfahrung ma- 90 chen."

QUELLE: http://www.salzburg.com/nachrichten/welt/chronik/sn/artikel/happy-dying-suedkoreaner-ueben-das-sterben-131706/; 21. 12. 2014

Ü6 **Überprüfen Sie nun nochmals folgende Punkte und vergleichen Sie diese gegebenenfalls im Unterricht:**

Sind die wesentlichen Aussagen der einzelnen Absätze vorhanden?
— Sind die Formulierungen klar und präzise, sodass die Grundaussagen des Ausgangstextes erhalten und nachvollziehbar bleiben?
— Gibt es ungenaue Formulierungen, die zu Missverständnissen führen könnten?

Versuchen Sie nun Distanz zum Ausgangstext herzustellen. Schauen Sie nur auf Ihre Notizen und rekonstruieren Sie gedanklich die wichtigsten Aussagen des Textes, wobei Sie besonders auf den logischen Ablauf achten sollten.

Sie haben bereits wichtige Arbeitsschritte für die Zusammenfassung absolviert und können diese nun auch schriftlich ausführen.

Davor sollten Sie sich allerdings noch die folgenden Übungen anschauen, die Ihnen verschiedene sprachliche Aspekte der Textsorte Zusammenfassung nahebringen.

3.1.5 — Die Wiedergabe wörtlicher Rede

Bei Zusammenfassungen kann es vorkommen, dass wörtliche Reden aus dem Originaltext in indirekter Rede wiedergegeben werden müssen.

Die indirekte Rede erfordert meist den Einsatz des Konjunktivs I (wenn der Konjunktiv I sich vom Indikativ unterscheidet) oder des Konjunktivs II (wenn die Formen des Konjunktivs I mit dem Indikativ zusammenfallen und nicht als Konjunktiv erkennbar sind).

Konjunktiv II verwendet man auch, wenn man Zweifel an den wiederzugebenden Aussagen hat oder diese unrealistisch bzw. irreal klingen.

Beispiel: Der Arzt behauptete, er *käme* zu jeder Tages- und Nachtzeit vorbei, um mir zu helfen.

Die indirekte Rede wird mit **einleitenden Verben des Sagens** angezeigt: sagen, erzählen, versprechen, behaupten, bestehen auf, erklären, fragen, antworten, verweisen, anführen, meinen, folgern, … Die Auswahl des einleitenden Verbs beeinflusst die Lesart des Textes. Es macht einen Bedeutungsunterschied, ob man schreibt: „Er erklärte" … „Er vermutete" … „Er behauptete …".

Ü7 Geben Sie die Aussagen der amerikanischen Journalistin Carrie Budoff Brown (tätig für die Tageszeitung „Politico") über ihren Umgang mit Schreibblockaden in indirekter Rede wieder. Achten Sie dabei auf die korrekte Verwendung von Konjunktiv I und Konjunktiv II. Unterstreichen Sie die von Ihnen verwendeten Konjunktive mit Farbe.

Carrie Budoff Brown: „Ich versuche, mich ein paar Schritte vom Computer zu entfernen und die Geschichte für eine kurze Weile ruhen zu lassen. Wenn ich so weit bin, tippe ich Notizen, einzelne Gedanken, ganze Absätze und Einstiegsideen in mein iPhone. Aus irgendeinem Grund fühle ich mich am iPhone weniger unter Druck als am Computer. Das Aufschreiben meiner Gedanken in das Telefon hilft mir oft, die Schreibblockade zu überwinden, und wenn ich an meinen Computer zurückkehre, habe ich eine Vorstellung davon, wo ich mit meinem Text hinwill.

Ein weiterer Trick: Ich suche einen neuen Ort zum Schreiben. Wenn ich Zeit für einen Text habe, setze ich mich statt an meinen Schreibtisch lieber in eines meiner Lieblingscafés. Der Perspektivwechsel und die gute Musik reichen in der Regel aus, um meine Gedanken wieder in Gang zu bringen. Kaffee und Tee leisten auch gute Dienste."

QUELLE: (Gekürzt und leicht verändert): http://www.journalist.de/ratgeber/handwerk-beruf/redaktionswerkstatt/schreibblockade-14-journalisten-erklaeren-was-sie-dagegen-tun.html; 18. 01. 2015

Wenn die Formen von Konjunktiv II ungebräuchlich sind und sehr veraltet klingen, dann kann man auf die Umschreibung mit „würde" ausweichen (… er würde fahren/fliegen/schießen – statt: er führe/flöge/schösse …)

Ü8 Lesen Sie folgenden Text von Bastian Sick aus der Rubrik „Zwiebelfisch" des deutschen Nachrichtenmagazins „Der Spiegel". Unterstreichen Sie die Sätze, in denen der Konjunktiv II verwendet wird, und jene, in denen er mit „würde" umschrieben wird, mit unterschiedlichen Farben.
Überlegen Sie, für welche Variante Sie sich beim Schreiben entscheiden würden, und begründen Sie Ihre Entscheidung.

Der traurige Konjunktiv

Bastian Sick, 24. 11. 2004

Am Sonntag gehen Vater und Sohn regelmäßig in den Sprachzoo. Dort schauen sie sich vom Aussterben bedrohte grammatische Phänomene an. Am liebsten mögen sie den Konjunktiv. Gerne hülfen sie ihm, denn sie haben Angst, er stürbe aus.

2 Vergnügt schlendern Vater und Sohn durch den Sprachzoo. Ehrfürchtig verharren sie vor dem Kä-
4 fig mit der Aufschrift „Genitiv – Bitte nicht erschrecken!", spazieren weiter zum „Ph"-Gehege,

6 wo sie so selten gewordene Wörter wie „Photographie" und „Telephon" bewundern (…) und kommen
8 men schließlich vor dem Käfig mit dem Konjunktiv an. „Der sieht immer so traurig drein", sagt der

10 Sohn voller Mitgefühl, „der kann einem richtig
Leid tun!" – „Er würde sich bestimmt wohler füh-
12 len, wenn es jemanden geben würde, der sich mit
ihm unterhalten würde", sagt der Vater. Daraufhin
stößt der Konjunktiv einen herzerweichenden Kla-
14 gelaut aus. Der Sohn nickt und sagt: „Vielleicht
fühlte er sich tatsächlich wohler, wenn es jeman-
16 den gäbe, der sich mit ihm unterhielte."
18 Da hebt der traurige Konjunktiv den Kopf, schaut
den Jungen an und lächelt dankbar.

QUELLE: http://www.spiegel.de/kultur/zwiebelfisch/zwiebelfisch-der-traurige-konjunktiv-a-329309.html; 18. 01. 2015

In der gesprochenen Sprache werden die meisten Konjunktivformen mit „würde" umschrieben, was allerdings nach wie vor als umgangssprachlich eingestuft wird. Dies gilt aber nicht für die Umschreibung von ungebräuchlichen und veralteten Verben.

Ü9 Lesen Sie nun einen weiteren Ausschnitt aus „Der traurige Konjunktiv" (der Ich-Erzähler spricht hier mit seinem Freund Henry). Überlegen Sie, wie dieser Text bei einem Alltagsgespräch auf Sie wirken würde.

Bei unserem nächsten Treffen gebe ich Henry die über-
2 arbeitete Geschichte vom Vater und Sohn im Sprachzoo
zu lesen. Dort heißt es nun: „Wären Vater und Sohn an
4 diesem Sonntag in den Sprachzoo gegangen, hätten sie
sich sehr gewundert. Denn sie hätten den Käfig mit dem
6 Konjunktiv leer vorgefunden. Besorgt hätten sie sich an
den Wärter gewandt und ihn gefragt, ob der traurige
8 Konjunktiv womöglich gestorben sei. Doch der Wärter
hätte sie beruhigt. Er sei letzte Nacht ausgebrochen, hätte
10 er ihnen berichtet, und laufe nun Amok durch die Stadt.
Der Polizei gelinge es nicht, ihn einzufangen, wann im-
12 mer sie sich ihm nähere, springe er auf und davon. Vater
und Sohn hätten sich darüber sehr gefreut und gehofft,
14 dass es ihm gelänge, neue Freunde zu finden, denn dann
begönne für ihn ein völlig neues Leben." – Henry blickt
16 mich kopfschüttelnd an: „Du bist unverbesserlich! Und
vollkommen *würde*-los!"

3.1.6 — Fachtexte verstehen und zusammenfassen

Fachtexte haben im schulischen und im außerschulischen Alltag eine tragende Bedeutung für den Wissenserwerb und für die Kommunikation innerhalb eines Faches. Fachtexte zu verstehen, über sie zu sprechen und auch darüber zu schreiben, sind wichtige Fähigkeiten, die man im Fachunterricht braucht, die aber zu einem beträchtlichen Teil im Deutschunterricht erworben werden.
Das Zusammenfassen von inhaltlich und sprachlich anspruchsvollen Ausgangstexten ist deshalb ein wichtiger Aufgabenbereich des Faches Deutsch. Auch deshalb ist die „Zusammenfassung" eine Textsorte der kompetenzorientierten schriftlichen Reife- und Diplomprüfung aus Deutsch.
Um beim Lesen, Verstehen und Zusammenfassen von Fachtexten erfolgreich zu sein, muss man sich zuerst mit den Besonderheiten von Fachsprachen auseinandersetzen.
Für Schülerinnen und Schüler, die eine andere Erstsprache als Deutsch haben, ist die Sprache im Fachunterricht manchmal eine große Hürde. Deshalb ist es wichtig, sich mit den Merkmalen von Fachtexten gezielt auseinanderzusetzen.

Merkmale von Fachsprachen

*„Von besonderer Wichtigkeit in den Fachsprachen sind nach allgemeiner Anschauung die **Fachwörter**. Sie tragen die Aussage und konstituieren eigentlich die Fachsprachen. Gegenüber den Wörtern der Gemeinsprache zeichnen sich die Fachwörter dadurch aus, dass sie präziser und kontextautonomer sind. Der **fachsprachliche Satzbau** kann sich vom „Normalhochdeutschen" durch eine Bevorzugung von Funktionsverbgefügen, verbunden mit einer Sinnentleerung der Verben, unterscheiden. Außerdem hat man einen bevorzugten Gebrauch von unpersönlichen, passivischen Sätzen festgestellt. Fachsprachlicher Stil ist häufig gekennzeichnet durch „möglichst viel Information in möglichst wenig Worten".* [1]

Diese Definition von Fachsprachen stammt aus einer wissenschaftlichen Publikation aus dem Fachbereich „Germanistik" und enthält selbst einige Merkmale von Fachsprachen.
Fachsprachen sind keine eigenständigen Sprachen, sondern sie weisen große Übereinstimmung mit der Allgemeinsprache auf – allerdings bezogen auf eine gut ausgebildete Standardsprache (hier als das „Normalhochdeutsche" bezeichnet).
Auffallend ist, dass in Fachsprachen bestimmte Merkmale häufiger auftauchen als in der Standardsprache (z. B. Passivformen, komplexe Satzkonstruktionen, Fremdwörter …). Die im Text unterstrichenen Wörter und Satztei-

[1] Vgl. Hans-R. Fluck: Fachsprachen. Einführung und Bibliographie. Tübingen: A. Francke 1996, S. 47 und S. 55 f.

le sind typisch für Fachsprachen. In der unten angeführten Tabelle sind diese Elemente grammatikalischen Kategorien zugeordnet.

Der folgende Ausschnitt stammt aus einem **mathematischen Fachtext**:
„*Die verbale Explikation von Ideen regt offenbar nicht nur das schöpferische Denken an, sondern erleichtert auch die Klärung und Kontrolle der Brauchbarkeit von Lösungsideen. Eine Reihe empirischer Untersuchungen zeigt jedenfalls, wie förderlich die Bereitschaft und Fähigkeit zur sprachlichen Darstellung und zur sprachlichen Beschreibung von Voraussetzungen und Strategien für das Problemlösen allgemein und auch für das Lösen mathematischer Probleme im Besonderen ist.*"[2]

[2] Hermann Maier/ Fritz Schweiger: Mathematik und Sprache. Zum Verstehen und Verwenden von Fachsprache im Mathematikunterricht. Wien: öbv&hpt 1999, S. 105.

Besonderheiten von Fachsprachen[3]	
Fachwörter (bezogen auf das Fachgebiet)	Gemeinsprache, Funktionsverbgefüge, passivisch, Explikation …
Fremdwörter (können in verschiedenen Fachgebieten vorkommen)	kontextautonom, präzise, empirisch …
mehrgliedrige Komposita (zusammengesetzte Wörter)	Fachsprachen, fachsprachlich, Gemeinsprache, Sinnentleerung, „Normalhochdeutsch", Funktionsverbgefüge …
Nominalisierungen	das Lösen mathematischer Probleme …
Funktionsverbgefüge	in Betrieb nehmen …, Überlegungen anstellen …
erweiterte Nominalphrasen und Satzglieder anstelle von Gliedsätzen	Von besonderer Wichtigkeit in den Fachsprachen …, durch eine Bevorzugung von Funktionsverbgefügen …, einen bevorzugten Gebrauch von unpersönlichen, passivischen Sätzen
komplexe Attribute anstelle von Attributsätzen	Die verbale Explikation von Ideen…, die Klärung und Kontrolle der Brauchbarkeit von Lösungsideen …, die Bereitschaft und Fähigkeit zur sprachlichen Darstellung und zur sprachlichen Beschreibung von Voraussetzungen und Strategien für das Problemlösen allgemein und auch für das Lösen mathematischer Probleme im Besonderen …
umfangreiche Partizipalkonstruktionen	verbunden mit einer Sinnentleerung der Verben …
Passiv	ist gekennzeichnet …
Unpersönliche Ausdrucksweisen	nach allgemeiner Anschauung …, hat man festgestellt …
Hypotaxen (komplexe Satzverbindungen mit Gliedsätzen)	Eine Reihe empirischer Untersuchungen zeigt jedenfalls, wie förderlich die Bereitschaft und Fähigkeit zur sprachlichen Darstellung und zur sprachlichen Beschreibung von Voraussetzungen und Strategien für das Problemlösen allgemein und auch für das Lösen mathematischer Probleme im Besonderen ist …
weitere Merkmale von Fachsprachen	— Zusammensetzungen mit Ziffern, Buchstaben und Sonderzeichen (Hartz 4, PKW-Maut, § …) — Abkürzungen: kg (Kilogramm), cm (Zentimeter), GB (Giga-Bite), ABS (Antiblockiersystem) … — Verbindung von Fließtexten mit Tabellen, Schaubildern, Diagrammen …

[3] Die Ausführungen beziehen sich weitgehend auf Josef Leisen (2010): Handbuch Sprachförderung im Fach. Sprachsensibler Fachunterricht in der Praxis. Bonn: Varus, S. 49–52.

Ein **germanistischer Fachtext:**

„Friedrich Dürrenmatt hat viele Theaterstücke geschrieben, zwei davon haben mittlerweile den Rang von Klassikern erhalten und <u>sind als ständige Lektüre</u> im gymnasialen Deutschunterricht <u>fest verankert</u>: Der Besuch der alten Dame (1956) und Die Physiker (1962). Beide Stücke reagieren auf Ängste und Befürchtungen <u>der Nachkriegszeit</u>. <u>Ausgehend von der Entwicklung der Schweiz zu einer Wohlstandsgesellschaft</u> legt Dürrenmatt im Besuch <u>eine kritische Parabel von der subversiven Macht des Geldes vor, vor dem Hintergrund des Kalten Krieges</u> steigert er in den Physikern diese Kritik zur <u>Negativutopie privatwirtschaftlicher Omnipotenz.</u>" [1]

[1] Gunter E. Grimm: Von der Käuflichkeit der Moral. Dürrenmatt, „Der Besuch der alten Dame", 1956. In: Klaus-Michael Bogdal und Clemens Kammler (Hg.) (2000): München: Oldenbourg, S. 144–149. Hier S. 144.

Ü10   **Ordnen Sie in oben stehendem Text die unterstrichenen Satzteile den in der Tabelle auf S. 22 angeführten sprachlichen Merkmalen zu. Einige Wörter/Fügungen passen in mehrere Kategorien.**

Ein **juristischer Fachtext** (= Gesetzestext):
Gemeinde Afritz am See; Thema: Hundehaltung
„Wird anstelle eines nachweislich verendeten, getöteten, abgegebenen oder sonst wie abhanden gekommenen Hundes, für den die Abgabe für das laufende Jahr in derselben Gemeinde bereits entrichtet wurde, von demselben Abgabenschuldner ein anderer Hund gehalten, für den eine Abgabe in gleicher Höhe zu entrichten wäre, so ist im gleichen Jahr in derselben Gemeinde für das Halten dieses Hundes keine Abgabe zu entrichten; wäre für den neu erworbenen Hund eine höhere Abgabe zu leisten als sie für das laufende Jahr bereits entrichtet wurde, so entsteht die Verpflichtung zur Leistung der Hundeabgabe nur hinsichtlich des Differenzbetrages. Auf das Vorliegen der Voraussetzungen dieses Absatzes ist bei der Meldung gemäß § 9 Abs. 1 besonders hinzuweisen."

QUELLE: http://www.ris.bka.gv.at/Ergebnis.wxe?Abfrage=Gemeinderecht&Titel=&Bundesland=&Gemeinde=&GZ=&Datum=16.11.2012&IndexTyp=Undefined&ImRisSeit=Undefined&ResultPageSize=50&Suchworte=Hund&Position=1; 16. 11. 2013

Ü11   **1. Unterstreichen und benennen Sie in diesem Text die Besonderheiten der (juristischen) Fachsprache.**
         2. Formulieren Sie die Aussage des Textes in einem Satz der Alltagssprache.

3.1.7 — Nichtlineare Texte verstehen und auswerten

Sachtexte enthalten neben dem Fließtext häufig auch Textteile, die die Textinformationen, vor allem Zahlenangaben und Messwerte, zum besseren Verstehen grafisch umsetzen und bildlich darstellen. Diese werden „nichtlineare" oder „diskontinuierliche Texte" genannt. Dazu zählen Tabellen und grafische Darstellungen wie Diagramme oder Schaubilder.
Das richtige Lesen und Interpretieren von nichtlinearen Texten ist schwierig und muss systematisch geübt werden. Das Beispiel auf S. 24 zeigt Ihnen, auf welche Text- und Grafikteile Sie bei einem Diagramm achten müssen.

Beispiel für ein Tortendiagramm und ein Säulendiagramm
Thema: „Regionale Herkunft der inländischen Studierenden in Österreich"

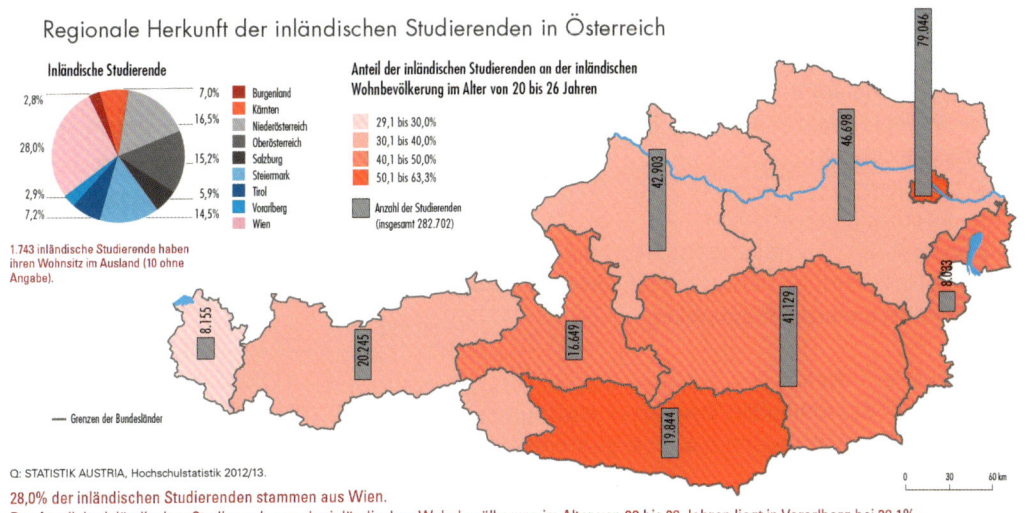

Regionale Herkunft der inländischen Studierenden in Österreich

Q: STATISTIK AUSTRIA, Hochschulstatistik 2012/13.
28,0% der inländischen Studierenden stammen aus Wien.
Der Anteil der inländischen Studierenden an der inländischen Wohnbevölkerung im Alter von 20 bis 26 Jahren liegt in Vorarlberg bei 29,1%.

QUELLE: http://www.statistik.at/web_de/services/publikationen/5/; 11. 01. 2015

Beispiel für ein Blockdiagramm zum Thema „Die zehn häufigsten Lehrabschlüsse nach Lehrberufen"

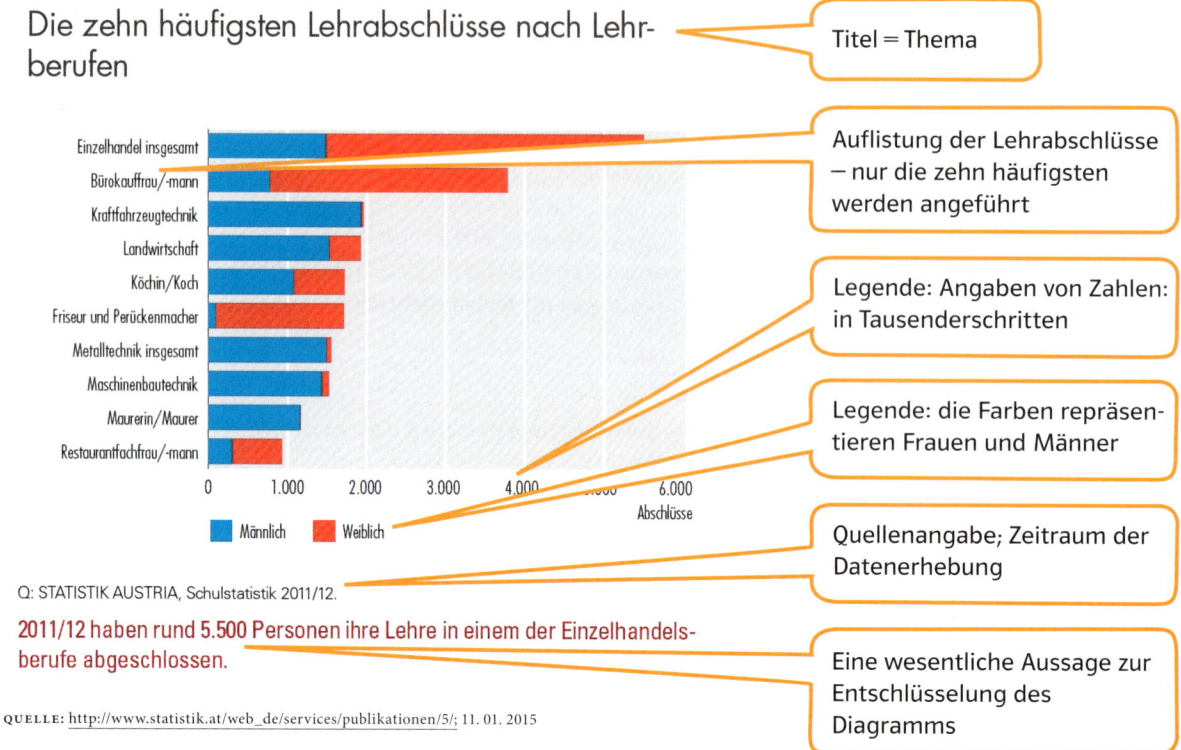

Q: STATISTIK AUSTRIA, Schulstatistik 2011/12.

2011/12 haben rund 5.500 Personen ihre Lehre in einem der Einzelhandels-berufe abgeschlossen.

QUELLE: http://www.statistik.at/web_de/services/publikationen/5/; 11. 01. 2015

Ü12 Suchen Sie im ersten Diagramm die Zahlenwerte für das Bundesland, in dem Sie die Schule besuchen. Formulieren Sie die für Ihr Bundesland zutreffenden Angaben in jeweils einem Satz.

Ein „4-Schritte-Modell zur Erschließung nichtlinearer Texte"

Das folgende **4-Schritte-Modell zur Erschließung nichtlinearer Texte**[1] kann Ihnen dabei helfen, die richtigen Fragen an die Tabelle, an das Diagramm etc. zu stellen und anschließend die relevanten Informationen in einen Fließtext umzuwandeln.

[1] Die Ausführungen stützen sich vor allem auf Stefan Schäfer: deutsch. kompetent. Vertiefungskurs. Stuttgart: Klett 2010, S. 30 und http://www.lesenundverstehen.at/pluginfile.php/501/mod_label/intro/6_lehrer.pdf; 11. 01. 2015

Schritt 1: Schaubilder, Tabellen usw. beschreiben
— das Thema/die Überschrift ermitteln
— das Entstehungsdatum angeben
— Angaben über den Erhebungszeitraum und die Gruppe der Befragten machen
— die Darstellungsart anführen (Tabelle, Schaubild, Diagramm …)
— bei Diagrammen den Typ benennen (Kreisdiagramm/Tortendiagramm, Balkendiagramm/Säulendiagramm/Stabdiagramm, Liniendiagramm)
— Hinweise darauf geben, welche Werte in der waagrechten und in der senkrechte Achse eingetragen sind
— die Quelle bzw. die Urheberin/den Urheber ermitteln
— die Legende beachten
— die erfassten Informationen angeben
— den Aufbau analysieren (Darstellungsinhalte, Maßeinheiten, Größenverhältnisse …)
— die Zahlenart berücksichtigen (Jahreszahlen, absolute Zahlen/Prozentzahlen …)
— Hypothesen zur Aussageabsicht aufstellen

Schritt 2: den Kontext ermitteln
— das Medium, in dem das Schaubild/Diagramm erschienen ist, angeben
— den angegebenen Daten entnehmen oder ergänzend recherchieren, wer die der Grafik zugrundeliegende Statistik in Auftrag gegeben hat
— eigenes Vorwissen zum Thema aktivieren
— Problemzusammenhänge erklären
— eventuell noch weitere Texte und Materialien recherchieren bzw. hinzuziehen

Schritt 3: Schaubilder/Tabellen bewerten

— Aussagewert einzelner Zahlen ermitteln
— den Verlauf der Kurve angeben (auf Gleichmäßigkeit oder Schwankungen achten)
— markante Werte in den Kontext einbetten
— auf Regelmäßigkeiten/Unregelmäßigkeiten achten
— eventuell vorhandene Entwicklungen der Zahlenangaben mit dem Kontextwissen zur Tabelle/dem Schaubild verbinden
— die Plausibilität von Informationen genau überlegen
— konkrete Aussagen in Bezug auf die zugrundeliegende Fragestellung treffen
— nach Fehlern bzw. Mängeln in der Darstellung suchen (Gibt es inhaltliche Lücken? Sind die Angaben schlüssig? Reichen die Angaben für das Verständnis aus? …)
— die Verständlichkeit der Darstellung überprüfen (Sind alle Darstellungselemente, Maßeinheiten u. Ä. erklärt? Ist die Darstellung lesbar oder zu klein/zu undeutlich?)
— mit Blick auf die Intention der Darstellung: Werden Größenverhältnisse durch die Darstellung optisch verzerrt? Werden irreführende Begriffe verwendet oder ungleiche Werte zusammengefasst?
— der Blick auf den Kontext: Leistet die Darstellung das, was sie soll? Stimmen die Angaben des Textes mit den übrigen Materialien überein?
— Stimmen die Aussagen des Schaubildes/der Tabelle mit dem Inhalt des Fließtextes überein?

Schritt 4: Schaubild/Tabelle in einen Text umsetzen

— die Ergebnisse der Beschreibung und -bewertung in einem fortlaufenden Text formulieren
— die ermittelten Detailinformationen zu einer Gesamtaussage zusammenführen
— Zusatzinformationen für das präzise Auswerten aus der Fachliteratur einholen

Die ermittelten Informationen zur Erschließung des Diagramms/Schaubildes kann man als Zwischenergebnis in einer Tabelle sammeln:

Mögliche Angaben zur Tabelle (eine Auswahl)	Raum für Notizen
Thema/Überschrift:	
Quelle/Urheber:	
Darstellungsform:	
Entstehungsdatum/ Kontext:	
Aufbau:	
Aussageabsicht:	

3.1.8 — Formulierungshilfen für die Verbalisierung nichtlinearer Texte

Die Beschreibung von nichtlinearen Texten erfordert bestimmte Formulierungen und typische Redeweisen, mit denen man die einzelnen Elemente sprachlich darstellen kann. In den folgenden Absätzen finden Sie dazu einige Vorschläge.

Angabe des Themas:
Das Thema der Tabelle ist …
Das Schaubild gibt Auskunft über …
Der Grafik ist zu entnehmen, dass …
Das Diagramm zeigt …

Aus der Darstellung ergibt sich …
In dem Diagramm geht es um …

Verweis auf die Quelle:
Die Daten stammen aus …
Die Grafik ist der Studie … entnommen.
Die Zahlen legte (das Statistische Zentralamt, das Institut für …) vor.

Datenbasis:
Die Daten wurden im Jahr … erhoben.
Die Zahlen basieren auf einer Umfrage, einer Erhebung, polizeilichen Angaben … im Jahre …
Die Angaben umfassen … aus dem Erhebungszeitraum von … bis …
Die Gruppe der Befragten war …

Angabe der Form, in der die Informationen visualisiert werden:
Das Balkendiagramm zeigt …
Wie das Tortendiagramm veranschaulicht …
Mit Hilfe des Säulendiagramms wird klar gezeigt, dass …
Der Verlauf der Kurve lässt darauf schließen, dass …

Angaben zu Messdaten/zum Sichtbarmachen von Zahlenwerten:
Die Angaben werden in Prozent gemacht … sind in Euro …
Die Zahl der … ist in (Prozent, in Tausend) angegeben …

Welche Informationen werden gegeben?
Das Schaubild gibt Auskunft über …
In der linken/rechten/mittleren Spalte …
Die Werte in den grauen Säulen …
Der helle Balken gibt laut Legende die Werte für … wieder.
Der Tabelle lässt sich entnehmen, dass …

Beschreibung und Erklärung:
Mengenangaben: Die Zahl der Jugendlichen, die …., beträgt …
Die Anzahl der xy hat sich zwischen … und … um x vergrößert/verringert …
Der Verbrauch pro Kopf beträgt …
Vom Jahr x bis zum Jahr y (In der Zeitspanne von … bis …) haben sich die Fälle erhöht/verdoppelt/halbiert.
Im Vergleich zu x ist die Anzahl der y deutlich gestiegen/gesunken.
Für die Gruppe a ist x wichtiger als für die Gruppe b.
Im Gegensatz zu x …
Während x diese Entwicklung nahm, nahm y diese …
X % aller Befragten hoffen, …
Auf x % aller Befragten entfallen y % aller genannten Entwicklungen.
Vergleichszahlen: X Prozent der Befragten mehr/weniger als im vergangenen Jahr befürworten/lehnen ab …
Die Zahlen im Vorjahresvergleich: X weniger Fälle von …

Kommentar, Schlussfolgerung:
Aus dem Schaubild geht hervor (geht nicht hervor), dass …
Das Diagramm zeigt deutlich den Anstieg/den Verlust/die Verringerung …
Es fällt auf, dass …
Überraschend ist, dass …
Die Tabelle lässt klar den Schluss zu, dass …
Die angegebenen Zahlen erlauben nicht, eindeutig auf xy zu verweisen …/sind kein klarer Beleg für …
Erklären lassen sich diese Zahlen möglicherweise mit …
Die Bedeutung von … nimmt immer weiter zu.

QUELLE: Merz-Grötsch, Jasmin: Diagramme auswerten. In: Deutsch 5-10, 7/2006, S. 32–35, durch eigene Angaben ergänzt.

Ü13 Ein Diagramm verbalisieren
Entnehmen Sie dem folgenden Diagramm „Ausländische Studierende in Österreich" die wesentlichen Informationen und fassen Sie dieses in einem kurzen Fließtext („linearen Text") zusammen.

Ausländische Studierende in Österreich

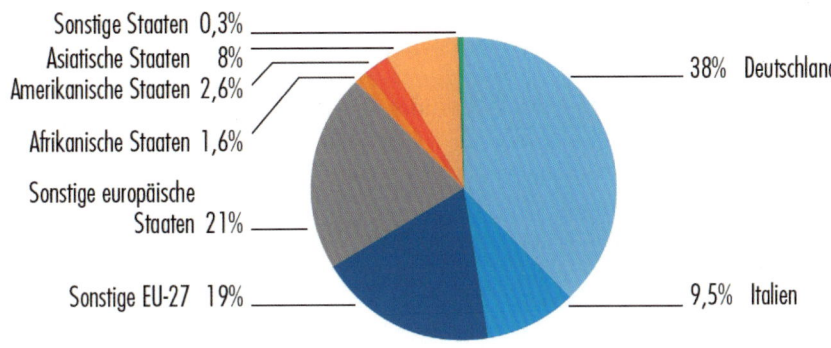

Ausländische Studierende insgesamt: 88.440

Sonstige Staaten 0,3%
Asiatische Staaten 8%
Amerikanische Staaten 2,6%
Afrikanische Staaten 1,6%
Sonstige europäische Staaten 21%
Sonstige EU-27 19%

38% Deutschland
9,5% Italien

Q: STATISTIK AUSTRIA, Hochschulstatistik 2012/13.

QUELLE: http://www.statistik.at/web_de/services/publikationen/5/; 11. 01. 2015

Ü14 Ein Schaubild „lesen" und verschriftlichen — „Der Wasserkreislauf"
— Entnehmen Sie dem folgenden Schaubild die wichtigsten grafischen und schriftlichen Informationen.
— Fassen Sie die einzelnen Stationen des Wasserkreislaufes in einer logischen Abfolge zusammen.

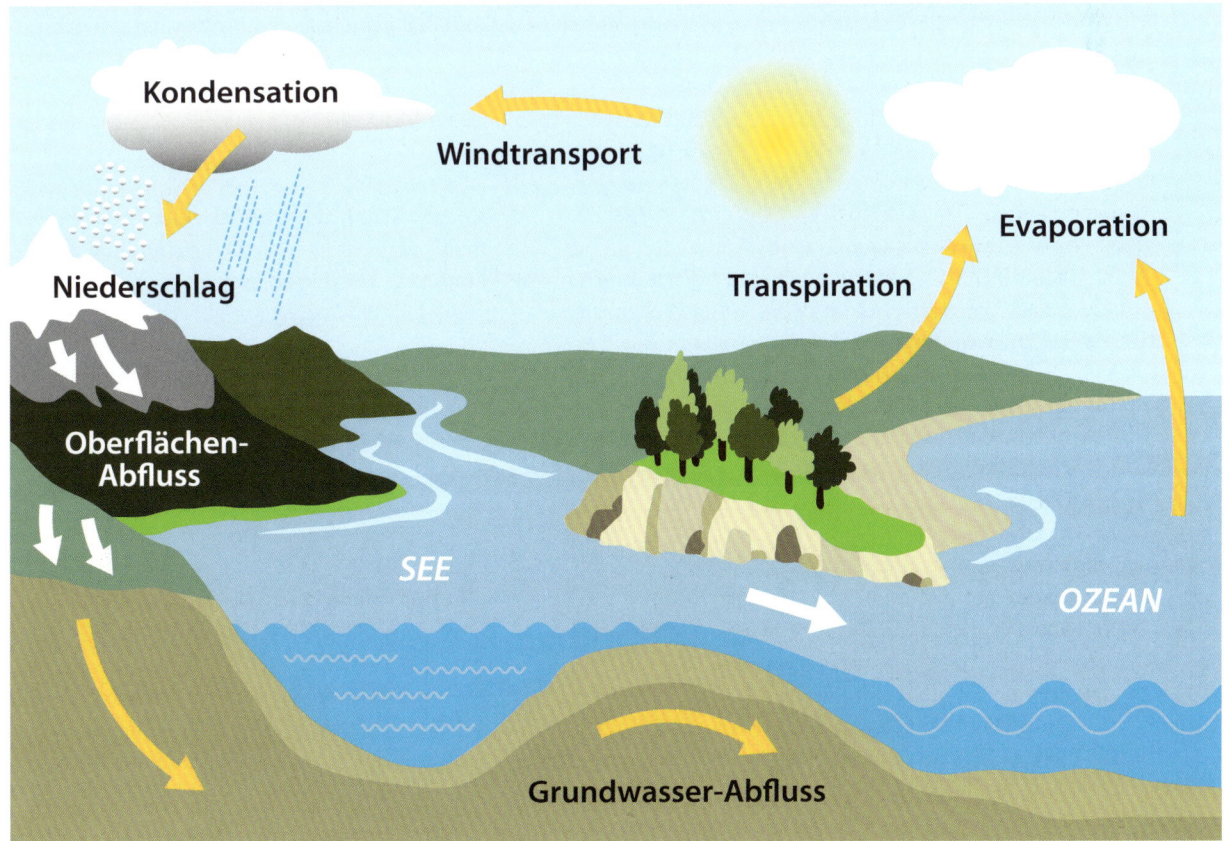

3.1.9 — Sachtexte mit nichtlinearen Textteilen zusammenfassen

Ü15 Wenden Sie nun in einer abschließenden Übung unterschiedliche Strategien und Methoden zur Zusammenfassung von Texten an, indem Sie die folgenden kurzen Abschnitte eines Zeitungstextes auf die kürzest mögliche Form bei Beibehaltung von Kernaussagen der Texte reduzieren.

TIPP Wenn Sie diese Übung im Unterricht durchführen, könnten Sie diejenige Schülerin oder denjenigen Schüler unter ihnen ermitteln, die/der in kürzester Form die größte Textverdichtung schafft.

Was der EU-Beitritt Österreich gebracht hat

Zwanzig Jahre nach dem Beitritt zur Europäischen Union gehen 80 Prozent der heimischen Gesetze auf Brüssel zurück. Die gemeinsamen Regeln stoßen oft auf Unverständnis, bringen aber viele Vorteile.

Reisefreiheit

Das Recht auf Arbeitnehmerfreizügigkeit ist eines der Grundrechte in der Europäischen Union. Es bedeutet: Wer im EU-Ausland arbeitet, darf dort auch wohnen. Bis zu drei Monate darf man sich auch ohne Arbeit in jedem anderen EU-Mitgliedsstaat aufhalten. Das freie Reisen ohne Grenzkontrollen beschränkt sich hingegen auf die Länder des Schengen-Raums. 1998 trat das nach einem Luxemburger Städtchen benannte Abkommen für Österreich in Kraft. Einen Reisepass oder Personalausweis muss man im Ausland trotzdem mitführen, wegen der Pflicht, sich ausweisen zu können. Dem Schengenraum gehört der Großteil der EU-Staaten an – und einige Nicht-EU-Staaten wie die Schweiz oder Norwegen.

Textreduktion: _____

Euro

2002 wurde in Österreich die gemeinsame Währung eingeführt. Etwa 8,8 Milliarden Schilling wurden laut der österreichischen Nationalbank bis heute nicht umgetauscht. Der Euro gilt als eine der stabilsten Währungen der Welt. Nichts desto trotz haben sich viele Österreicher in der Finanzkrise in ihren Vorurteilen gegenüber der gemeinsamen Währung bestätigt gesehen. Die wirtschaftliche Abhängigkeit der Mitgliedsstaaten der Eurozone ist größer geworden. Dennoch ist die gemeinsame Währung für die wirtschaftliche Entwicklung Österreichs von Vorteil, vor allem was die Exporte und den gemeinsamen Binnenmarkt betrifft.

Textreduktion: _____

Frieden

Die Europäische Union sieht sich nicht nur als Wirtschafts-, sondern auch aus Wertegemeinschaft. Einer dieser Grundwerte ist das Bekenntnis zu Demokratie und Menschenrechten. 2012 hat die EU den Friedensnobelpreis erhalten. Sie habe den Kontinent vor allem nach den beiden Weltkriegen stabilisiert und zu einem „Platz des Friedens" gemacht, lautete die Begründung des Nobelkomitees. Die Europäische Union und ihre Vorgänger hätten über sechs Jahrzehnte zur Förderung von Frieden und Versöhnung beigetragen. Seit 1945 ist diese Versöhnung Wirklichkeit geworden.

Textreduktion: _____

Studieren

Das Programm „Erasmus" gibt es seit 1992. Österreich hat von Beginn an daran teilgenommen, seither können Studenten über das Programm an ausländischen Universitäten studieren. Die Teilnehmerzahlen sind seit dem EU-Beitritt stark gestiegen und das tun sie auch weiterhin jedes Jahr. Allein 2013 gingen mehr als 5700 Österreicher mit „Erasmus" ins Ausland. 74.000 Studenten waren es insgesamt schon seit dem Start des Programms. Besonders beliebt sind Aufenthalte in Spanien, Frankreich, Großbritannien und Deutschland.

Textreduktion: _____

QUELLE: http://www.salzburg.com/nachrichten/dossier/20jahreeu/sn/artikel/was-oesterreich-der-eu-beitritt-gebracht-hat-133051/; 31. 12. 2014

„Sagen Sie mir bitte zu jedem der nachfolgenden Bereiche, ob aus Ihrer Sicht für diesen Bereich aufgrund der österreichischen EU-Mitgliedschaft eher die Vorteile überwiegen oder eher die Nachteile überwiegen?"			
in %	für die österreichische Wirtschaft	für Österreich	für mich persönlich
Vorteile überwiegen sehr	25	17	15
Vorteile überwiegen eher	40	38	30
weder noch	6	6	13
Nachteile überwiegen eher	20	27	27
Nachteile überwiegen sehr	7	10	11
keine Angabe	2	3	4

QUELLE: https://www.wko.at/Content.Node/iv/presse/wkoe_presse/presseaussendungen/Studie_Einstellungen_zur_EU.pdf; 11. 01. 2015

Textreduktion: _____

_____

_____

_____

Mögliche Fehlerquellen beim Schreiben von Zusammenfassungen

Die Textsorte „Zusammenfassung" ist eine große Herausforderung, besonders weil ihre Schwierigkeit sehr oft unterschätzt wird. Vermutlich haben viele Schülerinnen und Schüler in verschiedenen Fächern schon den Arbeitsauftrag erhalten: „Fassen Sie das Kapitel xy im Schulbuch als Hausübung zusammen!" Behandelt dann der Schulbuchtext einen ganz neuen Fachinhalt, ist es sehr schwierig, die wichtigen von den unwichtigen Informationen zu unterscheiden. Der Text muss gut verstanden werden, um ihn auf wesentliche Aussagen reduzieren zu können. Je größer das Fachwissen über ein bestimmtes Thema ist, desto leichter fällt die Entscheidung darüber, welche Informationen nun wichtig oder verzichtbar sind. Fehlt das Sachwissen, ist die Zusammenfassung des Ausgangstextes sehr schwierig. Gerade Schulbuchtexte sind inhaltlich bereits stark verdichtet, sodass eine weitere Streichung wichtiger Informationen oft kaum möglich ist.

Wenn man das Zusammenfassen von Sachtexten im Unterricht nicht gezielt trainiert hat, fehlen die Strategien zur Textkomprimierung. Im allerbesten Fall werden Schülerinnen und Schüler in unterschiedlichen Fächern in aufsteigenden Klassenstufen mit dem Zusammenfassen der fachspezifischen Textinhalte systematisch vertraut gemacht. Texte aus dem Chemieunterricht sind anders zu behandeln als mathematische Texte oder Fachtexte aus dem Psychologieunterricht. Jedes Fach hat spezifisches Fachvokabular und manchmal auch eigene Textsorten (z. B. Versuchsbeschreibungen oder Laborberichte). Deshalb sollten Zusammenfassungen in allen Unterrichtsfächern geübt werden.

Ein Hauptproblem beim Zusammenfassen von Texten ist die Loslösung von vorgegebenen Formulierungen. Ein wortwörtliches Übernehmen von Sätzen zeigt, dass der Ausgangstext gedanklich nicht gut genug erfasst wurde, um ihn in eigenen Worten komprimiert wiederzugeben. Um dies zu vermeiden, sollte man den Text nach der gründlichen Lektüre beiseitelegen und ihn aus dem Gedächtnis zuerst mündlich und dann schriftlich zusammenzufassen. Das hilft dabei, den roten Faden beizubehalten, und zwingt die Schreiberin/den Schreiber dazu, sich auf eigene Formulierungen zu konzentrieren.
Wenn das nicht ausreicht, liegt es vielleicht daran, dass man über das Thema des Ausgangstextes zu wenig weiß, um sinnvoll zu kürzen. Dann sollte man in zusätzlichen Quellen (Fachbüchern, Lexika, Internet …) recherchieren.

Schreibaufgabe (Hausübung oder Schularbeit)

Verfassen Sie eine Zusammenfassung.

<u>Situation:</u> Sie haben sich mit dem Thema „Emotionale Entwicklung von Kindern" in den Fächern Biologie, Psychologie und Deutsch beschäftigt und sollen nun für ein fächerverbindendes Portfolio eine Zusammenfassung des Textes „Die Suche nach den Narben der Kindheit" verfassen.

Lesen Sie den vorliegenden Text.
Schreiben Sie nun die Zusammenfassung und bearbeiten Sie dabei die folgenden Arbeitsaufträge:

AUFGABE

— Geben Sie wesentliche Inhalte des Zeitungstextes wieder.
— Beschreiben Sie die darin vorgestellten Forschungsabsichten und die Ergebnisse der Experimente.
— Erläutern Sie die Gründe dafür, warum die dargestellten Forschungsarbeiten auf großes Interesse von unterschiedlichen Seiten stoßen.

Schreiben Sie 315 bis 385 Wörter.
Markieren Sie Absätze mittels Leerzeilen.

Die Suche nach den Narben der Kindheit

Anna Katharina Braun erforscht an Ratten, wie Gefühle das Gehirn formen. Schon wollen Lehrer und Psychologen die Erkenntnisse nutzen.

Von Annette Lessmoellmann

Niedlich sind sie, diese Strauchratten. „Rättchen",
2 sagt Anna Katharina Braun zu ihnen. Sie ist im Hessischen aufgewachsen und hat eine Vorliebe
4 für Verkleinerungsformen. Die Tiere tollen munter durch den Käfig in der Magdeburger Otto-von-
6 Guericke-Universität, und die Verhaltensbiologin schaut lächelnd zu. Manchmal schaut sie allerdings
8 ein wenig nachdenklich drein.
Denkt sie daran, dass sie ihren „Rättchen" das Ge-
10 hirn herausnehmen muss, wenn sie Erkenntnisse sammeln will?

12 Die hamsterähnlichen Nager mit den großen Oh-ren sind ein Tiermodell für soziales Verhalten. Sie
14 teilen viele Eigenschaften mit dem Menschen: Sie leben in Gemeinschaften und verständigen sich
16 mit Lauten. „Auch der Mensch", sagt Braun, „ist ein vokales Tier." Erwachsene Strauchratten gehen
18 monogame[1] Beziehungen ein und kümmern sich gemeinsam um den Nachwuchs. Die Kleinen kön-
20 nen von Geburt an sehen, riechen und hören. An-ders als typische Labortiere, zum Beispiel Mäuse,
22 „kriegen sie von Anfang an alles mit – genauso wie die Menschenkinder". Und da setzt Anna Kathari-
24 na Brauns Neugierde an. Sie will herausfinden, wie frühe emotionale Erfahrungen das kindliche Ge-
26 hirn beeinflussen. Die kleine Strauchratte hört die Fiepser ihrer Eltern, spürt ihre Wärme und weiß:

28 Hier bin ich sicher. Sie lernt sehr schnell, wer ihre Eltern sind, und dieses Lernen ist mit guten Ge-
30 fühlen verbunden. „Filialprägung" nannte es der Verhaltensforscher Konrad Lorenz, wenn sich tief
32 in den Gefühlshaushalt des Tieres eingräbt, bei wem es geborgen ist. „Prägung" deshalb, weil die-
34 ser Vorgang kaum mehr rückgängig zu machen ist.

Aber welche Spuren hinterlässt dieser Prägungs-
36 vorgang im Gehirn? Anna Katharina Braun will beweisen, was der Alltagsverstand längst zu wissen
38 glaubt: dass frühe traumatische[2] Erfahrungen das Verhalten eines Menschen sein ganzes Leben lang
40 beeinflussen können. In der klinischen Psycholo-gie wurde zu Beginn des 20. Jahrhunderts der Ver-
42 dacht geäußert, dass solche Traumata „Narben" im

Gehirn hinterlassen. Damit war der Schritt getan
44 von der Verhaltensforschung zur Hirnbiologie.
Den Einfluss der Umwelt auf die Entwicklung des
46 Gehirns haben die Amerikaner David Krech und
David Rosenzweig von der University of California
48 in Berkeley in den siebziger Jahren des vergangenen Jahrhunderts an Ratten nachgewiesen: Eine
50 attraktive Umwelt und soziale Interaktion lassen
die Verschaltungen zwischen den Neuronen der
52 Großhirnrinde sprießen. Ödnis und Isolation
hemmen die Entwicklung der Hirnrinde.

54 Ihre Methode sei „ein bisschen hart", sagt Braun
mit der für sie typischen Mischung aus Pragmatis-
56 mus und Mitgefühl. Systematisch wird die Beziehung zwischen Eltern und Kind unterbrochen und
58 gestört. Denn kaum sind die Rattenkinder auf der
Welt, schlägt das Schicksal in Form einer gummi-
60 behandschuhten Hand zu und setzt sie in ein Kist-
chen: dreimal täglich für eine Stunde Isolations-
62 haft. Dort „schmoren sie dann", hören und riechen
ihre Anverwandten, aber sehen sie nicht – jeglicher
64 Kontakt ist unterbunden.

„Das ist Stress für die Tiere", sagt Anna Katharina
66 Braun – die solche Experimente nicht ungern auch
einmal ihren Mitarbeitern überlässt. Und tatsäch-
68 lich: Die Vernachlässigung wirkt sich auf das Gehirn aus. Anders als Krech und Rosenzweig vor
70 mehr als dreißig Jahren konzentrierte sich Braun
bei ihren Untersuchungen nicht auf die Hirnrinde,
72 sondern auf das limbische System[3] tief im Innern
des Gehirns. Bei den „deprivierten[4] Rättchen" fand
74 sie Veränderungen in dieser Hirnregion, die für
Emotionen, Lernen und Gedächtnis zuständig ist.
76 Die Gehirnzellen der isolierten Tiere waren in dieser Region viel intensiver verschaltet als bei Art-
78 genossen, die ungestört in ihrer Familie aufwuch-
sen.

80 Ein auf den ersten Blick verwirrender und den Daten von Krech und Rosenzweig widersprechender
82 Befund. Schließlich hatten die vernachlässigten
Tiere weniger Reize von außen zu verarbeiten und
84 deswegen auch weniger Verschaltungen zwischen
Zellen zu knüpfen. Aber zur Hirnentwicklung ge-
86 hört nicht nur, dass Verbindungen geschaffen und
durch Reizverarbeitung verstärkt werden, sondern
88 auch, dass sie reduziert werden.

Das sei wie bei einem Bildhauer, der etwas weg-
90 schlagen müsse, damit sich aus der rohen Stein-
masse ein Kunstwerk schälen kann, erklärt Braun:
92 „Auch das Gehirn ist ein solches Kunstwerk, und
wenn zu viele Verknüpfungen bestehen bleiben,
94 dann rauscht es wie bei einer übersteuerten Stereo-
anlage." Auch bei Schizophreniepatienten[5] habe
96 man festgestellt, dass sie zu viele Synapsen[6] haben.

98 Aber nicht nur die Synapsenzahl gerät bei den gestressten Rattenkindern aus dem Gleichgewicht,
auch die Chemie zwischen den Zellen ist gestört.
100 So genannte Neurotransmitter[7] übertragen ein Sig-
nal von einer Zelle in die nächste. Wenn es dabei
102 um Gefühle geht, dann tritt vor allem der Trans-
mitter Dopamin auf den Plan – ein Stoff, der of-
104 fenbar für intensive Emotionen zuständig ist.
Braun hat einen Versuch durchgeführt, bei dem
106 die kleinen Strauchratten vom achten Lebenstag an
zweimal täglich einzeln für drei Minuten aus dem
108 Elternnest herausgenommen wurden und das drei
Tage hintereinander – eine „relativ milde Depriva-
110 tionssituation" also. Eine andere Gruppe wurde
genauso behandelt, allerdings konnten sie wäh-
112 rend dieser Zeit ihre Mutter hören. Braun fand,
dass bei der ersten Gruppe auch einige Tage nach
114 der Vernachlässigung noch wesentlich mehr
Dopamin fließt als bei Tieren, die behütet auf-
116 wachsen: „Dass selbst so kleine Störungen der-
artige Auswirkungen haben, hat uns überrascht."
118 Überraschend war auch, dass von den Tieren, die
in der Einsamkeit ihre Mutter hören konnten, sich
120 nur die Weibchen von der Stimme beruhigen ließen, bei ihnen wurde der Dopamin-Ausstoß her-
122 untergeregelt. Die männlichen Strauchratten aber
blieben untröstlich, trotz Mutters Stimme. Woran
124 das liegt, weiß Anna Katharina Braun noch nicht.
Eine ihrer Studentinnen erforscht das Phänomen
126 derzeit. Der wichtige Befund für Braun ist: Emotionale Vernachlässigung verändert das Gehirn
128 nachweisbar.

Und was heißt das für den Menschen? „Das heißt",
130 sagt Braun, „dass ich den Frust vieler klinischer
Psychologen gut verstehen kann." Viele psychische
132 Erkrankungen sind mit Gesprächstherapien nicht
zu behandeln. Medikamente stellen den Patienten
134 zwar ruhig, heilen ihn aber nicht. Wenn man genau wüsste, was in den Hirnen vernachlässigter
136 Kinder abläuft und was davon der Mensch bis ins
Erwachsenenalter mitnimmt, wenn klar wäre, wel-
138 che Fehlschaltung im Gehirn dazu führt, dass der
ausgewachsene Mensch, irgendwann, urplötzlich,
140 psychisch krank wird – „vielleicht kann man da ja
doch irgendwann eingreifen und das Gehirn wie-
142 der auf normal drehen"? Anna Katharina Braun
gerät ins Träumen. „Schreiben Sie das lieber nicht,
144 das sind Utopien!"

Eben die Utopien sind es, die ihre Arbeit antreiben.
146 Viele kleine neurobiologische Ergebnisse in inter-
nationalen Fachjournalen publizieren, das ist ihr
148 nicht genug. Anna Katharina Braun geht es um die
Vision. Und diese Vision fasziniert auch andere.
150 Manchmal mehr, als der Biologin lieb ist. „Die Psychologen rennen mir die Bude ein", sagt sie, und
152 auch immer mehr Lehrer wollten ganz genau wis-

sen, wie das denn sei mit dem Gehirn, wie man es
154 pädagogisch formen und prägen könne.

„Ich habe ja auch mal auf Lehramt studiert", sagt
156 Braun und dreht vielsagend die Augen zur Decke.
Desillusionierend fand sie das, denn: „Was kann
158 ein Lehrer eigentlich bewirken?" Nach drei Wochen Referendariat ging sie zurück in die Verhal-
160 tensforschung.

Aber das Verhalten alleine reichte ihr nicht mehr,
162 irgendwann wolle man ja auch „ins Hirn schauen"
und sehen, was das Verhalten dort anrichtet. Der
164 Forschungsansatz ist nicht neu. Doch mit ihrem
Wunsch nach Einblicken liegt Anna Katharina
166 Braun voll im Trend. Verzweifelte Pädagogen haben die Hirnforschung entdeckt. Wann sollen sie
168 was lehren? Mit welcher Methode? Wie weit reicht
Erziehung? Die Frage, was im Kopf ihrer Sprösslin-
170 ge vorgeht, nehmen Eltern immer öfter wörtlich.

Das Feld der „Neurodidaktik" boomt.
172 Anna Katharina Braun hat schon das nächste For-
schungsziel im Blick: Wie verhalten sich erwachse-
174 ne Tiere, die als Kinder vernachlässigt wurden?
Braun hat ausgewachsene Ratten in einer unbe-
176 kannten Umgebung ausgesetzt, die sie nach Belie-
ben auskundschaften konnten. Ergebnis: „Die de-
178 privierten Rättchen liefen viel hektischer herum als
die normalen." Sie verhalten sich hyperaktiv.

180 Hyperaktiv? Das klingt in manchen Ohren nach
ADS, dem Aufmerksamkeits-Defizit-Syndrom, das
182 Kinder zu Zappelphilipps werden lässt und Eltern
zur Verzweiflung treibt. Gibt es eine hirnphysiolo-
184 gische Erklärung? Eine ursächliche Therapie?
Braun kann da nur beschwichtigend die Hände he-
186 ben. So weit ist man noch lange nicht – auch wenn
es verlockend klingt. Noch ist das erst mal einfach
nur ein Befund. Ein Rättchen-Befund.

QUELLE: http://www.zeit.de/2002/45/Die_Suche_nach_den_Narben_der_Kindheit/komplettansicht; 31. Oktober 2002; 07. 01. 2015

[1] monogam: Zusammenleben mit nur einer Geschlechtspartnerin/einem Geschlechtspartner
[2] Trauma (Pl.: Traumata), traumatisch (Adj.): starke seelische Erschütterung
[3] Limbisches System: Randgebiet zwischen Großhirn und Gehirnstamm
[4] Deprivation: Entzug von Liebe und Zuwendung
[5] Schizophrenie: Krankheit; eine schwere Psychose
[6] Synapse: Verbindung zwischen Zellen zur Reizübertragung
[7] Neurotransmitter: biochemische Botenstoffe, die Informationen zwischen den Nervenzellen übertragen

Kommentierung der Aufgabe

Situation:

Die Aufgabenstellung ist in einen situativen Kontext eingebettet, ein fächerverbindendes Unterrichtsprojekt mit dem Thema „Emotionale Entwicklung von Kindern", in dessen Rahmen eine Zusammenfassung des Textes für ein Portfolio erstellt werde soll.

Dimension Aufgabenerfüllung aus inhaltlicher Sicht

— Publikationsrelevante Daten müssen angegeben werden (Autorin, Titel, Erscheinungsmedium, Erscheinungs-datum, Textsorte …)
— Die wichtigsten Informationen des Primärtextes können anhand von W-Fragen erschlossen werden.
— Relevante Ergebnisse der Experimente mit den jungen Strauchratten sollen gerafft wiedergegeben werden.
— Kritische Überlegungen zur Übertragbarkeit der Ergebnisse der Tierforschung auf die Forschungsarbeiten zur Entwicklung von Kleinkindern sollen angeführt werden.
— Auch in anderen Fachbereichen (Psychologie, Pädagogik) interessiert man sich für die Forschungsergebnisse aus der Verhaltensbiologie.

Kernaussage(n) des Primärtextes

— Die Verhaltensbiologin Anna Katharina Braun erforscht an der Magdeburger Universität anhand von jungen Strauchratten, die in ihrer Entwicklung in einigen Bereichen überraschende Ähnlichkeiten mit Menschen aufweisen, die Einflüsse früher emotionaler Erfahrungen auf die emotionale Entwicklung des kindlichen Gehirns.
— Ihre Forschungsergebnisse zeigen, dass emotionale Vernachlässigung sich negativ auf die Entwicklung des Gehirns auswirkt. Die Konsequenzen daraus sind noch nicht erforscht.

3.2 — Die Textanalyse

Die Textsorte „Textanalyse"

Die Textanalyse ist grundsätzlich ein Verfahren zur Beschreibung der Merkmale eines Textes und ihres Zusammenspiels. Im Schreibunterricht hat sich die Textanalyse auch als eigenständige Textsorte etabliert. Textanalyse meint also einerseits einen Prozess, andererseits das Produkt am Ende dieses Prozesses. Darüber hinaus stellt die Textanalyse einen wichtigen Schritt auf dem Weg zur Textinterpretation dar. Somit weist sie auf jene Aspekte hin, die gedeutet werden sollen.

3.2.1 — Anforderungen an eine Textanalyse/Beurteilungsgrundlagen

Situation	Sie werden als Schreiberin/Schreiber mit einem oder mehreren Sachtexten oder literarischen Texten konfrontiert. Vor allem die Sachtexte können mit einem nichtlinearen Text verknüpft sein. Sie müssen sich mit bestimmten inhaltlichen, sprachlichen und formalen Auffälligkeiten des Textes auseinandersetzen.
Adressatinnen und Adressaten	Textanalysen haben keine spezielle Zielgruppe wie etwa der Kommentar oder der Leserbrief, sondern dienen dem Nachweis bestimmter Kompetenzen. Im Rahmen der Aufgabenstellung kann trotzdem verlangt werden, einen Text für ein Portfolio, eine Textsammlung oder eine Projektmappe vorzustellen.
Inhalt	Gegenstand einer Textanalyse sind Sachtexte und literarische Texte.
Absicht	Die Textanalyse beschreibt Auffälligkeiten eines Textes. Diese werden benannt, zueinander in Beziehung gesetzt und in ihrer Funktion erklärt.
(Mögliche) Gliederung	Die Textanalyse stellt zu Beginn den zu behandelnden Text in wenigen Sätzen vor. Der Hauptteil enthält die Ergebnisse der Auseinandersetzung mit dem Ausgangstext; der Schluss fasst je nach Aufgabenstellung die Ergebnisse zusammen.
Sprache	Die Sprache ist sachlich-unpersönlich und enthält das für die Analyse von literarischen Texten oder Sachtexten notwendige Fachvokabular.
Umfang	Zwischen 405 und 495 oder 540 und 660 Wörter.
Beispiele für verwandte Textsorten	Textinterpretation

Beispieltext für eine „Textanalyse"

Ü1 Lesen Sie nun einen Zeitschriftentext („Das Geheimnis der Freundschaft") und im Anschluss daran die Textanalyse einer Schülerin der 11. Schulstufe nach einer Aufgabenstellung für eine Schularbeit.

Claudia Wüstenhagen: Das Geheimnis der Freundschaft

Rainer Seehase und Gerhard Niemeier sind Freunde fürs Leben. Schon als Kinder haben sie zusammen unter den Kirschbäumen im Garten gezeltet und sind auf der Hamburger Alster gerudert. Sie gründeten einen Mickymaus-Club und teilten ihre Comichefte, heute haben sie einen Segelverein und ein gemeinsames Schiff. „Es gibt niemanden, der mich so lange kennt wie Gerhard", sagt Rainer Seehase. Die beiden trafen sich an ihrem ersten Schultag in Hamburg vor fast 60 Jahren, von da an saßen sie in der Klasse nebeneinander.

Ein Zufall, aber er könnte erklären, warum sie Freunde wurden. Denn oft reicht die physische Nähe von zwei Menschen, damit zwischen ihnen eine Freundschaft entsteht. Das fand der Psychologieprofessor Mitja Back von der Universität Mainz in einer Studie heraus. Nach dem Zufallsprinzip

18 wies er Studienanfängern in der ersten Vorlesung einen Platz im Hörsaal zu. Erstaunlicherweise be-
20 einflusste die Sitzordnung in dieser einen Veranstaltung die Entwicklung von Freundschaften: Per-
22 sonen, die zufällig nebeneinandergesessen hatten, waren ein Jahr später stärker miteinander befreun-
24 det als Kommilitonen, die voneinander entfernt gesessen hatten. „Menschen bewerten andere
26 spontan positiv, wenn sie sich in unmittelbarer Nähe befinden", sagt Back. […]

28 Berechnung spielt ebenfalls eine Rolle, hat die Studie gezeigt: Wir suchen unsere Freunde auch da-
30 nach aus, was wir uns von ihnen versprechen. Wie nützlich Studenten ihre Kommilitonen zu Beginn
32 des Semesters einschätzten, hatte Einfluss darauf, mit wem sie sich anfreundeten. In erster Linie galt
34 das für emotionale Bedürfnisse, erklärt Denissen: „Wie gut wird eine Person mich trösten oder amü-
36 sieren können? Kann sie eine wohlige Stimmung schaffen?" […]

38 Sogar ganz pragmatische Erwägungen spielen eine Rolle – ob jemand uns bei Reparaturen helfen kann
40 oder wichtige Informationen parat hat. „Die Leute haben da durchaus eine berechnende Herange-
42 hensweise", sagt Denissen. Das mag zwar unromantisch sein, überraschend aber ist es nicht.
44 „Man muss ja mal evolutionär die Frage stellen, warum es Freundschaften gibt", sagt Denissen und
46 verweist auf das harte Leben unserer Vorfahren. „Da ist es plausibel, anzunehmen, dass Freund-
48 schaften auch ein Mittel sind, um uns gegenseitig in schwierigen Situationen zu helfen."

50 Besonders in schwierigen Situationen zeigt sich der wahre Wert von Freunden: Sie machen uns
52 stark und schützen vor Stress. Um das zu messen,
54 bringen Wissenschaftler Menschen in die unangenehmsten Situationen. Der Freiburger Psycholo-
56 gieprofessor Markus Heinrichs etwa ließ Probanden Präsentationen vor einem Publikum samt Ka-
58 mera halten. Anschließend mussten sie ohne Vorwarnung auch noch Kopfrechenaufgaben lö-
60 sen. Ein Albtraum für viele. Manche kamen mit der Situation aber besser zurecht als andere: Das
62 waren diejenigen, die ihren besten Freund oder ihre beste Freundin hatten mitbringen dürfen. „Sie
64 waren erheblich weniger gestresst als die Personen, die allein kommen mussten", sagt Heinrichs. Die
66 Forscher maßen in ihrem Speichel eine niedrigere Konzentration des Stresshormons Cortisol, und
68 die Probanden selbst berichteten über weniger Angst und Unruhe. Dabei durften die Freunde nur
70 während der Vorbereitungsphase anwesend sein, nicht beim Test selbst. Heinrichs bringt seine Er-
72 gebnisse auf eine Faustformel: „Zehn Minuten an meiner Seite, schützt ein Freund mich über eine
Stunde lang wirksam vor Stress." […]

74 In Gegenwart von Freunden erscheinen Probleme kleiner – und Berge buchstäblich flacher: In Expe-
76 rimenten schätzen Menschen die Steigung eines Hügels tatsächlich geringer ein, wenn ein Freund
78 neben ihnen steht. Je länger sie ihn kennen, desto stärker ist der Effekt. Oft reicht sogar der Gedanke
80 an ihn, damit der Berg schrumpft. „Wir verbuchen unsere Freunde als potenzielle Unterstützung", sagt
82 Psychologieprofessor Denissen. „Wer solche Ressourcen hat, stuft ein Problem als weniger bedroh-
84 lich ein." Denissen hat festgestellt, dass Menschen an Tagen, an denen sie ihre Freunde treffen, ein
86 höheres Selbstwertgefühl haben. […]

Eines zeigen Studien deutlich: Wer gute soziale Be-
88 ziehungen hat, ist zufriedener, körperlich gesünder und lebt sogar länger. Letzteres offenbarte erst vor
90 Kurzem eine Metaanalyse von Psychologen der Brigham Young University in Utah. Die Forscher
92 werteten Studien mit insgesamt mehr als 300.000 Personen aus, deren Gesundheitszustand im
94 Schnitt über acht Jahre dokumentiert worden war. Menschen mit engen Bindungen hatten eine 50
96 Prozent höhere Chance, diesen Zeitraum zu überleben. Fehlender sozialer Rückhalt erwies sich da-
98 gegen als ebenso schädlich wie der tägliche Konsum von 15 Zigaretten oder Alkoholmissbrauch
100 und schädlicher als Sportverweigerung oder Übergewicht.

QUELLE:
ZEIT Wissen, Nr. 01/2011 (Text gekürzt) http://www.zeit.de/zeit-wissen/2011/01/Freundschaft/komplettansicht; 29. 12. 2014; siehe auch: Sprachräume 3, S. 50–51.

Schreibaufgabe (Hausübung oder Schularbeit)

Verfassen Sie eine Textanalyse.

<u>Situation</u>: Sie üben das Verfassen einer Textanalyse.
Lesen Sie den journalistischen Text „Das Geheimnis der Freundschaft" von Claudia Wüstenhagen aus der Wochenzeitung „Die Zeit".

Verfassen Sie nun die Textanalyse und bearbeiten Sie die folgenden Arbeitsaufträge:

— Fassen Sie grundlegende Informationen des journalistischen Textes zusammen.
— Untersuchen Sie die sprachlichen Auffälligkeiten des Textes.
— Erläutern Sie die mögliche Textintention.
— Setzen Sie Ihre Vorstellung von Freundschaft in Beziehung zu dem Konzept von Freundschaft, das aus dem Text spricht.

Schreiben Sie zwischen 405 und 495 Wörter.
Markieren Sie Absätze mittels Leerzeilen.

AUFGABE

Beispieltext
für eine Textanalyse, verfasst von einer Schülerin (11. Schulstufe)

Erläuterungen

Der Artikel „Das Geheimnis der Freundschaft" stammt von Claudia Wüstenhagen.
2 Er erschien im Jänner 2011 in der deutschen Wochenzeitschrift „Die Zeit" und greift das uns alle betreffende Thema „Freundschaft" auf.

> Einleitungssatz: nennt Autorin und Titel des Ausgangstextes sowie sein Thema

4 Die ersten Absätze des journalistischen Textes handeln davon, wie Freundschaften überhaupt zustande kommen. Gemäß dem Artikel ist physische Nähe ein relevan-
6 tes Kriterium, so ist es folglich wahrscheinlicher, dass man sich mit jemand anfreundet, wenn man sich mit diesem einen Platz in der Schule teilt.

> Zusammenfassung wichtiger Informationen: Gründe für das Schließen von Freundschaften

8 Ein weiterer wichtiger Aspekt ist, was wir uns von unserem Gegenüber versprechen und ob wir glauben, dass er unsere emotionalen Bedürfnisse befriedigen kann. Au-
10 ßerdem sind praktische Erwägungen ausschlaggebend, da Freundschaften ein Mittel sind, Schwierigkeiten zu überwinden.

12 Im zweiten Teil des Artikels wird aufgezeigt, was der Sinn von Freunden ist: Freunde helfen uns, machen uns stark, schützen uns vor Stress, in ihrer Gegenwart er-
14 scheinen Probleme kleiner und sie stärken unser Selbstwertgefühl. Abschließend wird im Text behauptet, dass gute soziale Beziehungen dazu führen können, dass
16 man zufriedener und gesünder ist und länger lebt.

> Zusammenfassung wichtiger Informationen: Auswirkungen von Freundschaft

Der Artikel ist in der Standardsprache verfasst und weist streckenweise einen geho-
18 benen Stil auf. Es werden häufig abstrakte Nomen („Nähe", Z. 14, „Zufallsprinzip",
Z. 17, „Berechnung", Z. 28) verwendet, syntaktisch dominieren Parataxen. Die
20 meisten Anführungen werden durch konkrete Studien von Universitäten belegt und immer glaubhaft ausgeführt. Es gibt außerdem zahlreiche direkte Reden mit
22 Aussagen von renommierten Psychologen (vgl. etwa Z. 7-8, 25-27)

> Untersuchung sprachlicher Auffälligkeiten

Die hauptsächliche Intention des Textes ist zu informieren und das Phänomen der
24 Freundschaft wissenschaftlich darzulegen. Ich vermute jedoch, dass ein weiteres Ziel des Artikels ist, dass die Leser aufmerksam werden, wie wichtig Freunde sind.
26 Wahre Freundschaften existieren in unserer heutigen Welt kaum noch, wir werden dominiert von Internetbekanntschaften und digitalen Gefährten. Der Text will,
28 dass die Menschen den Wert ihrer realen Freundschaften wieder schätzen zu lernen und anfangen, sie besser zu pflegen.

> Erläuterung der möglichen Textintention

30 Ich stimme in meiner Auffassung von Freundschaft mit jener des Artikels in den
meisten Punkten überein und bin auch der Auffassung, dass Probleme viel unwich-
32 tiger und kleiner sind, wenn man Unterstützung von Freunden erhält. Jedoch bin
ich der Meinung, dass das Thema „Freundschaft" etwas einseitig beleuchtet wird.
34 Natürlich kann einem nichts Besseres passieren, als echte Freunde zu haben. Aber
Freundinnen und Freunde sind keine Übermenschen und bereichern das eigene
36 Leben nicht immer. Mein Leben ist daher ihretwegen manchmal um einen Konflikt
reicher, weil ich mit meinen Freundinnen in Krisenzeiten mitleide oder mich mit
38 ihnen über andere Personen aufrege, die sie schlecht behandelt haben. Ich habe
auch schon die Erfahrung machen müssen, dass sich „Freunde" mir gegenüber als
40 falsch und hinterhältig erwiesen haben. Sie sind nicht an einer echten Freundschaft
interessiert gewesen.

> Eigene Vorstellung von Freundschaft – Freundschafts-Konzept des Ausgangstextes

42 Abschließend ist zu sagen, dass der Artikel schlüssig argumentiert und sehr profes-
sionell erscheint. Er ist verständlich geschrieben und leicht zu lesen, der Inhalt ist
44 nachvollziehbar und das Thema interessant gewählt. Ich frage mich jedoch, ob man
das abstrakte Wort „Freundschaft" wirklich definieren und wissenschaftlich erfor-
46 schen kann oder ob es falsch ist, alle Freundschaften in die gleiche Schublade zu
stecken, da gewiss viele verschiedene Arten existieren.

> Zusammenfassung

(495 Wörter)

- -

Wichtige Teilkompetenzen für das Schreiben einer Textanalyse
Sie können …
— inhaltliche, strukturelle und sprachliche Auffälligkeiten eines gelesenen Textes benennen
— die Funktion dieser Auffälligkeiten erschließen
— die Wechselbeziehung zwischen Inhalt, Struktur und Sprache eines Textes erläutern
— Fachvokabular zur Beschreibung von Sachtexten und literarischen Texten einsetzen
— Zitate verwenden, um Behauptungen über einen Text zu veranschaulichen

3.2.2 — Erklärungen und aufbauende Übungen zur Textsorte Textanalyse

Sachtexte aspektorientiert analysieren

Mit Hilfe der folgenden sieben Aspekte[1] können Sie
Sachtexte aller Art analysieren. Im *Schreibkompetenztraining 1* von *sprachreif* finden Sie auf der Seite 6 für
die dort behandelten Textsorten ein vergleichbares
Modell.

Inhalt und Thema: Mit dem Inhalt ist der Gedanken-
gang eines Textes gemeint, der sich auf Personen,
Gegenstände, Handlungen, Vorstellungen usw. beziehen
kann. Wird der Inhalt auf die knappest mögliche Form
verkürzt, so liegt das Thema des jeweiligen Textes vor.

Textfunktion: Texte richten sich im Normalfall nicht nur an eine bestimmte Adressatin/einen bestimmten
Adressaten (Einzelperson, Gruppe, Behörde), die Schreiberin/der Schreiber misst ihnen auch eine bestimmte
Funktion bei:
— Wenn ein Text vor allem Wissen bzw. Informationen über Personen, Gegenstände oder Sachverhalte
vermitteln will, so steht die *Information* im Vordergrund (Beispiele: Wetterbericht, Gebrauchsanweisung).
— Texte können Schreiberinnen und Schreibern oder anderen Personen helfen, sich über strittige Sachverhalte
Klarheit zu verschaffen. Somit dominiert die *Klärungsfunktion*.
— Werbungen, Kommentare und ähnliche Texte wollen die Leserin/den Leser dazu bringen, eine bestimmte
Handlung zu setzen oder einem Sachverhalt gegenüber eine bestimmte Haltung an den Tag zu legen. Sie
enthalten mehr oder weniger deutliche Appelle (= *Appellfunktion*).

[1] Diese sieben Aspekte orientieren sich an folgender Quelle: Horst Sitta: Linguistik der Schriftlichkeit/Textlinguistik. Bozen: o. J. (unpubliziertes Vorlesungsskriptum)

— Von der *Obligationsfunktion* eines Textes spricht man dann, wenn sich die Senderin/der Sender damit verpflichtet, eine bestimmte Handlung zu vollziehen (Beispiele für solche Texte: Verträge, Gelöbnisse).
— Der Hauptzweck einer SMS oder einer Karte aus dem Urlaub besteht in der *Kontaktfunktion*.
— Wer jemandem eine Vollmacht ausstellt, ein Zeugnis überreicht, schafft für diese Person in einem Teilbereich ihres Lebens oder existentiell eine neue Realität (das Reifeprüfungszeugnis ist Voraussetzung für ein weiterführendes Studium und macht aus Schülerinnen und Schülern Studentinnen und Studenten). Eine solche Funktion des Textes wird als *Deklarationsfunktion* bezeichnet.
— Texte, in denen die *Unterhaltungsfunktion* dominiert, sind prinzipiell fiktional und erheben den Anspruch, der Rezipientin/dem Rezipienten einen ästhetischen Reiz zu bieten. Hierher gehört der ganze Bereich der poetischen Literatur.

Kommunikationsform: Damit sind Entstehungszeit und -ort des Textes gemeint, der Umstand, ob es sich um einen *schriftlichen* oder *mündlichen Text* handelt und mit welchem Medium (Telefon, Computer …) er weitergeleitet wurde.

Handlungsbereich: Texte können an die *Öffentlichkeit* gerichtet sein – denken Sie nur an einen offenen Brief, sie können aber auch *Privates* zwischen zwei Menschen thematisieren. Sie haben *offiziellen Charakter*, wenn es sich um den Erlass einer Behörde handelt.

Behandlung (= Entfaltung) des Themas und Textstruktur: Die meisten Texte gehören einem der vier folgenden Grundmodelle an, wenn es um die Art und Weise geht, wie sich darin das Thema entwickelt:
— *Beschreibende Entfaltung:* Die Teilthemen eines Themas sind meist in den Kategorien Raum und Zeit geordnet (z. B. bei einem Zeitungsbericht, der ein aktuelles Ereignis behandelt, das sich in unmittelbarer Vergangenheit an einem konkreten Ort ereignet hat). Besonders häufig ist die beschreibende Entfaltung des Themas in journalistischen Texten, in Anleitungen, Gesetzestexten, Verträgen usw.
— *Erzählende Entfaltung:* Erzählende Texte orientieren die Leserin/den Leser am Beginn über die Situation, in der die Handlung der Erzählung angesiedelt ist. Sie führen dazu Angaben zu Zeit, Ort sowie den Figuren an. Die Komplikation umfasst die Darstellung eines ungewöhnlichen Erlebnisses. Die Auflösung am Schluss bringt meistens den Ausgleich zwischen dem in der Eingangssituation Dargestellten und der Komplikation.
— *Erklärende Entfaltung:* Das zu Erklärende wird aus bestimmten anderen Sachverhalten logisch abgeleitet. Der erklärende Abschnitt besteht aus der Darstellung von Bedingungen und Gesetzmäßigkeiten, die die Erklärung für das jeweilige Phänomen liefern (denken Sie an die Beschreibung eines Versuches im Chemieunterricht).
— *Begründende Entfaltung:* Dabei wird am Beginn in einem Satz (damit kann auch ein gedanklicher Abschnitt gemeint sein) eine Behauptung formuliert. Die anschließenden Beispielsätze begründen die Behauptung und führen (gegebenenfalls) entsprechende Beispiele an, um die Behauptung zu illustrieren. Der Wiederholungssatz greift den Einleitungsgedanken in abgewandelter Form auf und rundet somit das Argument ab.
— Formal lässt sich die *Gliederung eines Textes* am besten mit den Begriffen Einleitung, Hauptteil und Schluss benennen. Diese Bezeichnung sagt aber nichts über die Funktion des jeweiligen Abschnittes aus. Einleitungen führen meistens zum Thema hin, wecken die Neugier der Leserin/des Lesers, klären einen Begriff …

Satzbau: Hilfreich ist die Unterscheidung zwischen eher parataktischem (Parataxe = Satzreihe) und eher hypotaktischem (Hypotaxe = Satzgefüge) Satzbau. Bestimmte Textsorten weisen umfangreiche Satzglieder mit manchmal mehreren Attributen auf, andere wiederum – etwa Märchen – charakterisieren bestimmte Satzbaumuster (Aneinanderreihung von Sätzen, die mit „und" verbunden sind). Ein rechtsverzweigender Satzbau (auf den Hauptsatz folgen Gliedsätze) deutet eher auf einen erklärenden Text hin, der linksverzweigende eher auf einen Text, der Spannung erzeugen und die wichtigste Information am Schluss nennen will.

Wortwahl: Auffälligkeiten im Bereich der Wortwahl haben mit dem gehäuften Auftreten einer Wortart (Verb, Nomen, Adjektiv) ebenso zu tun wie mit veralteten oder neu gebildeten Ausdrücken. Der Text kann Umschreibungen oder Wörter bzw. Wendungen enthalten, die in einem übertragenen Sinn verstanden werden müssen. Bestimmte Wörter können die Stilebene eines Textes prägen, indem sie als derb oder besonders gehoben empfunden werden. Fremdwörter oder fachsprachliche Ausdrücke können das Verständnis des Textes erschweren. Bestimmte Wörter (einer Wortart) lassen sich möglicherweise einem gemeinsamen Sinnbezirk zuordnen.

Nützen Sie die folgende Tabelle für die Textanalyse.

Aspekte zur Analyse von Sachtexten	
Textinhalt (das Thema)	
Textfunktion	
Kommunikationsform	
Handlungsbereich	
Behandlung (= Entfaltung) des Themas und Textgliederung	
Satzbau	
Wortwahl	

Zeitverschwendung oder wichtige Auszeit?

Kommentar, 22. Juni 2014

Ein Pro & Kontra zu einem Thema, das Schüler wie
2 Lehrer gleichermaßen polarisiert

4 **Zwei Schulwochen der anderen Art**
Der Tag, an dem die Schule endlich aufatmet: Die
6 Notenkonferenz zwei Wochen vor Schulende bedeutet für viele Schüler und Lehrer eine große Er-
8 leichterung. Der Lern- und Prüfungsstress nimmt
sein Ende, die Noten sind eingetragen. Die letzten
10 Wochen gestalten sich deshalb zwar anders als das
restliche Schuljahr, sind aber keinesfalls sinnlos.

12 Für Schüler und Lehrer bilden sie einen gemeinsamen und erholsamen Ausklang des Schuljahres.
14 Nun ist endlich Zeit gekommen: für Gespräche mit
Lehrern, die über den Lehrstoff hinausgehen; ge-
16 meinsame Exkursionen oder Projekte – und das
alles ohne den Verlust wichtiger Lehreinheiten
18 während der Prüfungszeit. Gemeinsame Aktivitäten stärken den wichtigen Zusammenhalt unter
20 Schülern und Lehrern und geben die Möglichkeit,
Konflikte aufzuarbeiten und Streitigkeiten beizu-
22 legen.

An meinem Gymnasium blieb am Ende des Schul-
24 jahres immer Zeit für den Abschluss gemeinsamer
Projekte, für die Evaluierung des Unterrichts und
26 für einen „Workshoptag", an dem auch klassen-
übergreifend Kontakte geknüpft werden konnten.

28 Allesamt Aktivitäten, die neben dem klassischen
Schulalltag Schwung in die Schulgemeinschaft ge-
30 bracht haben.

32 Die letzten zwei Wochen im Schuljahr sind auch
die Zeit, in der unser leider oft sehr starres und un-
34 persönliches Schulsystem ein wenig aufbricht. Das
gibt der Schulgemeinschaft die Möglichkeit, sich
36 frei vom Erfolgsdruck gemeinsam auf die Ferien
vorzubereiten.

Jakob Pflügl (18)

QUELLE: http://derstandard.at/2000002211370/Die-letzten-zwei-Schulwo-
chen-Zeitverschwendung-oder-wichtiger-Perspektivwechsel; 08. 10. 2014

Aspekte zur Analyse von Sachtexten: Lösungsvorschlag

der Textinhalt (das Thema)	Der Kommentar ist im Rahmen einer Diskussion über die Art und Weise zu sehen, wie die letzten Schulwochen ablaufen. Er verteidigt die aktuelle Praxis, erblickt darin jene Zeitspanne, in der Lehrerinnen/Lehrer und Schülerinnen/Schüler das Schuljahr gemeinsam ausklingen lassen – u. a. bei Workshops und Projekttagen.
Textfunktion	Informieren: Noten sind eingetragen, Ende des Schuljahres bedeutet an der eigenen Schule Zeit für Workshoptag … Klären: „Der Tag, an dem die Schule endlich aufatmet", Notenkonferenz „bedeutet […] große Erleichterung" …
Kommunikationsform	Der Text ist die Pro-Variante eines Pro-/Kontra-Kommentars. Erscheinungsort: „SchülerStandard" vom 22. 06. 2014
Handlungsbereich	Der Text ist allgemein zugänglich, besitzt daher öffentlichen Charakter.
Behandlung (= Entfaltung) des Themas und Textgliederung	Behauptung am Beginn: Notenkonferenz bedeutet Ende der Prüfungszeit in der Schule, die letzten Wochen haben im Laufe des Schuljahres trotzdem eine wichtige Funktion Begründung: Lehrerinnen/Lehrer und Schülerinnen/Schüler lassen das Schuljahr gemeinsam ausklingen Beispiele: Gespräche; Exkursionen; Projekttage; Evaluierungen … Wiederholungssatz: Schulgemeinschaft bereitet sich gemeinsam auf die Ferien vor
Satzbau	Einfacher Satzbau: erweiterte Hauptsätze und überschaubare zusammengesetzte Sätze, kurz bis mittellang
Wortwahl	Sachlich, Wörter aus dem Bereich der Alltagssprache, Aufzählungen und Ellipsen rücken den Text in die Nähe der Mündlichkeit

Ü2 **Analysieren Sie den Kommentar „Zentralmatura: Reif am Tag X – und dann?" von Lisa Nimmervoll mithilfe der sieben genannten Aspekte.**

Zentralmatura: Reif am Tag X – und dann?

Kommentar | Lisa Nimmervoll, 28. Dezember 2014

Wer die Matura nicht ganz abschaffen will, muss ihr neuen Sinn geben und ihren Wert wieder steigern

Sie ist auch ein relativ altes bildungspolitisches Projekt in Österreich. Nicht so abgestanden wie die Debatte um die gemeinsame Schule zwar, aber doch auch schon ein Jahrzehnt wird über die „Zentralmatura" diskutiert, konferiert, lamentiert. Wirklich „zentral" ist sie ohnehin nicht. Nur eine „Säule", nämlich der schriftliche Teil, wird einheitlich vorgegeben. Ab 2015 sollen zuerst in allen AHS, 2016 auch in den BHS, am selben Tag X dieselben Beispiele für all jene Schüler zum Prüfungseinsatz kommen, die sich ihre „Reife" bescheinigen lassen wollen.

Das ist in vielen Ländern seit langem selbstverständliche Routine. Vergleichbarkeit der Leistungen, ein verbindliches Mindestniveau für alle, die diese Auszeichnung tragen wollen, und objektivere Ergebnisse, auch durch Ausschaltung des subjektiven Faktors „Lehrer/in" durch klare Bewertungskriterien, geben dieser Prüfung am Ende der höchsten Schulstufe einen spezifischen Wert.

Interessanterweise kommt bei der Zentralmatura-Diskussion, zumal, nachdem unlängst eine Probeklausur für den Geschmack einiger Beobachter zu viele Fünfer ergeben hat, nie die Angst vor der „Nivellierung nach unten", die bei der Gesamtschule reflexhaft auftaucht. Vielmehr wird hier der Vorwurf vermeintlich zu hoher Ansprüche ventiliert.

Wie das? Gibt es einen moralischen Anspruch auf
32 Durchkommen bei der Matura? Für wen? Warum
ertönt sofort der Tenor „Diese Matura muss zu
34 schwer oder falsch sein, wenn unsere Kinder nicht
durchkommen"?

36 Die republikanische „Blindheit" der „Zentralmatura" hat unzweifelhaft viele Vorteile. Gerechtigkeit
38 ist einer davon. Denn die erbrachte Leistung – in
Österreich nur in einem Teilbereich – wird unab-
40 hängig von Faktoren wie Schule, Status, Lehrern,
die ihren Schülern, deren Eltern und sich selbst,
42 sagen wir, den letzten Schritt an der Schwelle ins
„reife" Leben nicht unnötig erschweren wollen, be-
44 urteilt.

Die Matura ist ein singuläres Ereignis, ein (frag-
46 würdiger) Übergangsritus. Sie ist vor allem symbo-
lisches Kapital – mit sinkendem Marktwert. Als
48 automatischer Türöffner zur Universität hat sie angesichts immer neuer Aufnahmeverfahren ausge-

50 dient. Die Aussagekraft eines Maturazeugnisses für
ein Studium ist ohnehin höchst beschränkt. Haben
52 oder nicht haben, war hier die Frage. Wer also die
„alte" Matura nicht ganz abschaffen will, muss ihr
54 neuen Sinn geben und ihren Wert steigern. Ande-
renfalls kann man sie sich und den nachfolgenden
56 Generationen auch ersparen.

QUELLE: http://derstandard.at/2000009833137/Zentralmatura-Reif-am-
Tag-X-und-dann; 30. 12. 2014

3.2.3 — Die Struktur eines Sachtextes grafisch darstellen

Mit Hilfe grafischer Darstellungen können Sie wichtige Elemente eines Textes veranschaulichen und im Zusammenspiel verdeutlichen. Der Wechsel der Darstellungsart zwingt Sie, sich intensiv mit dem Inhalt und der Struktur des Ausgangstextes auseinanderzusetzen.

Folgende Aspekte eignen sich besonders gut für eine optische Darstellung[1]:
— Begriffsdefinitionen
— Darlegung eines Sachverhalts
— Erörterung eines Problems
— Strukturen dramatischer und epischer Texte

Bestimmte Gliederungsmuster finden Sie vor allem in Sachtexten häufig:
— chronologische Struktur
— Reihung
— Ursache-Wirkung-Prinzip
— Pro-und-Kontra-Struktur
— vom Ganzen zu den Teilen

Beispieltext

Für den Sachtext „Das Geheimnis der Freundschaft" (vgl. S. 35–36) bietet sich folgende Darstellung an:

Freundschaft: Nennung eines konkreten Beispiels

Ursachen	Auswirkungen
Physische Nähe	Freunde machen stark
Befriedigung emotionaler Bedürfnisse	Freunde schützen vor Stress
Praktische Überlegungen	Freunde erhöhen Lebensqualität

Zuerst nennt der Text ein konkretes Beispiel für eine lebenslange Freundschaft. Anschließend behandelt er Gründe, warum Menschen miteinander Freundschaft schließen. Im Schlussabschnitt thematisiert er Auswirkungen einer Freundschaft auf Betroffene.

[1] Vgl. Martin Hussong, Artur Schütt, Brigitte Stuflesser: Textanalyse optisch. Düsseldorf: Schwann ³1977, S. 11–16.

3.2.4 — Die Struktur eines literarischen Textes grafisch darstellen

Literarische Texte lassen sich ebenfalls grafisch gewinnbringend erschließen. Wenn Sie Theodor Storms Novelle „Immensee" lesen und ihren Aufbau analysieren, wird Ihnen die Rahmenkonstruktion sofort auffallen. Grafisch können Sie diese Form des Aufbaues deswegen mit Gewinn darstellen, weil Sie in den Rahmen nicht nur die Binnenhandlung augenfällig einpassen, sondern auch sehr leicht die zeitliche Dimension der Handlung verdeutlichen können.

Beispieltext:

Theodor Storm: Immensee (1849)
Beginn der Novelle (in Original-Schreibung)

DER ALTE

2 An einem Spätherbstnachmittage ging ein alter wohlgekleideter Mann langsam die Straße hinab. Er schien von
4 einem Spaziergang nach Hause zurückzukehren; denn seine Schnallenschuhe, die einer vorübergegangenen
6 Mode angehörten, waren bestäubt. Den langen Rohrstock mit goldenem Knopf trug er unter dem Arm; mit
8 seinen dunklen Augen, in welche sich die ganze verlorene Jugend gerettet zu haben schien, und welche eigen-
10 tümlich von den schneeweißen Haaren abstachen, sah er ruhig umher oder in die Stadt hinab, welche im Abend-
12 sonnendufte vor ihm lag. – Er schien fast ein Fremder; denn von den Vorübergehenden grüßten ihn nur weni-
14 ge, obgleich mancher unwillkürlich in diese ernsten Augen zu sehen gezwungen wurde. Endlich stand er vor
16 einem hohen Giebelhause still, sah noch einmal in die Stadt hinaus und trat dann in die Hausdiele. Bei dem
18 Schall der Türglocke wurde drinnen in der Stube von einem Guckfenster, welches nach der Diele hinausging,
20 der grüne Vorhang weggeschoben und das Gesicht einer alten Frau dahinter sichtbar. Der Mann winkte ihr mit
22 seinem Rohrstock. „Noch kein Licht!« sagte er in einem etwas südlichem Akzent; und die Haushälterin ließ den
24 Vorhang wieder fallen. Der Alte ging nun über die weite Hausdiele, dann durch einen Pesel[1], wo große Eich-
26 schränke mit Porzellanvasen an den Wänden standen; durch die gegenüberstehende Tür trat er in einen kleinen
28 Flur, von wo aus eine enge Treppe zu den oberen Zimmern des Hinterhauses führte. Er stieg sie langsam hi-
30 nauf, schloß oben eine Tür auf und trat dann in ein mä-
32 ßig großes Zimmer. Hier war es heimlich und still; die eine Wand war fast
34 mit Repositorien[2] und Bücherschränken bedeckt; an der anderen
36 hingen Bilder von Menschen und Gegenden;
38 vor einem Tische mit grüner Decke; auf dem einzelne
40 aufgeschlagene Bücher umherlagen, stand ein schwerfälliger Lehnstuhl mit rotem Sammetkissen. – Nachdem
42 der Alte Hut und Stock in die Ecke gestellt hatte, setzte er sich in den Lehnstuhl und schien mit gefalteten Händen
44 von seinem Spaziergange auszuruhen. – Wie er so saß, wurde es allmählich dunkler; endlich fiel ein Mondstrahl
46 durch die Fensterscheiben auf die Gemälde an der Wand, und wie der helle Streif langsam weiter rückte, folgten
48 die Augen des Mannes unwillkürlich. Nun trat er über ein kleines Bild in schlichtem, schwarzen Rahmen. „Eli-
50 sabeth!" sagte der Alte leise; und wie er das Wort gesprochen, war die Zeit verwandelt – *er war in seiner Jugend.*
DIE KINDER
52 Bald trat die anmutige Gestalt eines kleinen Mädchens zu ihm. Sie hieß Elisabeth und mochte fünf Jahre zählen;
54 er selbst war doppelt so alt. Um den Hals trug sie ein rotseidenes Tüchelchen; das ließ ihr hübsch zu den brau-
56 nen Augen.
„Reinhard!" rief sie; „wir haben frei, frei! den ganzen Tag
58 keine Schule und morgen auch nicht." […]

[1] Pesel: Hauptraum eines Hauses
[2] Repositorium: Schrank für Ordner

Das Ende der Novelle

DER ALTE
2 DER ALTE
Der Mond schien nicht mehr in die Fensterscheiben, es war dunkel geworden; der Alte
4 aber saß noch immer mit gefalteten Händen in seinem Lehnstuhl und blickte vor sich hin in den Raum des Zimmers. Allmählich verzog sich vor seinen Augen die schwarze
6 Dämmerung um ihn her zu einem breiten, dunkeln See; ein schwarzes Gewässer legte sich hinter das andere, immer tiefer und ferner, und auf dem letzten, so fern, daß die
8 Augen des Alten sie kaum erreichten, schwamm einsam zwischen breiten Blättern eine weiße Wasserlilie.
10 Die Stubentür ging auf, und ein heller Lichtstrahl fiel ins Zimmer. „Es ist gut, daß Sie kommen, Brigitte", sagte der Alte. „Stellen Sie das Licht nur auf den Tisch."
12 Dann rückte er auch den Stuhl zum Tische, nahm eins der aufgeschlagenen Bücher und vertiefte sich in Studien, an denen er einst die Kraft seiner Jugend geübt hatte.

QUELLE: Theodor Storm: Immensee. In: Theodor Storm: Gesammelte Werke in 4 Bänden, hg. von Karl Ernst Laage und Dieter Lohmeier. Band 1: Gedichte/Novellen 1848–1867. Darmstadt: Wissenschaftliche Buchgesellschaft 1998, S. 295–296 und 327–328.

Grafische Darstellung der Grundstruktur der Novelle „Immensee"

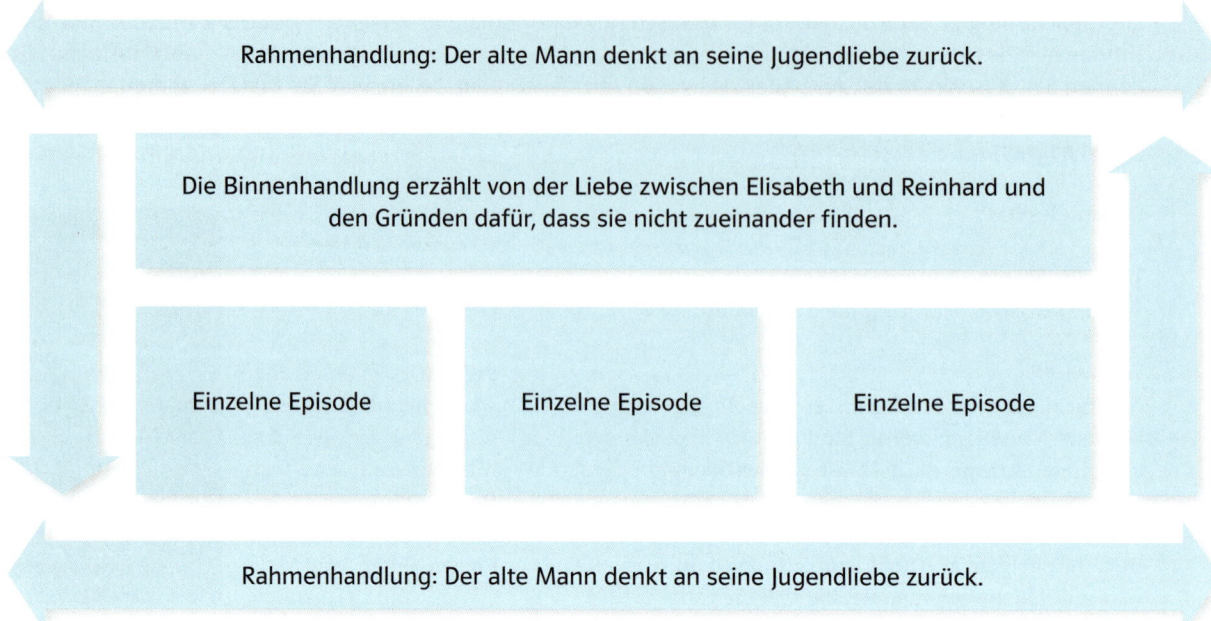

Der Raum zwischen den einzelnen Kästchen veranschaulicht die zeitlichen Sprünge zwischen den Abschnitten der Handlung. Mit Hilfe entsprechender Symbole kann die Entwicklung der beiden Hauptfiguren veranschaulicht werden.

TIPP Jedes Textverarbeitungsprogramm verfügt über „Formen", mit deren Hilfe Sie solche Strukturskizzen erstellen können.

Ü3 **Stellen Sie die Struktur des folgenden Sachtextes (Karl Jaspers: Arbeit und Eigentum) optisch dar. Fassen Sie den Inhalt eines jeden Textelementes mit einer Wortgruppe zusammen.**

Karl Jaspers: Arbeit und Eigentum (1964) (Ausschnitt)

Arbeit ist auf dreifache Weise zu bestimmen: Arbeit ist
2 körperliche Arbeit. Arbeit ist planmäßiges Tun. Arbeit
ist Grundwesen des Menschen im Unterschied vom
4 Tier: das Hervorbringen seiner Welt. Erstens: Arbeit ist
körperliche Arbeit. Sie ist Anstrengung, z. B. Muskelar-
6 beit, führt zur Ermüdung und Erschöpfung. Das Tier
arbeitet in diesem Sinn ebenso wie der Mensch.

8 Zweitens: Arbeit ist planmäßiges Tun. Sie ist Tun aus Absicht und Zweck. Die Anstrengung wird gewollt für die
10 Gewinnung der Mittel zur Befriedigung von Bedürfnis-
sen. Schon diese Arbeit unterscheidet den Menschen
12 vom Tier: Das Tier befriedigt seine Bedürfnisse unmit-
telbar durch die Natur. Es findet für seine Bedürfnisse
14 fertig vor, was es braucht. Der Mensch kann seine Bedürfnisse nur dann durch bewusste und geplante Ver-
16 mittlungen befriedigen. Diese Vermittlung geschieht
durch Arbeit. Für diese findet er zwar das Material in der
18 Natur, aber nicht dieses, sondern erst das verarbeitete
Material ist für ihn zur Befriedigung geeignet.

20 Der tierische Trieb verzehrt und bringt zum Verschwin-
den – die Arbeit bildet Werkzeuge, bringt Beständiges
22 hervor, Güter, Werke. Das Werkzeug schon entfernt den
Menschen von dem unmittelbaren Zusammenhang mit

24 der Natur. Es hält ab vom Vernichten des Gegenstandes,
indem es ihn umformt. Zur Arbeit genügt nicht natürli-
26 che Geschicklichkeit. Der Einzelne wird erst geschickt
durch Erlernen allgemeiner Arbeitsregeln. Die Arbeit ist
28 körperlich und geistig. Die geistige Arbeit ist das Schwe-
rere. Das Eingeübte, nun fast bewusstlos Vollziehbare ist
30 unendlich viel leichter. Wir flüchten aus der schaffenden
Arbeit gern in die automatische, aus der geistigen in die
32 körperliche. An Tagen, an denen etwa dem Gelehrten
die Forschung nicht gelingt, reicht es noch für Gutach-
34 ten.

Drittens: Arbeit ist ein Grundverhalten des Mensch-
36 seins. Sie verwandelt die von Natur vorhandene Welt in
eine menschliche Welt. Das ist der radikale Unterschied
38 vom Tier. Die Gestalt der jeweiligen Umwelttotalität des
Menschen ist die durch gemeinschaftliche Arbeit unab-
40 sichtlich und absichtlich hervorgebrachte Welt. Die Welt
des Menschen, der Gesamtzustand, in dem er lebt, er-
42 wächst der gemeinschaftlichen Arbeit …

Alt sind die sich widersprechenden Beurteilungen der
44 Arbeit: Die Griechen verachten alle körperliche Arbeit
als banausisch. Der volle Mensch ist Aristokrat, arbeitet
46 nicht, hat Muße, treibt Politik, lebt im Wettkampf, zieht

in den Krieg, bringt geistige Werke hervor. – Juden und
48 Christen sahen in der Arbeit Strafe für die Sünde. Der
Mensch ist aus dem Paradies vertrieben, er trägt die Fol-
50 gen des Sündenfalls, er soll im Schweiße seines Angesichts sein Brot essen. – Pascal[1] steigert diese Auffassung:
52 die Arbeit ist nicht nur Last, sondern Ablenkung von der
eigentlichen Aufgabe des Menschen; Arbeit zeigt die
54 Leere des weltlichen Treibens, den Schein der Betrieb-
samkeit, verführt zur Zerstreuung und verschleiert das
56 Wesentliche. – Protestanten aber sehen in der Arbeit den
großen Segen. Der Calvinismus sah im Erfolg der Arbeit
58 ein Zeichen der Erwähltheit. Der Pflichtbegriff des weltlichen Berufes blieb später als Folge religiöser Konzep-
60 tion auch ohne Religion erhalten. Arbeitslust und Segen
der Arbeit, die Ehre der Arbeit und die Leistung als
62 Maßstab des Menschenwertes sind auf diesem Boden
gewachsen. Auf ihm gilt sowohl die Forderung „Wer
64 nicht arbeitet, soll auch nicht essen" – als auch der innere
Segen: „Arbeiten und nicht verzweifeln."

66 In der modernen Welt ist die Bejahung der Arbeit allgemein. Wenn aber die Arbeit geradezu zur Würde des
68 Menschen, zur Auszeichnung seines Wesens als Mensch
wurde, dann zeigte sich alsbald ein doppelter Aspekt der
70 Arbeit: einesteils im Ideal des arbeitenden Menschen,
und andererseits im Bild des realen durchschnittlichen
72 Arbeitens, in dem der Mensch sich entfremdet ist durch
die Weise der Arbeit und Arbeitsordnung.

74 Aus dieser Doppeltheit entspringt der Impuls, die Men-
schenwelt zu verändern, damit der Mensch zur rechten
76 Weise des Arbeitens im Hervorbringen des Ganzen seiner Welt finde. Die falsche, in sich entfremdete, ausbeu-
78 tende zwangshafte Weise des Arbeitens sei zu überwinden. Maßstab ist, was Hegel[2] sagte: „Dieses ist das un-
80 endliche Recht des Subjekts, dass es sich selbst in einer
Tätigkeit und Arbeit befriedigt findet."

[1] Pascal: Blaise Pascal: französischer Philosoph, Mathematiker (1623–1662)
[2] Hegel: Georg Wilhelm Friedrich Hegel: deutscher Philosoph (1770–1831)

QUELLE: Jakob Lehmann, Hermann Glaser: Arbeitshefte zum Oberstufenaufsatz. Frankfurt/Main: Diesterweg [13] 1975, S. 69–70.

Lösungsvorschlag

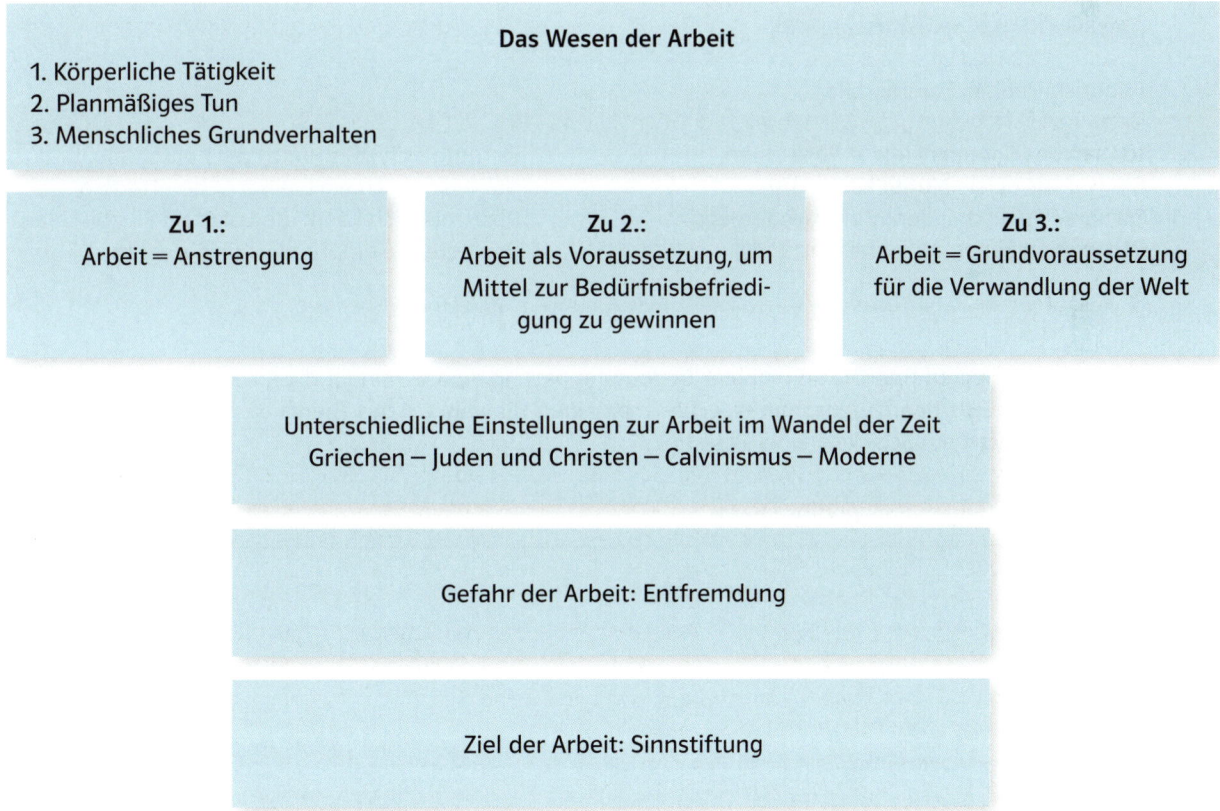

Das Wesen der Arbeit

1. Körperliche Tätigkeit
2. Planmäßiges Tun
3. Menschliches Grundverhalten

Zu 1.:
Arbeit = Anstrengung

Zu 2.:
Arbeit als Voraussetzung, um Mittel zur Bedürfnisbefriedigung zu gewinnen

Zu 3.:
Arbeit = Grundvoraussetzung für die Verwandlung der Welt

Unterschiedliche Einstellungen zur Arbeit im Wandel der Zeit
Griechen – Juden und Christen – Calvinismus – Moderne

Gefahr der Arbeit: Entfremdung

Ziel der Arbeit: Sinnstiftung

Die ersten Sätze (= breiter Balken) charakterisieren den möglichen Stellenwert der Arbeit im menschlichen Leben. Die folgenden Gedanken präzisieren diese unterschiedlichen Sichtweisen. Anschließend zeigt der Autor, wie in der Vergangenheit Arbeit unterschiedlich bewertet wurde. Überlegungen zur Doppelgesichtigkeit der Arbeit – Gefahr der Entfremdung und Mittel der Sinnstiftung – beschließen den Text.

Zusammenhänge in einem literarischen Text verdeutlichen – die globale Kohärenz erfassen

Auf Seite 4 wurde bereits dargelegt, welche gedanklichen Schritte notwendig sind, um vor allem einen Sachtext zu verstehen. In diesem Abschnitt wird diese Vorgangsweise auf einen literarischen Text übertragen. Dieses Vorgehen sollte es Ihnen erleichtern, ein Grundverständnis eines literarischen Textes zu sichern und in Ihrer Vorstellung ein möglichst vollständiges Bild von ihm aufzubauen[1]:

1. Halten Sie sich beim ersten Lesen eines Textes nicht zu lang mit Ihnen unbekannten Wörtern auf, denn möglicherweise hilft Ihnen bei der zweiten Lektüre das Gesamtverständnis des Textes dabei, diese Wörter zu verstehen.

2. Suchen Sie der Bedeutung nach zusammengehörige Wörter. Bündeln Sie diese zu einem *semantischen Feld*. (Unter *Semantik* versteht man einen Zweig der Sprachwissenschaft, der sich mit der Bedeutung von sprachlichen Zeichen und der Beziehung zwischen ihnen beschäftigt.)

3. In einem letzten Schritt konzentrieren Sie sich auf bestimmte Aspekte des zu analysierenden literarischen Textes. Weiter unten finden Sie „Texterschließungsblätter"[2]. Die darin angeführten Aspekte prägen – in jedem einzelnen Fall mit unterschiedlichem Gewicht – literarische Texte.

Folgende Aspekte bieten sich für die Analyse epischer und dramatischer Texte an:

- Figuren
- Ort/Zeit
- Handlung

- Situation
- Gliederung
- Sprache

- Wortwahl
- Satzbau
- Stil

Beispiel für das semantische Feld

Friedrich Hebbel: Sommerbild

Ich sah des Sommers letzte Rose stehn,
2 Sie war, als ob sie bluten könne, rot;
Da sprach ich schaudernd im Vorübergehn:
4 „So weit im Leben, ist zu nah am Tod!"

Es regte sich kein Hauch am heißen Tag,
6 Nur leise strich ein weißer Schmetterling;
Doch, ob auch kaum die Luft sein Flügelschlag
8 Bewegte, sie empfand es und verging.

QUELLE: Karl Otto Conrady: Der Große Conrady. Das Buch deutscher Gedichte. Düsseldorf: Artemis&Winkler 2008, S. 485.

Die gelb unterlegten Begriffe können der Bedeutung nach in eine Verbindung gebracht werden. Fasst man sie mithilfe eines Oberbegriffs zusammen, erhält man einen Hinweis auf das Thema des Gedichts – die Vergänglichkeit, thematisiert am Schicksal einer Rose.

Erschließungsbogen Epik und Dramatik

Figuren	
Ort/Zeit	
Handlung	
Situation	
Gliederung	
Sprachliche Auffälligkeiten	
Wortwahl – Satzbau – rhetorische Figuren – Stil	

[1] Vgl. Heinz Gierlich: Analyse fiktionaler Texte: Das „große Ganze" im Blick behalten. In: Deutschunterricht 4 (2011), S. 27.
[2] Ebd, S. 28.

Folgende Aspekte bieten sich für die Analyse lyrischer Texte an: Form (Vers, Strophe, Gedichtformen), Klangstrukturen (Reim, Alliteration, Assonanz), Sprache (Wort, Satz, bildhafte Redeweise), Redesituation (Sprecherin/Sprecher, Adressatin/Adressat, Redegegenstand, Gesprächssituation), Wirkung auf die Leserin/den Leser (Gefühle, Reflexionen, Distanz …).[1]

Erschließungsbogen Lyrik

Form
- Vers
- Strophe/Abschnitte
- Gedichtformen

Klangstrukturen
- Reim
- Alliteration
- Assonanz

Sprache
- Wort
- Satz
- Bildhafte Redeweise

Redesituation
- Sprecherin/Sprecher
- Adressatin/Adressat
- Redegegenstand
- Gesprächssituation:
  Ort, Zeit

**Wirkungen auf die Leserin/
den Leser**
- Gefühle
- Reflexionen
- Distanz …

Natürlich können Sie diese Strategie auch an einem Sachtext anwenden und zusammengehörige Wörter markieren, um die Teilthemen eines Textes oder das Thema zu erschließen.

Beispieltext aus einem Schulbuch für Geschichte und Sozialkunde/Politische Bildung

Der mittelalterliche „Welthandel" gerät ins Stocken

Der mittelalterliche Handelsverkehr blieb für die Europäer im Wesentlichen auf Europa beschränkt. Den Handel im
2 Nord- und Ostseeraum beherrschte die Hanse, im Mittelmeerraum hatten die italienischen Seestädte, allen voran Venedig und Genua, die Vorherrschaft. Sie hatten Handelsstützpunkte an der Ostküste des Mittelmeeres, in Ägypten, in Kon-
4 stantinopel und an der Schwarzmeerküste. Auf mehreren Routen (Land- und Seewege) funktionierte der Handel mit Indien, China und den fernen Gewürzinseln. Er deckte den Bedarf der europäischen Oberschicht an exotischen (Luxus-)
6 Gütern. Seide, Porzellan, Farbstoffe, Edelsteine und Gold sowie verschiedene Gewürze brachten sowohl den italienischen Kaufleuten als auch den arabischen und mongolischen Händlern große Gewinne.
8 Dieser Handel kam ins Stocken, als die Osmanen Konstantinopel eroberten (1453) und auch die übrigen Handelswege ins ferne Asien versperrten. Hohe Zölle trieben die Warenpreise in gigantische Höhen. In dieser Situation suchten Spa-
10 nier und Portugiesen nach einem neuen Weg, um die mächtigen italienischen, osmanischen und arabischen Kaufleute auszuschalten – sie fanden ihn zur See!

QUELLE: Alois Scheucher u. a.: Zeitbilder 5&6. Wien: öbv 2011, S. 118.

---

[1] Vgl. Swantje Ehlers: Studienbuch zur Analyse und Didaktik literarischer Texte. Hohengehren: Schneider 2010, S. 257.

Der Unterschied zum literarischen Text ist augenfällig: Der Sachtext enthält wesentlich mehr Begriffe, die ein semantisches Feld bilden (im konkreten Beispiel zwei semantische Felder: „Handel" und „geografische Angaben", markiert mithilfe der Farben Gelb und Grün). Das ist deswegen verständlich, weil der Sachtext einen Sachverhalt klar und knapp darstellen soll.

Ü4 Suchen Sie im Beginn von Nils Mohls Roman „Es war einmal Indianerland" nach semantischen Feldern. Markieren Sie diese mit unterschiedlichen Farben. Ziehen Sie aus dem Ergebnis Rückschlüsse auf das Thema, das darin angesprochen wird.

Nils Mohl: Indianerland (2012) (Beginn)

zurück: Sonntag, noch acht Tage Ferien

2 Tropfensalven wühlen das brackige Wasser des Flusses auf. Je länger man schaut, desto schaumiger und unruhi-
4 ger wirkt die Oberfläche. Ein wildes Brodeln. Reinste Weltuntergangsstimmung. Da lässt sich nicht schön-
6 reden:
– Hunde und Katzen, sage ich.
8 Es puckert und klopft in einer Tour gegen den Schirm meiner Mütze. Ich ziehe sie tiefer in die Stirn. Rücke mit
10 dem Hintern auf dem durchnässten Sand näher an das von mir gebuddelte Loch heran. Die Bandagen an mei-
12 nen Händen erinnern an Kleidungsstücke, die man ungeschleudert aus der Waschmaschine holt.
14 – Die kommen nicht mehr, höre ich Mauser sagen.
Seine Stimme: weit weg und undeutlich (wie die hallen-
16 den Worte eines Predigers in einer halbleeren Kirche). Selbst meine eigene Stimme klingt im Kopf seltsam hohl
18 wegen des Geprassels.
– Ja, es schütte Dobermänner und Säbelzahntiger, sage
20 ich.
Baggere eine Handvoll Matsch an die Oberfläche. Mein
22 Arm schwenkt aus: Das Zeug tropft auf die Zinne der

Tropfburg. Mauser:
24 – Die Sache ist ein Flop, ein Fiasko, eine Honigdusche im Bärenzwinger.
26 – Dusche ja, Honig nein, sage ich. Beschirme mit der Hand die Augen, spähe flussaufwärts. Der Strand, die
28 Promenade: menschenleer. Das Einzige, was sich im Moment bewegt, sind die struppigen Büsche vor der
30 Flutschutzwand. Ihre Ästchen: winkende Arme (wie die von Zuschauern beim Rodeo). Mauser:
32 – Und dafür fährt man jetzt durch die ganze Stadt, einmal von der einen zur anderen Seite.
34 – Dafür natürlich nicht.
Ich schnippe mit dem Nagel des Zeigefingers gegen eine
36 Tropfburgzinne, schaue den auseinanderstiebenden Sandteilchen beim Auseinanderstieben zu. Wende mich
38 um. Linse im Sitzen über die Schulter.
Zum x-ten Mal der Kontrollblick zur Treppe.
40 Vom Strand führt sie vorbei an Ziergärtchen und schmucken Häuschen mit verwaisten Hochterrassen
42 den grünen Hang hinauf. Ein verschwommenes Bild (wie frisch hingetuscht mit zu viel Wasser).
44 Nichts.

QUELLE: Nils Mohl: Es war einmal Indianerland. Hamburg: rororo ³2012, S. 13–14.

3.2.5 — Analysekriterien für Epik, Lyrik und Dramatik

Epische Texte

Erzählerin/Erzähler, Erzähltes und Zuhörerin/Zuhörer sind die **drei Grundgrößen**, die die Erzählsituation bestimmen. Ganz entscheidend ist dabei, dass Sie zwischen Autorin/Autor und Erzählerin/Erzähler unterscheiden. Die Erzählerfigur ist eine Schöpfung der Autorin/des Autors und dient als Vermittlerin der zu erzählenden Geschichte. Eine grundsätzliche Gleichsetzung von Autorin/Autor und Erzählerin/Erzähler hätte teilweise verheerende Konsequenzen: Stellen Sie sich vor, der Ich-Erzähler wäre in Gefahr. Sie müssten sofort handeln, wenn Sie nicht zulassen wollten, dass ihm etwas zustößt.
Natürlich wird es Fälle geben, in denen die Gleichsetzung erlaubt ist – etwa dann, wenn eine Autorin/ein Autor die eigene Lebensgeschichte zu Papier bringt und von sich in der ersten Person erzählt.
Das Material, auf das die Autorin/der Autor gegebenenfalls zurückgreift, bezeichnet man als **Stoff**. Daraus entsteht durch die dichterische Bearbeitung eine Geschichte, in der eine Reihe von Einzelereignissen verknüpft werden. Diese können zeitlich oder nach logischen Gesichtspunkten miteinander verbunden sein.
Die Geschichte weist ein **Thema** auf. Damit ist der Leitgedanke des Textes gemeint, auf den man kommt, wenn man den Inhalt in der knappsten Form wiedergibt. Das Thema setzt sich aus mehreren Teilthemen zusammen. Ein solches Teilthema bezeichnet man als **Motiv**.
Bei der Beantwortung der Frage, wer in einem epischen Text wie erzählt, leistet die Unterscheidung gute Dienste, ob die Erzählerin/der Erzähler außerhalb oder innerhalb der erzählten Welt steht. Davon hängt ab, ob sie/er eine Distanz zum Erzählten einnimmt oder selbst Teil der Handlung ist[1].

---

[1] Die Ausführungen zu den Analysekriterien für die drei literarischen Gattungen orientieren sich an: Swantje Ehlers: Studienbuch zur Analyse und Didaktik literarischer Texte. Hohengehren: Schneider 2010.

Eine weitere Differenzierungsmöglichkeit betrifft die Form des Erzählens: Die Erzählerin/Der Erzähler erzählt von sich selbst (= Ich-Form), von Dritten (= Sie/Er-Form) oder Angesprochenen (= Du-Form).

Diese **drei Formen des Erzählens** unterscheiden sich hauptsächlich dadurch, in welchem Verhältnis die Erzählerin/der Erzähler zur Welt steht, von der sie/er erzählt:

In der Ich-Erzählung ist sie/er ein Teil von ihr. Die Ich-Erzählerin/Der Ich-Erzähler kann in der Handlung die Haupt- ebenso wie eine Nebenrolle einnehmen. Hilfreich kann es in diesem Zusammenhang sein, wenn Sie zwischen dem „erzählenden Ich" und dem „erzählten Ich" unterscheiden.

In Du-Erzählungen kann mit dem Du die Erzählerin/der Erzähler selbst, die Leserin/der Leser oder eine Figur gemeint sein.

Die Erzählerin/Der Erzähler einer Sie-/Er-Erzählung gehört nicht der erzählten Welt an. Dies gilt nur für die Figuren, von denen sie/er in der dritten Person erzählt.

Ein weiterer wichtiger Aspekt für die Beschreibung erzählender Texte betrifft das **Erzählverhalten**, in dem die Erzählerin/der Erzähler das Erzählte darstellen kann. Sie/Er kann sich kommentierend äußern, indem sie/er das Verhalten einer Figur bewertet, sich direkt an die Leserin/den Leser wenden oder grundsätzliche Überlegungen über das Erzählen anstellen. Eine solche allwissende Erzählerin/Ein solcher allwissender Erzähler verfügt nicht nur über umfassendes Wissen, sondern weiß auch um die Gedanken und Gefühle der Figuren bestens Bescheid (= **auktoriales Erzählen**).

Das **personale Erzählverhalten** ist dadurch gekennzeichnet, dass das Geschehen, die Gefühle und Gedanken so dargestellt werden, als ob sie von einer beteiligten Figur stammen würden. Deren Innenleben breitet sich also vor der Leserin/dem Leser detailliert aus. Mittel dazu sind der innere Monolog und die erlebte Rede. Gedankenankündigungen mit entsprechenden Verben sind daher häufig.

Neutrales Erzählen zeichnet sich dadurch aus, dass sich die Erzählerin/der Erzähler nicht kommentierend zwischen das Erzählte und die Leserin/den Leser drängt, sondern das äußere Geschehen möglichst objektiv und sachlich wiedergibt. Sie finden diese Art des Erzählens überall dort, wo Figuren miteinander ohne Einmischung der Erzählerin/des Erzählers einen Dialog führen.

Die Erzählerin/Der Erzähler kann zum Erzählten räumlich und zeitlich mehr oder weniger Abstand haben: Der erste Fall tritt dann am deutlichsten auf, wenn sie/er das erzählte Geschehen sowohl räumlich als auch zeitlich überblickt, die Vorgeschichte kennt, um die zukünftigen Ereignisse weiß und nicht den Überblick verliert, obwohl die Schauplätze der Handlung vielleicht weit auseinander liegen. Im zweiten Fall steht die Erzählerin/der Erzähler mitten im Geschehen. Daher ist ihr/sein Wissensstand mit jenem der Figuren gleich (kein Überblick über das Geschehen).

Die Erzählerin/Der Erzähler kann zum Erzählten unterschiedliche Einstellungen erkennen lassen – sich mitfühlend, kritisch, ironisch … zeigen.

Wenn das Geschehen hauptsächlich aus der Sicht der Erzählerin/des Erzählers wiedergegeben wird, so spricht man als Darstellungsart vom **Erzählerbericht** und der **Erzählerrede**. Jene Passagen eines Textes, in denen die Figuren zu Wort kommen und darlegen, was sie denken und fühlen, werden als **Personenrede** bezeichnet.

Hinsichtlich der Kategorie Zeit muss zwischen der **erzählten Zeit** und der **Erzählzeit** unterschieden werden. Die erzählte Zeit umfasst die Zeit der Handlung. Die Erzählzeit ist die Zeit, die notwendig ist, um die Geschichte darzubieten. Sie lässt sich in Form der Textlänge oder der Dauer des Vortrags des Textes messen.

Die erzählten Ereignisse können **chronologisch** oder **achronistisch** dargestellt werden. Im ersten Fall hält sich die Erzählerin/der Erzähler an die zeitlich korrekte Reihenfolge, im zweiten Fall heben Rückblende oder Vorausdeutungen diese auf.

Das Tempo der Erzählung kann mit Hilfe der Begriffe **zeitdeckendes**, **zeitraffendes** und **zeitdehnendes Erzählen** charakterisiert werden. Von einem zeitraffenden Erzählen spricht man dann, wenn die Erzählzeit kürzer ist als die erzählte Zeit. Sind erzählte Zeit und Erzählzeit (annähernd) gleich, spricht man von einem zeitdeckenden Erzählen. Dauert der Vortrag der Geschichte länger als die erzählte Zeit, so liegt zeitdehnendes Erzählen vor.

Die Erzählerin/Der Erzähler kann eine Zeitspanne in der Darbietung überspringen (= Aussparung), in die Zukunft voraus- oder in die Vergangenheit zurückblicken (Vorausdeutung/Rückblende).

Die erzählte Welt ist vor allem auf die Funktion der Räume hin zu analysieren: Räume können als **Handlungsräume** unterschiedliche Lebenswelten von Figuren charakterisieren, sie können aber auch zum **Stimmungsraum** werden – denken Sie etwa an die häufig beschworene düstere Atmosphäre eines Schlosses in einem alten Kriminalfilm.

Grundbegriffe zur Analyse erzählender Texte auf einen Blick
— Autorin/Autor; Erzählerin/Erzähler
— Stoff, Geschichte
— Thema, Motiv
— Position der Erzählerin/des Erzählers gegenüber der erzählten Welt
— Formen des Erzählens
— Erzählverhalten

— Distanz der Erzählerin/des Erzählers
— Einstellung der Erzählerin/des Erzählers zum Erzählten
— Zeitbehandlung
— Funktion des Raumes

Dramatische Texte

Das Wesen des Dramas besteht darin, dass verkleidete Menschen auf einem Schauplatz eine Handlung darstellen.

Der Dramentext kann in Vers oder Prosa verfasst sein. Den Haupttext sprechen die Figuren, der Nebentext besteht aus den Regieanweisungen.

Da im Drama üblicherweise keine Erzählerin/kein Erzähler vorhanden ist, wendet die Autorin/der Autor bestimmte Kunstkniffe an, um die Zuschauerinnen/Zuschauer über bereits (an einem anderen Ort) Geschehenes zu informieren: Ein Mittel ist die so genannte **Mauerschau** (Teichoskopie). Dabei sprechen Figuren miteinander. Die eine ist von der anderen aufgefordert worden zu berichten, was sie etwa vor dem Tor einer Burg erblickt. Ein anderes gebräuchliches Mittel stellt der **Botenbericht** dar. Dabei stellt eine Botin/ein Bote auf der Bühne ein Geschehen dar, das sich woanders ereignet hat.

Vor oder nach der eigentlichen Handlung können in Prologen und Epilogen Kommentare der Handlung erfolgen. Eine Kommentierung von Geschehnissen auf der Bühne kann auch mithilfe von Transparenten und Videoeinspielungen erfolgen (episches Theater).

Das Grundelement der Struktur eines Dramas ist der **Akt** oder **Aufzug**. Dessen Beginn und Ende signalisieren das Heben und Senken des Bühnenvorhangs.

Die Szene stellt eine Untereinheit des Aktes dar. Der Beginn einer neuen Szene ist häufig mit dem Auftritt bzw. Abgang einer Figur verknüpft.

Das **klassische Drama** weist eine Gliederung in fünf Akte auf. Wichtige Fachbegriffe im Zusammenhang damit sind die Exposition, das erregende Moment, die steigende Handlung, die Peripetie (Wendung, Umkehr) der Handlung sowie die fallende Handlung und das retardierende Moment.

Ein weiteres Merkmal des klassischen Dramas ist die **Einheit von Ort, Zeit und Handlung**: Eine Handlung wird auf einem Schauplatz zwischen Sonnenaufgang und Sonnenuntergang dargestellt.

Um die Struktur eines Dramas charakterisieren zu können, sollten Sie folgende Unterscheidungen wissen und anwenden können (Details finden Sie in allen gängigen Literaturgeschichten):
— analytisches und synthetisches Drama
— offenes und geschlossenes Drama

Zentrales Element der meisten Dramen, die Sie im Deutschunterricht kennen lernen werden, ist der Dialog, der die Handlung trägt. Wenn Sie **Dialoge analysieren**, können Sie folgende Aspekte besonders genau betrachten:
— Verteilung der Redeanteile
— Häufigkeit des Sprecherwechsels
— Länge einer Äußerung
— mögliche Unterbrechungen
— Funktion der Äußerungen (Ausdruck, Appell, Darstellung)

Im Vergleich dazu haben die **Monologe** eine geringere Bedeutung. Ihr Adressat ist eigentlich das Publikum, dem damit bestimmte Informationen übermittelt werden. Figuren monologisieren vor allem in Entscheidungssituationen und offenbaren damit ihre Handlungsmotive sowie Charakterzüge.

Wenn sich eine Figur in der Anwesenheit anderer Figuren an das Publikum wendet und mit diesem spricht, ohne dass die anderen Figuren das hören, handelt es sich um das **Beiseite-Sprechen**.

Die Figuren eines Dramas können Typen verkörpern oder Individuen darstellen. Sie können durch Charaktereigenschaften, äußere Merkmale oder die Lebensumstände charakterisiert werden. Die Informationen über die Figuren werden explizit oder implizit gegeben. Eine Auseinandersetzung mit den Figuren eines Dramas kann Sie auch zu der Frage führen, wie viele Figuren in einem Drama auftreten, wie diese Figuren gruppiert sind und welche Figur eventuell in welchem Akt dominiert.

Handlungen erfolgen auf der Bühne sichtbar (= offen) oder verdeckt. Die Darstellung folgt meist entsprechend der zeitlichen Abfolge der einzelnen Ereignisse. Wenn Vor- oder Rückgriffe notwendig sind, so geschieht das u. a. durch das Beiseite-Sprechen.

Wenn Sie die Kategorie **Raum** in einem Drama analysieren müssen, können Sie zwischen dem Raum als Zuschauerraum, Bühne und Schauplatz unterscheiden.

Folgende **Arten des Dramas** sollten Ihnen geläufig sein: Tragödie, Komödie, das bürgerliche Trauerspiel, das epische Theater und das absurde Theater.

Grundbegriffe zur Analyse dramatischer Texte auf einen Blick
— Analytisches/synthetisches Drama
— Offenes/geschlossenes Drama
— Einheit von Zeit/Ort/Handlung
— Mauerschau/Botenbericht
— Prolog/Epilog
— Akt/Szene
— Exposition/steigende Handlung/erregendes Moment/Peripetie/fallende Handlung/retardierendes Moment
— Monolog/Dialog
— Figuren/Charaktere/Typen
— Redeanteil der Figuren
— Tragödie, Komödie

Lyrische Texte

Die Autorin/Der Autor kann in dem Gedicht über sich selbst sprechen, z. B. über ihre/seine materielle Not, und das Gedicht als Antwort darauf verstehen. Damit ist die äußere Kommunikation geklärt.
Meistens versetzt sich die Autorin/der Autor in die Situation einer anderen Figur und wendet sich an ein fiktives Gegenüber (= innere Kommunikation).
Das Gegenstück zur Erzählerin/zum Erzähler in einem epischen Text ist im Gedicht das **lyrische Ich**. Es kann sich selbst als Ich oder auch als ein Wir nennen oder verdeckt agieren. Besonders deutlich wird der Unterschied zwischen dem Ich und der Autorin/dem Autor dann, wenn das Ich aus einer bestimmten Rolle heraus spricht (= Rollengedicht).
Bildhaftes Sprechen ist eines der entscheidenden Merkmale von Lyrik. Daher müssen Sie mit den wichtigsten Formen bildhaften Sprechens ebenso vertraut sein wie mit den wichtigsten rhetorischen Stilfiguren.

Stilmittel (rhetorisches Mittel)	Funktion
Anschaulichkeit	
Beispiel	Eine kurze Erzählung oder ein bloßer Verweis auf einen ähnlich gelagerten Sachverhalt untermauert eine Behauptung: *Zahlreiche Dopingfälle im Spitzensport wie … beweisen meinen Vorwurf, dass die Kontrollen nicht ausreichend sind.*
Vergleich	Das Gemeinte wird mit einer bildlichen Vorstellung verknüpft, mit der es etwas gemeinsam hat: *Er ist schlau wie ein Fuchs.*
Metapher	Wörter, die eigentlich nicht zusammengehören, werden verbunden, um eine bestimmte Wirkung zu erzielen: *der Rücken des Buches, der Zahn der Zeit …*
Personifikation	Vermenschlichung einer Idee oder Sache: „Das Pflaster war erschrocken über den späten Schritt." (Wolfgang Borchert)
Eindringlichkeit	
Ausruf	„Hilfe!", „Feuer!"
Ellipse	Unvollständiger/verkürzter Satz: „Nachts. Um halb drei. In der Küche." (Wolfgang Borchert)
Chiasmus	Die syntaktische Überkreuzstellung von Satzgliedern: „Die Kunst ist lang, und kurz ist unser Leben." (Johann Wolfgang Goethe)
Wiederholung	Ein Ausdruck, eine Wortgruppe oder ein ganzer Satz wird in einem bestimmten Abstand/in bestimmten Abständen wiederholt. In Shakespeares „Julius Cäsar" wiederholt Antonius in seiner Leichenrede immer wieder den Satz: „… und Brutus ist ein ehrenwerter Mann."

Anapher	Wiederholung des Anfangswortes oder ersten Satzgliedes bei aufeinander folgenden Sätzen, Versen oder Strophen: „Der den Tod auf Hiroshima warf Ging ins Kloster, läutete dort die Glocken. Der den Tod auf Hiroshima warf Sprang vom Stuhl in die Schlinge, erwürgte sich. Der den Tod auf Hiroshima warf Fiel in Wahnsinn, wehrte Gespenster ab." (Marie Luise Kaschnitz: Hiroshima)
Spannung	
Antithese	Gegenüberstellung von Gegensätzen: „Alt, aber gut."
Klimax	Steigerung vom schwächeren zum stärkeren Ausdruck: „Er kam, sah und siegte."
Parallelismus	Zwei (oder mehrere) aufeinander folgende gleiche (Teil-)Sätze haben dieselbe Abfolge der Satzglieder
Adressatenkontakt	
Anrede	Anwesende/Abwesende Person oder Sache wird angesprochen: „Komm, süßer Tod" (Titel eines Liedes von Johann Sebastian Bach und eines Krimis von Wolf Haas)
Rhetorische Frage	Eine Frage, auf die keine Antwort erwartet wird: „Bist du verrückt?"

Ein weiteres wichtiges Merkmal eines Gedichtes ist die häufig feststellbare stärkere Ordnung der Verszeile gegenüber der Prosazeile. Dies zeigt sich in der geregelteren Abfolge von betonten (= Hebungen) und unbetonten Silben (= Senkungen). Wenn sich in einer Zeile eine solche Regelmäßigkeit erkennen lässt, so spricht man vom **Metrum** (= Versmaß).

Die Bausteine des Versmaßes sind die **Versfüße**. Sie bestehen entweder aus zwei oder drei Silben. Bei zweisilbigen Versfüßen unterscheidet man zwischen Trochäus (betonte und unbetonte Silbe) und Jambus (unbetonte und betonte Silbe), bei dreisilbigen zwischen Daktylus (auf eine betonte folgen zwei unbetonte Silben) und Anapäst (unbetont-unbetont-betont).

Ein Vers ist meistens auch eine Sinneinheit. Wenn sein Ende mit dem Ende eines Satzes zusammenfällt, spricht man von einem **Zeilenstil**, andernfalls von einem **Zeilensprung** (= Enjambement). Mehrere aufeinander folgende Zeilensprünge bedingen einen Hakenstil.

Ein Vers kann mit einer unbetonten oder betonten Silbe enden (= weibliche/männliche Kadenz).

Eine besondere Bedeutung in einem Gedicht kommt dem **Reim** zu, denn er verbindet Verse. Als reiner Reim gilt der Gleichklang zweier oder mehrerer Wörter vom letzten betonten Vokal an. Unreine Reime klingen ähnlich. Reimwörter können am Anfang, in der Mitte oder am Ende einer Versezeile stehen. Die dafür gängigen Fachausdrücke lauten Anfangsreim, Binnenreim und Endreim.

Endreime — sie sind die häufigste Reimart — werden nach ihrer Stellung unterschieden: Paarreim (aabb), Kreuzreim (abab), umarmender Reim (abba) und Schweifreim (aabccb). Wichtig ist, dass diese verschiedenen Endreim-Arten eine unterschiedliche Reimspannung bei der Leserin/dem Leser aufbauen: Bei einem Paarreim ist sie am geringsten, bei einem umarmenden Reim am größten.

Zwei Versarten sollten Sie kennen, die sich durch eine bestimmte Abfolge der Versfüße auszeichnen: den **Alexandriner**, einen Vers, der aus sechs Jamben besteht und in der Lyrik der Barockzeit häufig vorkommt. Der **reimlose Blankvers** kommt im deutschen Drama sehr häufig vor und besteht aus fünf Jamben.

Von den festen Strophenformen sollten Ihnen **Sonett** und **Volksliedstrophe** geläufig sein. Das Sonett setzt sich aus 14 Zeilen zusammen, die auf zwei vierzeilige (= Quartette) und zwei dreizeilige Strophen (= Terzette) aufgeteilt sind (häufiges Reimschema abba abba cdc cdc). Die Volksliedstrophe hat vier Zeilen mit je drei oder vier betonten Silben. Die Anzahl der unbetonten Silben ist frei. Ein Kreuzreim hält die Verse zusammen.

Über den Rhythmus, die sprachliche Umsetzung eines Gedichts im Vortrag, verallgemeinerbare Aussagen zu machen, ist deswegen unmöglich, weil jedes Gedicht einen eigenen Rhythmus hat.

Wenn Sie ein Gedicht **metrisch analysieren** wollen, achten Sie auf folgende Aspekte[1]:
— Strophenform
— Anzahl der Verse
— Reime
— Hebungen pro Vers
— Abfolge von Hebungen und Senkungen
— betontes oder unbetontes Ende der Verszeile

Grundbegriffe zur Analyse lyrischer Texte auf einen Blick
— Kommunikationssituation
— lyrisches Ich
— Stilfiguren
— Verszeile/Strophe(nform)
— Metrum
— Versfuß oder -takt
— Zeilenstil/Enjambement/Hakenstil
— Reim(arten)
— Rhythmus

Ü5 **Benennen Sie die Erzählform, die Sie im folgenden Romananfang beobachten können. Sammeln Sie alle Informationen, die Sie über den Erzähler erhalten. Erläutern Sie, was das für den möglichen Inhalt des Romans bedeutet.**

Anne-Laure Bondoux: Die Zeit der Wunder (2011)

Ich heiße Blaise Fortune und ich bin Bürger der Französischen Republik. Das ist die reine Wahrheit. An dem Tag, als die Zollbeamten mich hinten im Lastwagen fanden, war ich zwölf Jahre alt. Ich roch so schlecht wie Abdelmaliks Müllhäuschen, und ich konnte nur immer wieder diesen einen Satz sagen: „Ichheißebläsfortününtichbinbürgaderfranzöschenrepublikdasisdiereinewaheit." Ich hatte fast all meine wertvollen Dinge unterwegs verloren. Zum Glück war mein Reisepass noch da. Gloria hatte ihn an der Tankstelle tief in meine Jackentasche gesteckt. Die Angaben darin besagten, dass ich am 28. Dezember 1985 in Mont-Saint-Michel geboren wurde, direkt am Ärmelkanal, Seite 16 im grünen Atlas. Da stand es, schwarz auf weiß. Das Problem war mein Foto: Es war herausgerissen und später wieder eingeklebt worden. Obwohl Monsieur Ha sich alle Mühe gegeben hatte, den offiziellen Stempel auf dem Foto wiederherzustellen, glaubten die Zollbeamten nicht, dass ich ein echter kleiner Franzose war. Ich hätte ihnen gerne alles erklärt, aber dafür war mein Französisch zu schlecht. Also zogen sie mich am Kragen meines Pullovers aus dem Lastwagen und nahmen mich mit.

QUELLE: Anne-Laure Bondoux: Die Zeit der Wunder. Hamburg: Carlsen 2011, S. 5

Ü6 **Beschreiben Sie die formalen und sprachlichen Auffälligkeiten des folgenden Gedichtes.**

Andreas Gryphius: Abend (um 1650)

Der schnelle Tag ist hin / die Nacht schwingt ihre Fahn /
Vnd führt die Sternen auff. Der Menschen müde Scharen
Verlassen feld und Werck / wo Thier und Vögel waren
Traurt itzt die Einsamkeit. Wie ist die Zeit verthan!
Der Port naht mehr und mehr sich / zu der Glider Kahn.
Gleich wie diß Licht verfil / so wird in wenig Jahren
Ich / du / und was man hat / und was man siht / hinfahren.
Diß Leben kömmt mir vor als eine Renne-Bahn.
Laß höchster Gott/mich doch nicht auff dem Laufplatz gleiten/
Laß mich nicht Ach / nicht Pracht / nicht Lust nicht Angst verleiten!
Dein ewig-heller Glantz sey vor und neben mir/
Laß / wenn der müde Leib entschläfft / die Seele wachen
Und wenn der letzte Tag wird mit mir Abend machen /
So reiß mich aus dem Thal der Finsternüß zu dir.

QUELLE: Karl Otto Conrady: Der Große Conrady. Das Buch deutscher Gedichte. Düsseldorf: Artemis&Winkler 2008, S. 171.

[1] Vgl. Alo Allkemper, Norbert Otto Eke: Literaturwissenschaft. Paderborn: UTB ³2010, S. 154.

Ü6 **Untersuchen Sie die Dialogführung in Antonio Fians Dramolett „Kaufrausch".**

Antonio Fian: Kaufrausch (Dramolett, 2014)

(Kaufhaus in der Wiener Mariahilfer Straße an einem Adventsamstag 2014. Reger
2 *Betrieb. Ein Praktikant des Österreichischen Rundfunks tritt zu einer mehrere Pakete*
balancierenden Frau Mitte dreißig und hält ihr ein Mikrofon vor das Gesicht.)
4 DER PRAKTIKANT: Das Weihnachtsgeschäft, sagen die Experten, läuft in diesem
Jahr so gut wie nie zuvor. Sie tragen da auch, wie ich sehe, eine Menge Packerln. Eine
6 Art Kaufrausch?
DIE FRAU: Aber überhaupt nicht! Zu Weihnachten beschenkt man eben seine Lieben.
8 Sinnvoll müssen die Geschenke sein, das ist das Um und Auf. Mein Mann wünscht sich
diesen Eiswürfelbereiter schon seit Monaten, und die Mama kriegt einen Sodastreamer,
10 weil die soll sowieso mehr trinken in ihrem Alter. Ein schönes Mikrofon haben Sie da
übrigens. Genau so was suche ich für meine Tochter. Weil die singt ja so gern. Und sie
12 ist auch unglaublich talentiert. Sie müssten sie einmal hören, wenn sie *La le lu* singt,
das ist so berührend! Was täte das denn kosten, das Mikro?
14 DER PRAKTIKANT: Das ist leider unverkäuflich. Da steht ORF drauf, sehen Sie?
DIE FRAU: Eben, darum geht's ja! Sie spielt immer *Die große Chance* mit ihren Freundinnen, da wäre das ideal. Ich gebe
16 Ihnen dreihundert Euro.
DER PRAKTIKANT *(lacht)*: Dreihundert Euro, ich bitte Sie! Das ist ein Spezialmikrofon!
18 DIE FRAU: Fünfhundert?
DER PRAKTIKANT: So was kriegt man nicht unter achthundert, und das auch nur, wenn's gebraucht ist. Aber wie ge-
20 sagt, das hier ist unverkäuflich.
DIE FRAU: Und wenn ich Ihnen tausend gebe?
22 DER PRAKTIKANT *(nach kurzem Überlegen)*: Na gut, weil Sie's sind. Ich sage drinnen einfach, ich hab's verloren. Mehr
als einen Tausender können sie von meinem Gehalt sowieso nicht abziehen.
24 *(Er gibt ihr das Mikrofon und erhält tausend Euro. Die Frau entfernt sich, dankbar lächelnd. Der Praktikant, nachdem er ihr*
einige Zeit nachgeblickt hat, geht in eine wenig belebte Ecke des Kaufhauses, wo, neben einer Schachtel mit ausgemusterten
26 *ORF-Mikrofonen, der Rundfunkdirektor ihn erwartet.)*
DER RUNDFUNKDIREKTOR: Und?
28 DER PRAKTIKANT: Tausend.
DER RUNDFUNKDIREKTOR: Super! Wenn das so weitergeht, müssen wir Ö1 vielleicht doch nicht einstellen.
30 *(Vorhang)*

QUELLE: Der Standard, 13./14. 12. 2014, http://derstandard.at/2000009321029/Dramolett-Kaufrausch?_lexikaGroup=1; 02. 01. 2015

3.2.6 — Tipps für das Schreiben einer Textanalyse

Die Aufgabenstellung genau lesen und einen Schreibplan erstellen

Am Beginn eines jeden Schreibprozesses müssen Sie die Aufgabenstellung genau studieren. Von entscheiden-
der Bedeutung ist die Frage, welche Textsorte zu verfassen ist — im konkreten Fall eine Textanalyse — und
welche Aufträge Sie zu leisten haben. Darüber informieren Sie die Operatoren. Sprachlich handelt es sich dabei
um Verben, die Sie zu bestimmten Handlungen auffordern.

Die Textanalyse konfrontiert Sie in erster Linie mit Operatoren aus dem ersten und zweiten Anforderungsbe-
reich (siehe *sprachreif.Schreibkompetenztraining 1*, S. 13 f.). Immer wieder werden Ihnen die folgenden Aufforde-
rungen in den Arbeitsaufträgen begegnen:
— Inhalte zusammenfassen
— Probleme benennen
— Handlungslinien beschreiben
— Situationen wiedergeben
— Figuren charakterisieren
— Schwierigkeiten untersuchen, in denen sich eine Figur befindet
— Beziehungen zwischen Figuren erläutern
— (bestimmte) sprachliche Auffälligkeiten untersuchen
— den Zusammenhang zwischen Inhalt und Form erklären
— einen möglichen Zusammenhang zwischen der dargestellten Problematik und der sprachlichen Gestaltung
überprüfen

— Zeitstruktur untersuchen
— Ausgangs- und Endsituation eines Textes zueinander in Beziehung setzen

Achten Sie auch auf den situativen Kontext. Dieser kann spezielle Vorgaben enthalten oder allgemein gehalten sein und von Ihnen verlangen, im Rahmen der Reifeprüfung hinsichtlich einer Textanalyse bestimmte Kompetenzen nachzuweisen.

Im Anschluss an diese Überlegungen sollten Sie einen Schreibplan erstellen. Sie halten darin zuerst Thema und Aufgabenstellung fest. Anschließend überlegen Sie, was Sie zu dem jeweiligen Thema an Vorwissen einbringen, für welche Adressatin/welchen Adressaten Sie schreiben und welche Ziele Sie mit diesem Text verfolgen sollen. Sie werden die ersten Ideen sammeln und sich überlegen, wie Sie daraus eine sinnvolle Gliederung entwickeln.

Hilfestellungen zum Sammeln und Strukturieren von Ideen finden Sie in: *sprachreif. Schreibkompetenztraining 1*, S. 16 f.

Einen Einleitungssatz für eine Textanalyse formulieren
Der Einleitungssatz stellt den zu behandelnden Text vor, indem er den Namen der Autorin/des Autors, den Titel und das Thema nennt. Falls es Ihrer Einschätzung nach wichtig ist und der Text es zulässt, können Sie Hinweise auf den Schauplatz und die erzählte Zeit geben.

Ü8 **Lesen Sie die Erzählung „Die Haare" von Jenny Erpenbeck (2001). Formulieren Sie einen Einleitungssatz für eine Textanalyse.**

Jenny Erpenbeck: Haare (Erzählung, in Originalschreibung)

Im Bauch meiner Mutter sind mir lange schwarze Haare
gewachsen, die zu Berge stehen, als ich auf die Welt komme. Es ist Frühling, und die Welt ist sehr hell. Ein
schwarzes Haar nach dem andern kapituliert, fällt aus,
fliegt davon, und überläßt blonden Geschwistern die
Nachfolge auf meinem Kopf.

Als ich drei Jahre alt bin, steckt mein Vater mir noch
Zöpfe aus Gras an, aber bald kann man meine Haare
schon in zwei Büscheln zusammenfassen. Rechts und
links über den Ohren stehen diese Büschel in einem Bogen von mir ab, wie Wasser, das aus einem Rohr kommt,
entspringen sie einem Zopfhalter, der aussieht wie eine
Kreuzung aus Margaritenblüte und Kronkorken[1]. Bis ich
fünf Jahre alt hin, werden meine Haare also gewaschen,
gebürstet und gebüschelt, manchmal sogar schon geflochten. Warum es meiner Mutter ausgerechnet am
Vorabend eines ersten Mai[2] einfallen muß, sie kurz zu
schneiden, weiß inzwischen niemand mehr. Heraus zum
ersten Mai! Im Radio spielen sie Blasmusik. Den abgeschnittenen Zopf steckt meine Mutter zur Erinnerung in
ein durchsichtiges Etui. Ich muß heraus zur Maidemonstration, aber zu Hause liegen fünfzehn Zentimeter von
mir im gläsernen Sarg! An diesem Morgen defilieren
Tausende an meinem kurz geschorenen Kopf vorüber,
sie zeigen mir ihre Zähne, sie lachen, nein, sie lachen
mich aus, die ganze Stadt beugt sich über mich und
streicht mir über den Kopf und lacht mich aus, selbst die
Fahnen lachen, sie neigen sich über mich und lassen in
einzigartiger Bosheit ihr langes rotes Haar in Wellen auf
mich herabfallen.

Von diesem ersten Mai an will ich mindestens so dicke
Zöpfe haben wie meine Cousine Heike. An deren Zöpfe
kann sich rechts und links je ein Kind anhängen, dann
dreht sie sich, und die Kinder fliegen. Meine Cousine

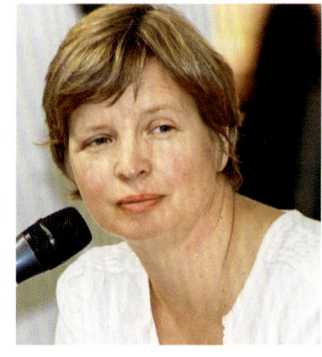

Heike ist ein Karussell, ich will auch ein Karussell werden. Zu dieser Zeit sind die Haarbürsten mit den vielen einzelnen Borsten aus Plaste[3] noch nicht erfunden, und einige Jahre später, als sie im Westen schon erfunden sind, erfahren wir nichts davon. Mit einem Kamm dauert das Auskämmen nach dem Haarewaschen zwei Stunden. Zwei Stunden sitze ich auf einem Hocker im Bad, ein Handtuch um die Schultern, und halte meiner Mutter den nassen Kopf hin, während diese ihre schwere Maischuld abbüßt, mein Haar in Strähnen unterteilt und Strähne für Strähne entfilzt. Einmal pro Woche geben wir uns auf diese Weise der Wiederherstellung der Pracht hin, zum Glück ist zu dieser Zeit die tägliche Haarwäsche noch nicht erfunden, und als sie im Westen schon erfunden ist, erfahren wir nichts davon. Während eines knappen Jahrzehnts gehören nun zwei blonde Zöpfe zu mir, die in Schlangenlinien in der Luft herumfliegen, wenn ich auf dem Schulweg renne, weil ich schon wieder zu spät bin. Mit deren Enden ich die Schallplatten abputze, wenn ich den Lappen nicht finden kann. Aus denen ich im Sommer nach dem Baden das Wasser sauge. Ich knote die Zöpfe hinten ineinander, damit sie mir nicht über die frische Tinte wischen, klemme sie manchmal aus Versehen ein, wenn ich eine Tür zu schnell hinter mir zumache, und ich gehe mit diesen zwei Zöpfen zu meinem ersten Rendezvous. Der mir gefällt, trägt eine Lederjacke, die über und über mit Sicherheitsnadeln besteckt ist. Die Punks sind erfunden, aber ich habe nichts davon erfahren. Ich wickle mir die Quaste vom Zopf um den

53

Zeigefinger und weiß nicht, was ich sagen soll. Der Punk
72 ruft kein zweites Mal an, meine Haare geraten in Auflösung. Die Revolution auf meinem Kopf sieht nicht rot
74 oder lila aus wie bei meinen Altersgenossinnen – mich
emanzipiert sie zum Weihnachtsengel. Offene Haare!
76 Was bisher Feiertagsfrisur war, erlaube ich mir jetzt für
immer, natürlich muß ich nun selber kämmen. Und was
78 bei Botticelli paradiesisch aussieht, verklemmt sich unter
den Riemen meines Schulranzens, lädt sich elektrisch
80 auf, wenn ich einen Pullover über den Kopf ziehe, ver-
zwirbelt sich in unruhigen Nächten zu einem Filz. Für
82 fünf selige Minuten im Fahrtwind hinten auf einem
Moped reiße ich mir hinterher eine halbe Stunde am
84 Schopf herum, und die ganz und gar unauflösbaren win-
zigen Knoten schneide ich schließlich nach klassischem
86 Vorbild einfach ab. Einmal werde ich im Sommerurlaub
ohnmächtig, als ich bei über dreißig Grad mit schiefem
88 Kopf und einem wie der Hebel einer Maschine auf- und
abfahrenden Arm an der allmorgendlichen Herrichtung
90 meiner Frisur arbeite. Hin und wieder verwünsche ich
diese Haare inbrünstig, aber so inbrünstig, wie man nur

92 Dinge verwünscht, auf die man sich verlassen kann. Keinen Moment lang vergesse ich, daß meine Haare ein
94 Schatz sind, in dem meine ganze Lebenszeit aufbewahrt
ist, und bin geradezu besessen von der Idee, daß jemand
96 sie mir im Schlaf abschneiden könnte. In blutigen Phan-
tasien male ich mir aus, wie ich den Schändling martern
98 würde.

Als ich sechzehn bin, verfängt sich der erste Mann in
100 meinem Haar, und da, wie es scheint, haben die Fang-
schnüre ihren Zweck endlich erfüllt. Es wandelt mich
102 eine Lust an, die ich bis dahin nicht kannte: diesen
Flachs, der mir als Mädchen gewachsen ist, von mir zu
104 trennen. Zum ersten Mal in meinem Leben gehe ich zu
einem Friseur, der Friseur schneidet über einen halben
106 Meter ab, das Haar fällt zu Boden, der Friseur kehrt es
zusammen und wirft es in den Mülleimer. Als ich mit
108 meinem Freund in den Herbstferien nach Hiddensee
übersetze, bläst mir der Wind um den Kopf. Es gibt aber
110 nichts mehr, das sich verwirren könnte.

QUELLE: Christine Hummel (Hg.): Kürzestgeschichten. Texte und Materialien für den Unterricht. Stuttgart: Reclam 2010 (Reclams Universal-Bibliothek 15064), S. 103–106.

1 Kronkorken: Verschluss einer Getränkeflasche
2 Der erste Mai; Tag der Arbeit, in etlichen Ländern gesetzlicher Feiertag
3 Plaste: Kunststoff

Lösungsvorschlag für mögliche Einleitungssätze:

Die deutsche Autorin Jenny Erpenbeck thematisiert in ihrer 2001 verfassten Erzählung „Haare" den Entwicklungsprozess einer jungen Frau.

Die 2001 erschienene Erzählung „Die Haare" der Autorin Jenna Erpenbeck behandelt den Werdegang einer jungen Frau von der Geburt bis zum Teenager.

Diese Formulierungsmuster können Sie genauso für die Analyse von dramatischen und lyrischen Texten sowie Sachtexten übernehmen.

TIPPS

— Folgende Verben werden in Einleitungssätzen immer wieder verwendet: thematisieren, handeln von, sich beschäftigen mit, sich auseinandersetzen mit, erörtern, der Frage nachgehen, veranschaulichen, aufzeigen, sich beziehen auf.
— Eine Herausforderung beim Formulieren des Einleitungssatzes besteht darin, dass Sie während der Beschäftigung mit einem Text einen knapp gefassten verbindlichen Hinweis auf sein Thema geben sollen. Bei einfachen Texten wird Ihnen das leichtfallen, bei anderen — komplexen — wird es für Sie schwieriger sein. In einem solchen Fall könnten Sie den Einleitungssatz erst am Schluss niederschreiben. Dann sind Sie sich Ihrer Sache sicherer, weil Sie bereits mehr über den Text wissen und ihn besser verstanden haben.
— Benennen Sie den zu behandelnden Text mit einem möglichst präzisen Gattungs-Begriff. Auf der sicheren Seite sind Sie, wenn Sie jene Bezeichnung übernehmen, die die Aufgabenstellung vorgibt: Kurzgeschichte, Kommentar, Dramenszene, Rezension … Müssen Sie selbst eine Kategorisierung vornehmen, hüten Sie sich vor allzu vagen Oberbegriffen wie „Buch". Vertretbare Kompromisse stellen Wendungen wie „Sachtext" oder das Nomen „Text" in Kombination mit der jeweiligen literarischen Gattungsbezeichnung dar (z. B. „dramatischer Text").

Ü9 Verfassen Sie einen Einleitungssatz für eine Textanalyse des Kommentars „Zentralmatura: Reif am Tag X — und dann?" von Lisa Nimmervoll (Ausgangstext: siehe Seite 39–40).

Argumentation in einem Sachtext analysieren

Die Textanalyse eines Sachtextes wird Sie sehr häufig zu der Frage nach der darin erkennbaren Argumentation und ihrer Qualität führen.

Für die Antwort darauf ist das Grundwissen zum Thema „Argumentieren" hilfreich, das im *Schreibkompetenztraining 1* von *sprachreif* auf den Seiten 31–34 ausführlich dargelegt und auf das hier zurückgegriffen wird:

Sie sollten die drei „Bestandteile" einer Argumentationskette – Behauptung, Begründung und Beispiel – kennen und verschiedene Formen des Arguments unterscheiden können:
— Faktenargument
— Normatives Argument/Wertargument
— Autoritätsargument
— Analogieargument
— Indirektes Argument
— Plausibiltätsargument
— Logischer Schluss

Ausgehend von diesen Unterscheidungsmöglichkeiten lassen sich folgende Fragen bezüglich der Argumentation in einem Sachtext stellen:
— Ist in dem Text ein Sachverhalt oder ein strittiges Problem erkennbar, zu dem argumentiert werden soll? Wie lautet er/es?
— Gibt es eine zentrale Behauptung, der sich andere Behauptungen zuordnen lassen?
— Fordert die zentrale Behauptung etwas? Stellt sie etwas fest?
— Werden unterschiedliche Formen von Argumenten verwendet?
— Werden sinnvolle Beispiele eingesetzt, um die Argumente zu stützen?
— Werden nur Argumente zur Untermauerung eines Standpunktes vorgebracht? Finden sich auch Argumente dagegen?
— Wie verhalten sich Pro-und-Kontra-Argumente qualitativ und quantitativ zueinander? Sind sie schlüssig und relevant?
— Lässt sich eine bestimmte Struktur in der Abfolge der Argumente erkennen?

Ü10 **Analysieren Sie die Argumentation des Leitartikels „Wer nichts weiß, muss alles glauben" aus den „Salzburger Nachrichten" vom 10. Jänner 2015 mithilfe der genannten Fragen.**
Anmerkung: Der Text bezieht sich auf den Überfall islamistischer Terroristen auf die Redaktion des Satireblattes „Charlie Hebdo" und einen jüdischen Supermarkt in Paris am 7. Jänner 2015. Dabei wurden zwölf Menschen ermordet.

Wer nichts weiß, muss alles glauben
Von Manfred Perterer | 10.01.2015

2 **Der Massenmord von Paris zwingt uns dazu, die Augen zu öffnen und die Dinge wieder beim Namen zu nennen.**

4 Voltaire schaffte es, unseren gesellschaftlichen Konsens von Freiheit, Demokratie und Toleranz in
6 einem einzigen Satz auf den Punkt zu bringen: „Ich teile Ihre Meinung nicht, ich werde aber bis zu
8 meinem letzten Atemzug kämpfen, daß Sie Ihre Meinung frei äußern können."

10 Die Journalisten und Karikaturisten von „Charlie Hebdo" haben sich genau dieses Recht herausge-
12 nommen und die herrschenden Verhältnisse mit zum Teil brutaler Schärfe attackiert. In der Vertei-
14 lung ihrer Angriffe waren sie nicht einseitig. Sie nahmen Christentum, Judentum und Islam ebenso
16 ins Visier wie die Politik in Europa, den USA oder in Russland. Jeder bekam sein Fett ab.

18 Zumindest drei Massenmörder und deren Kompli-zen konnten mit der Freiheit, wie Voltaire sie
20 meinte, nichts anfangen, und haben zehn Mit-arbeiter der kritischen Satirezeitung sowie drei Po-
22 lizisten und mehrere Geiseln kaltblütig umge-bracht.

24 Noch wissen wir über die wahren Hintergründe der grauslichen Tat wenig. Wir können dennoch
26 ein paar Schlüsse ziehen.

Erstens: Wir leben in der Europäischen Union in
28 demokratischen Rechtsstaaten. Die Gesetze bilden die Basis für das geordnete gesellschaftliche Zu-
30 sammenleben. Darüber hinaus gibt es keine zuläs-sige Ordnung. Weder anerkannte Religionen noch
32 Sekten oder Parteien können diese Regeln aushe-beln. Wer sich nicht daran hält, bekommt die Kon-
34 sequenzen zu spüren.

Zweitens: Wir lassen uns nicht einschüchtern.
36 Selbst Massenmord kann und darf nicht zur Schere im Kopf aufgeklärter Menschen führen.
38 Ansonsten hätten die Feinde der Freiheit ihr Ziel erreicht.

40 Drittens: Es geht nicht darum, ob Religionen gut oder böse sind. Es geht darum, dass Menschen gut
42 und böse sein können. Wir dürfen nicht das Kind mit dem Bade ausschütten. Seien wir wachsam,
44 aber verallgemeinern wir nicht. Nicht jeder Muslim ist ein potenzieller Verbrecher, nicht jeder
46 Christ ist ein Guter.

Viertens: Achtung vor denen, die es immer schon
48 gewusst haben. Und vor denen, die jetzt einfache Erklärungen anbieten, die schwarz und weiß
50 malen, aber keine Grautöne kennen. Bewegungen wie Pegida[1] in Deutschland muss man ernst neh-
52 men, aber man muss ihnen nicht unkritisch nachlaufen.

54 Fünftens: Wer nichts weiß, muss alles glauben. Das gilt ganz besonders in religiösen Fragen. Ist das
56 Wissen in unserer Gesellschaft schon über das Christentum mangelhaft, so ist es über andere Re-
58 ligionen wie den Islam, das Judentum oder den Buddhismus gar nicht vorhanden. Wir brauchen
60 rasch eine religiöse und gesellschaftspolitische Bildungsoffensive. Keine Werbekampagne für ein
62 einzelnes Glaubensbekenntnis. Es geht darum, das andere, das Fremde, das uns so viel Angst einflößt,
64 zu verstehen, was nicht heißt, dass man auch Verständnis dafür haben muss.

66 Sechstens: Wir lassen keine Radikalisierung unserer Sprache zu. Sie ist die Vorstufe für die Radikali-
68 sierung unseres Handelns. Wenn bestimmte Gruppierungen jetzt von der Rettung des christlichen

70 Abendlandes vor dem radikalen Islam fantasieren, so sollten wir hinterfragen, wie christlich diese
72 Retter sind.

Siebtens: Wir sollten Dinge wieder beim Namen
74 nennen. Wir haben uns in den vergangenen Jahren in einer tugendhaften Schweigespirale selbst gefan-
76 gen genommen. Das ist nicht nur so, wenn wir Probleme der Migration und des Zusammenlebens
78 mit Menschen aus anderen Kulturen vornehm verschweigen oder über sie hinwegsehen.

80 Wir helfen damit weder uns selbst noch den betroffenen Zuwanderern. Eine „Das darf man aber
82 nicht sagen"-Mentalität hat weite Bereiche unseres Lebens erfasst. Wer sich nicht dem Mainstream der
84 Meinungswächter unterwirft, dem bläst der Shitstorm um die Ohren. Ein kleines Beispiel gefäl-
86 lig? Wer es etwa wagt, den von Menschen gemachten Klimawandel zu hinterfragen, wird wie ein
88 Aussätziger behandelt.

Wir müssen wieder lernen, offen und sachlich über
90 alle Lebensbereiche zu diskutieren und unangenehme Wahrheiten nicht unter der Tuchent zu hal-
92 ten. Sonst kommt es eines Tages zur Explosion. Das ist wie bei einem Kelomat. Unsere Gesellschaft
94 steht extrem unter Druck. Die Luft muss raus. Das geht nur mit Rede und Gegenrede und nicht mit
96 Emotion und Eskalation. Dazu gehört das offene Visier und dazu gehört vor allem mehr Wissen
98 über unsere Mitmenschen.

QUELLE: http://www.salzburg.com/nachrichten/meinung/standpunkt/sn/artikel/wer-nichts-weiss-muss-alles-glauben-134068/; 11. 01. 2015

[1] Pegida: Abkürzung für „Patriotische Europäer gegen die Islamisierung des Abendlandes", deutscher Verein, der gegen die von ihm befürchtete Islamisierung Deutschlands und Europas auftritt; Kritikerinnen und Kritiker werfen ihm Fremdenfeindlichkeit vor.

3.2.7 — Eine Textanalyse überarbeiten

Für das Überarbeiten Ihres Textes eignen sich (teilweise) jene Fragen, die in *sprachreif. Schreibkompetenztraining 1* auf Seite 18 angeführt sind[2] und sich auf die Merkmale eines gelungenen Textes beziehen:
— Behandelt der Text alle Aspekte, die die Aufgabenstellung verlangt? (Für die Beantwortung dieser Frage ist es sinnvoll, die Operatoren heranzuziehen.)
— Besitzt der Text einen roten Faden — also eine Idee, die ihn zusammenhält?
— Folgen die einzelnen Abschnitte in einer sinnvollen Abfolge aufeinander? (Ein Tipp: Wer sich an die Reihenfolge der Arbeitsaufträge hält, erfüllt in jedem Fall die Grobgliederung.)
— Entsprechen die einzelnen Abschnitte der Arbeit der Wichtigkeit, die die Aufgabenstellung ihnen beimisst?
— Sind die Wörter/Sätze dem Gegenstand angemessen?
— Kommen in der Arbeit die notwendigen Fachbegriffe vor?
— Sind die Textteile auch sprachlich angemessen miteinander verknüpft?
— Ist die Sprache abwechslungsreich?
— Haben Sie vor allem jenen Bereichen von Rechtschreibung und Grammatik eine besondere Aufmerksamkeit gewidmet, die Ihnen bei Schularbeiten immer wieder Schwierigkeiten bereitet haben? Das sind erfahrungsgemäß die das-/dass-Schreibung, die Wiedergabe der Äußerungen Dritter …

[2] Vgl. Martin Fix: Texte schreiben. Schreibprozesse im Deutschunterricht. Paderborn: UTB ²2008, S. 179–180.

Schreibaufgabe (Hausübung oder Schularbeit)

Verfassen Sie eine Textanalyse.

<u>Situation:</u> Sie üben das Verfassen einer Textanalyse.
Lesen Sie die Erzählung „Die Haare" von Jenny Erpenbeck. (Ausgangstext: siehe S. 53 f.)

Verfassen Sie nun die Textanalyse und bearbeiten Sie die folgenden Arbeitsaufträge:

AUFGABE

— Beschreiben Sie die wichtigsten Handlungslinien der Erzählung.
— Erläutern Sie die Bedeutung der einzelnen Figuren für die Ich-Erzählerin.
— Untersuchen Sie, wie die Erzählerin von ihren Haaren spricht.
— Setzen Sie hinsichtlich der Befindlichkeit der Ich-Erzählerin Beginn und Ende der Geschichte zueinander in Beziehung.

Schreiben Sie zwischen 540 und 660 Wörter. Markieren Sie Absätze mittels Leerzeilen.

Kommentierung der Aufgabe

Beschreibung der wichtigsten Handlungslinien der Erzählung:
Die Ich-Erzählerin erzählt von ihrem Werdegang: Der Bogen spannt sich von den Erinnerungen an die Zeit im Mutterleib bis zum Aufbruch in den ersten gemeinsamen Urlaub mit dem ersten Freund. Die Zeitspanne umfasst mehr als 16 Lebensjahre. Stationen: erste Empfindungen im Mutterleib; Erinnerungen an bestimmte Verhaltensweisen von Vater und Mutter in der Zeit als Kleinkind; einschneidendes Erlebnis: Mutter stutzt vor einem ersten Mai – dem Tag der Arbeit – der Ich-Erzählerin die Haare; Erinnerungen an die Schulzeit, die erste vergebliche Liebe, den ersten Freund mit 16 Jahren; wichtig: alle Erinnerungen sind mit Aussagen über die Haare der Ich-Erzählerin gekoppelt .

Bedeutung der einzelnen Figuren für die Ich-Erzählerin:

Vater: schmückt Haare der Ich-Erzählerin mit Zöpfen aus Gras

Mutter: Bauch der Mutter: schwarze Haare; Mutter pflegt die Haare der Ich-Erzählerin; später schneidet sie der Ich-Erzählerin – diese ist zu diesem Zeitpunkt fünf Jahre alt – die Haare ab, Ich-Erzählerin fühlt sich dadurch lächerlich gemacht

Cousine: wird mit ihren Zöpfen zum Vorbild für die Ich-Erzählerin.

Punk: ein folgenloses Treffen mit ihm; Frisur ändert sich: Haare werden offen getragen

Freund: Ich Erzählerin trennt sich von ihren langen Haaren

Untersuchen Sie, wie die Erzählerin von ihren Haaren spricht:
Personifizierung der Haare: kapitulieren, fliegen davon (vgl. Z. 5; Haare werden häufig verglichen: „wie Wasser, das aus einem Rohr kommt" (Z. 11); an der Pflege des Haares können politische Veränderungen abgelesen werden: Westen verfügt Jahre vor dem Osten über Haarbürste mit Plastikborsten; Haare werden zu einem elementaren Bestandteil der Identität der Ich-Erzählerin („Schatz", Z. 94), die sich sogar mit dem biblischen Samson vergleicht, dessen gewaltige Stärke im ungeschorenen Haupthaar begründet ist. Aufbegehren gegen die Erwachsenenwelt erschöpft sich bei der Ich-Erzählerin in der Entscheidung für eine neue Haarmode: trägt die Haare offen. Selbstfindung am Ende der Erzählung bedeutet Entscheidung, die Haare abschneiden zu lassen – Ende der „Verwirrung".

Setzen Sie hinsichtlich der Befindlichkeit der Ich-Erzählerin Beginn und Ende der Geschichte zueinander in Beziehung:
Entwicklung vom ungeborenen Kind im Bauch seiner Mutter zur jungen Frau, die weiß, was sie will.

3.3 — Textinterpretation

Die Textsorte „Textinterpretation"

Die Textinterpretation ist die schriftliche Ausarbeitung der Deutung (Interpretation) eines Textes basierend auf der Untersuchung auffälliger Textmerkmale.

3.3.1 — Anforderungen an eine Textinterpretation/Beurteilungsgrundlagen

Situation	Im Rahmen der schriftlichen Reife- und Diplomprüfung in Deutsch sollen Sie nachweisen, dass Sie fähig sind, Sachtexte und literarische Texte zu interpretieren, indem sie mögliche Bedeutungen, Intentionen und Wirkungen dieser Texte erarbeiten und die Interpretation schriftlich ausführen. In manchen Fällen kann eine Situation vorgegeben sein, dass sich die Textinterpretation an ein bestimmtes Publikum wendet.
Adressatinnen und Adressaten	Eine Textinterpretation richtet sich in den meisten Fällen an die korrigierende Lehrkraft. In Fällen, in denen eine spezifische Situation vorgegeben ist, muss das damit verbundene Lesepublikum berücksichtigt werden (z. B. Mitschülerinnen und Mitschüler, Lesende von Literaturzeitschriften etc.). Eine Interpretation literarischer Texte richtet sich jedoch fast immer an ein literarisch grundlegend gebildetes Publikum.
Inhalt	Eine Textinterpretation legt dar, wie die Verfasserin, der Verfasser einen Sachtext oder literarischen Text versteht und interpretiert.
Absicht	Eine Sachtextinterpretation soll Ihr Wissen über Sprache, Rhetorik, Texte und Kommunikationssituationen zeigen und im Idealfall das Textverständnis der Leserinnen und Leser erweitern. Eine Literaturinterpretation soll Ihre literarische Bildung und Ihre Kompetenzen im Umgang mit Literatur zeigen. Dazu legen Sie Ihr Verständnis eines literarischen Textes gegenüber anderen Leserinnen und Lesern dar. Im Idealfall erweitern Sie deren Sichtweise.
Gliederungselemente/ textsortenspezifische Muster	Einleitung: Textbeschreibung, d. h. kurze Darlegung von Inhalt bzw. Thematik („Worum geht es?") Hauptteil: Formulierung einer Interpretationshypothese („Worum geht es wirklich?"); Begründung durch inhaltliche und formale Belege aus dem Text, Hinweise auf Kontexte integrieren und mit dem Weltwissen verknüpfen. Schluss: eventuell Beurteilung des vorliegenden Textes nach sprachlicher oder poetischer Qualität.
Sprache	Informieren, klären; Fachbegriffe kennen und richtig anwenden; Textbelege integrieren.
Umfang	Meistens 540 bis 660 Wörter, selten 405 bis 495 Wörter. Die Mindestwortanzahl ist unbedingt einzuhalten. Literarische Texte lassen vielseitige Betrachtungsweisen zu, daher ist es bei einer Unterschreitung der Wortanzahl kaum möglich, die Interpretationshypothese gut zu begründen. Eine Überschreitung der Wortanzahl ist weniger riskant, solange man nicht abschweift oder sich in Details verliert, die für die eigentliche Interpretationshypothese nicht relevant sind.
Beispiele für verwandte Textsorten	Textanalyse, Redeanalyse, Buchbesprechung, Buchkritik, Rezension, literarischer Essay, Literaturblog ...

Beispieltext für eine Textinterpretation eines literarischen Textes

Ü1 Lesen Sie den kurzen Prosatext „Der Vorzugsschüler" von Thomas Bernhard" und im Anschluss daran die Textinterpretation nach einer Aufgabenstellung für eine Schularbeit.

Thomas Bernhard: Der Vorzugsschüler (1969)

Der Vorzugsschüler, dessen Leben mehr Methode hat als
2 das Leben der Erwachsenen, träumt, daß er eine Rechenaufgabe nicht lösen kann und die Lösung auch dann
4 noch nicht gefunden hat, als der Lehrer die Schulaufgaben einverlangt. Der Lehrer stellt den Vorzugsschüler in
6 der Klasse zur Rede und droht ihm, seine Eltern von
dem Vorfall zu benachrichtigen. Die Mitschüler sind voll
8 Schadenfreude und stoßen den Vorzugsschüler, der körperlich ein Schwächling ist, in einen Kanal, aus dem er
10 sich nur mit äußerster Anstrengung befreien kann. Am
nächsten Tag getraut er sich gar nicht in die Schule hi-
12 neinzugehen und bleibt zehn Minuten nach Schulbeginn
unter dem Schultor stehen. Er macht kehrt und schwänzt.
14 Er irrt in einem Park umher und wird dort plötzlich vom
Schuldiener entdeckt, der den Vorfall in der Direktion
16 meldet. Jetzt erwacht der Vorzugsschüler aus seinem
Traum. Er stürzt schwitzend und halbnackt in das
18 Schlafzimmer seiner Eltern. Aber so tief und mit welchen Mitteln sie auch in ihn eindringen, er sagt ihnen
20 nicht den Inhalt seines Traums. Er weigert sich immer
wieder, ihn zu erzählen.
22

QUELLE: Thomas Bernhard: Erzählungen. Kurzprosa, hg. v. Hans Höller, Martin Huber, Manfred Mittermayer (= Werke Band 14), Frankfurt am Main: Suhrkamp 2003, S. 213.

Aufgabenstellung

Verfassen Sie eine Textinterpretation.

<u>Situation:</u> Im Rahmen der schriftlichen Reife- und Diplomprüfung in Deutsch sollen Sie Ihre Kompetenz, literarische Texte zu interpretieren, nachweisen.

Lesen Sie den Text „Der Vorzugsschüler" von Thomas Bernhard.

Schreiben Sie nun die Textinterpretation und bearbeiten Sie dabei die folgenden Arbeitsaufträge:

— Fassen Sie die Textgrundlage zusammen.
— Erschließen Sie sprachliche und erzählerische Mittel, die für eine Interpretation wichtig sind.
— Deuten Sie den Traum und das Verhalten des Vorzugsschülers.

Schreiben Sie zwischen 530 und 660 Wörter.
Markieren Sie die Absätze mittels Leerzeilen.

AUFGABE

Beispieltext für eine Textinterpretation

Die Kurzgeschichte „Der Vorzugsschüler" von Thomas Bernhard aus dem Jahre
2 1969 handelt vom Alptraum eines Vorzugsschülers, der die Ängste des Schülers
widerspiegelt.
4 In diesem Traum scheitert der Vorzugsschüler an einer Rechenaufgabe, wird vom
Lehrer und von der Klasse gedemütigt und traut sich am darauffolgenden Tag nicht
6 mehr in die Schule. Als er vom Schulwart wegen Schulschwänzens in der Direktion
gemeldet wird, wacht der Vorzugsschüler auf. Er läuft in das Schlafzimmer seiner
8 Eltern, verschweigt ihnen aber beharrlich die Vorkommnisse in seinem Traum.
Der Titel der Geschichte lautet „Der Vorzugsschüler", und nicht „Der Traum" oder
10 Ähnliches. Daraus kann geschlossen werden, dass weniger der Traum als vielmehr
der Vorzugsschüler im Mittelpunkt steht. Dabei geht es aber nicht um einen x-be-
12 liebigen Vorzugsschüler, sondern um einen bestimmten Typus, wofür auch der bestimmte Artikel „Der" im Titel steht. Weiters wird der Vorzugsschüler mit keinem
14 Namen versehen, sondern nur mit dem Personalpronomen „er" benannt.
Vorzugsschüler sind manchmal nicht beliebt, sie werden oft als „Streber" bezeich-
16 net, besonders von jenen Mitschülerinnen und Mitschülern, die Lernschwierigkei-
ten haben. In manchen Fällen kann die Ablehnung zu Spott und Ausgrenzung füh-
18 ren. Die Klassenkolleginnen und -kollegen suchen dann nach Schwächen beim

Erläuterungen

> Einleitung: Kontextdaten
> Nennung des Themas
> (= Ansatz zur Interpreta-
> tion)

> Einleitung:
> Wiedergabe des Inhalts

> Hauptteil:
> Analyse des Titels

> Hauptteil: Analyse des
> Inhalts in Zusammen-
> hang mit Alltagswissen
> und Weltwissen

Verachteten und freuen sich, wenn ihm etwas misslingt. Im Falle seines Traumes ist
20 das die Lösung eines Rechenbeispiels. Die feste Ordnung, in der der Vorzugsschüler („dessen Leben mehr Methode hat als das Leben der Erwachsenen") durch sein
22 Wissen beim Lehrer und den Eltern anerkannt ist und das die übrige Klasse zur
Kenntnis nehmen muss, gerät so aus den Fugen. Wenn die einzige Fähigkeit, gegen
24 die die Klasse nicht ankann, versagt, dann bricht der Schutzdamm: Der Lehrer ver-
höhnt den Musterschüler. Er ist ein Musterexemplar jener Lehrkräfte, die nur auf
26 einen Fehler warten und diesen dann unter Demütigung des Versagers vor der
Klasse breittreten. Die Mitschülerinnen und Mitschüler können ihn nun unge-
28 hemmt körperlich erniedrigen. Es ist ein bekanntes psychologisches Phänomen,
dass Menschen, die sich benachteiligt fühlen, auf die ihrer Meinung nach Schuldi-
30 gen hinhauen – oft im wahrsten Sinne des Wortes –, wenn diese am Boden liegen.
So wurden auch in Konzentrationslagern kriminelle Kapos eingesetzt, die an Intel-
32 lektuellen ihre Wut ausließen. Was die Mitschülerinnen und -schüler von ihrem
Vorzugskameraden halten, zeigt sich auch daran, dass sie ihn in einen „Kanal" sto-
34 ßen, ihn also als Abschaum behandeln.
Die Geschichte hat zwei Handlungsebenen: Traumebene und Realitätsebene. Im
36 Traum werden die Ängste des Vorzugsschülers offenbar. Wir wissen ja gar nicht, ob
der Lehrer und die Mitschüler wirklich so handeln würden, wir nehmen ihre Reak-
38 tionen nur aus den Traumgespinsten des Vorzugsschülers wahr. Der Traum zeigt
aber, wie wackelig sein Ordnungsrahmen ist. Dies zeigt auch die Realitätsebene:
40 Indem er sich weigert, seinen Eltern den Traum zu erzählen, offenbart sich seine
Furcht davor, dass der Traum wahr werden könnte. Was er vorher schon verdrängt
42 hat und jetzt im Traum auftauchte, muss er ein zweites Mal verdrängen.
Die Geschichte ist nicht nur für den Protagonisten höchst verstörend, sie ist es auch
44 für die Lesenden. Dies liegt auch an ihrer sprachlichen Gestaltung. Sie wirkt umso
irritierender, als sie in einem sachlichen Stil erzählt wird. Die ersten drei Sätze be-
46 ginnen jeweils mit dem Subjekt, wobei die drei handelnden Subjekte nacheinander
genannt werden: „Der Vorzugsschüler …", „Der Lehrer …", „Die Mitschüler …"
48 Damit wird fast der Eindruck eines nüchternen Protokolls erweckt. Stellenweise
wird die Sachlichkeit durch bürokratisches Vokabular verstärkt: „Schulaufgaben
50 einverlangen", „zur Rede stellen", „vom Vorfall benachrichtigen", „den Vorfall melden". Die Geschichte lebt also auch von der Spannung zwischen der Unerhörtheit
52 des Vorfalls und der nüchtern-klaren, protokollarischen Sprache des neutralen Erzählers.
54 Der Text ist insgesamt vielschichtig. Er zeigt die Psyche eines Typs von Vorzugsschüler, er kann aber auch als Parabel gelesen werden über unsere Ängste, wie
56 schnell unser Leben aus dem Gleichgewicht kommen kann, Ordnung zusammen-
brechen und Gewalt ausbrechen kann.
58 Als Lesende werden wir mit einem mulmigen Gefühl zurückgelassen. Wir können
am Ende nicht wissen, ob der Vorzugsschüler mit seinen Ängsten umgehen kann.
60 Vielleicht geht er ja am nächsten Tag nicht in die Schule, sondern macht kehrt, geht
in den Park und …
(652 Wörter)

Randnotizen:
- Hauptteil: Anbindung an den Text; Textzitat
- Hauptteil: Analyse und Interpretation des Lehrerverhaltens
- Hauptteil: Analyse und Interpretation des Verhaltens der Mitschüler
- Hauptteil: Interpretation eines Teilaspekts
- Hauptteil: Analyse der Erzählstruktur
- Hauptteil: Erzählstruktur und ihre Interpretation
- Hauptteil: Analyse auffälliger Merkmale der Sprache und Interpretation ihrer Wirkung
- Schluss: Möglichkeiten der Interpretation als Fazit der bisherigen Ausführungen
- Schluss: Wirkung auf die Leserinnen und Leser

Hinweise zum Beispieltext

Dieser Text ist eine typische Textinterpretation aufgrund folgender Kennzeichen:
Inhalt: Diese Textinterpretation
— informiert über die Kontextdaten (Autor, Titel, Textsorte, Entstehungsdatum)
— gibt eine Zusammenfassung des Inhalts und nennt das Thema
— verknüpft den Inhalt mit Alltags- und Weltwissen
— analysiert auffällige Merkmale der Struktur, des Erzählers, der Figuren und der Sprache
— verwendet die Analyse dieser Merkmale für eine Interpretation
— weist auf mögliche Wirkungen auf die Lesenden hin.
Gliederung:
— In der Einleitung erfolgt eine Textbeschreibung
— Im Hauptteil werden Analyse, Interpretation und Weltwissen miteinander verknüpft
— Der Schluss fasst die Interpretationshypothese zusammen und gibt ein Urteil ab

Sprache:
— Es werden für eine Textinterpretation typische sprachliche Phrasen verwendet
  — *Die Geschichte zeigt, handelt von, lebt von … In der Geschichte geht es um … Sie wird in einem … Stil erzählt*
  — *Der Titel lautet*
  — *Daraus kann geschlossen werden … Es wird der Eindruck erweckt …* (unpersönliches Passiv)
  — *Die Geschichte lebt von*
— Es werden die notwendigen Fachbegriffe (Termini) gebraucht: *Kurzgeschichte, Handlungsebene, Protagonist, Charakter, Typus, Parabel, Stil …*
— Es wird das Präsens verwendet
— Es werden Zitate und Textbelege angeführt.

Wichtige Teilkompetenzen für das Schreiben einer Zusammenfassung
Sie können…
— sich ein grundlegendes Verständnis von Interpretation erarbeiten
— eine Interpretationshypothese formulieren
— textimmanente Aspekte für die Interpretation nutzen
— die sprachliche Analyse für die Interpretation nutzen
— Ihre Interpretation durch Textbelege abstützen
— Kontextinformationen nützen
— eine Interpretation schriftlich formulieren.

3.3.2 — Aufbauende Übungen/Kompetenzaufbau

Was bedeutet Interpretieren?

Interpretieren (lat. interpretatio = Erklärung, Auslegung) heißt, eine Äußerung, einen (literarischen) Text, ein Kunstwerk in einer bestimmten Weise zu verstehen und auszulegen. In der Alltagskommunikation stellt man manchmal die Frage: „Habe ich dich da richtig interpretiert?", wenn man nicht genau weiß, wie eine Äußerung gemeint war. Man schließt z.B. aus dem Tonfall und aus dem Zusammenhang, wie der Satz „Das hat er wieder toll gemacht." gemeint ist, ob er ernst oder ironisch verstanden werden soll. Gewöhnlich wollen wir wissen, wie etwas zu verstehen ist, das gilt auch für politische Reden, Filme, Bilder und schwer verständliche Gedichte. Oft drängt sich eine Interpretation förmlich auf, manchmal müssen wir aber länger nachdenken und verschiedene Möglichkeiten durchdenken.

Betrachten Sie die folgenden Bilder:

Ü2
— Clustern Sie jeweils Ihre Assoziationen zu den zwei Bildern.
— Formulieren Sie zu jedem der Bilder eine Interpretationshypothese.
— Vergleichen Sie Ihre Interpretation mit denen Ihrer Kolleginnen und Kollegen.
— Stellen Sie die Gemeinsamkeiten Ihrer Interpretationen fest.

Lesen Sie die folgenden Ausführungen über das Bild rechts.

Inhaltsebene und Bedeutungsebene

Diese Übung kann Ihnen eines verdeutlichen: Indem man den Inhalt eines Kunstwerks wiedergibt, hat man noch nicht seine Bedeutung erklärt. Betrachten wir das mittlere Bild. Es zeigt zwei Waschbecken: Über dem linken Waschbecken ist ein Schild mit der Aufschrift „WHITE" angebracht, über dem rechten ein Schild mit der Aufschrift „COLOURED". Über das rechte Waschbecken beugt sich ein „Farbiger". Das Foto wurde 1964 zur Zeit der Rassentrennung in den USA gemacht. Die Rassentrennung wird uns also mit diesem Foto anhand des Beispiels Waschraum buchstäblich vor Augen geführt. So weit die Beschreibung. Eine Interpretation muss aber weitergehen und die einzelnen Bildelemente in ihrem Zusammenhang sehen: Das linke Waschbecken ist groß, stabil, neuwertig und mit zwei Hähnen ausgestattet, das rechte ist klein und abgeschlagen. Die Waschbecken können als Symbol für Verteilung des Wohlstands zwischen Weiß und Schwarz gesehen werden: für jene das große, tadellose Waschbecken, für diese das kleine, abgenutzte. Die Installation der Waschbecken kann außerdem als Symbol für die Machtverteilung gesehen werden: Die rechte („COLOURED") Waschmuschel wird vom linken („WHITE") Waschbecken durch eine Zuleitung versorgt. In der Mitte der Leitung befindet sich ein Absperrhahn. Dreht man diesen zu, gibt es rechts kein Wasser. Schließlich kann auch die gebückte Haltung des „Farbigen" als Symbol für die Situation der afroamerikanischen Bevölkerung in dieser Zeit gedeutet werden.

Ü3 **Wählen Sie nun das linke Bild und verfassen Sie nach dem Muster des obigen Textes eine kurze Bildinterpretation. Schreiben Sie zwischen 150 und 200 Wörter.**

Die Interpretation eines literarischen Textes erfolgt nach einem identischen Muster: Sie beschreiben die Inhaltsebene, betrachten dann einzelne Elemente des Textes in ihrem Verhältnis zueinander und leiten daraus die Bedeutungsebene, d. h. eine Interpretation ab.

TIPP Stellen Sie sich Bilder vor, wenn Sie einen literarischen Text lesen. Man nennt das **Vorstellungen bilden**. Otfried Preußler, der Autor von „Räuber Hotzenplotz" und „Krabat", sagt dazu: „Der Leser muß […] Wörter und Sätze auch wieder in Bilder umsetzen – mehr noch: er muß sie für sich selber mit allen Sinnen wahrnehmbar machen. Er muß nicht nur sehen, wovon der Autor erzählt, er muß es auch hören, riechen und schmecken, mit Händen ertasten und mit dem Herzen nachfühlen. […] Er befindet sich gewissermaßen in der Rolle eines Regisseurs, dem mein Text als Drehbuch vorliegt und der meine Geschichte nun anhand dieses Drehbuchs für sich selber in Szene setzen muß." (Preußler 1998, S. 58 f.)

QUELLE: Otfried Preußler: Phantasie und Wirklichkeit. In: H. Pleticha (Hg.): Sagen Sie mal, Herr Preußler … Stuttgart: Thienemann 1998, S. 56–65. Zitiert nach: Kaspar H. Spinner: Literarisches Lernen. In: PRAXIS DEUTSCH, H. 200, S. 6–16, hier S. 8. Abrufbar unter: http://www.unioldenburg.de/fileadmin/user_upload/niederlandistik/download/Literatur/Spinner,Kaspar_H_Literarisches_Lernen.pdf; 30. 12. 2014

Stellen Sie sich also Schauplätze, Landschaften, Gegenstände und Figuren vor, denken Sie an Geräusche und Gerüche und versetzen Sie sich in Stimmungen.

Der folgende Text eignet sich besonders zur Bildung von Vorstellungen, weil ein Bild im Mittelpunkt steht.

Ü4 **Lesen Sie den folgenden Text. Vergleichen Sie Ihre Vorstellungen beim Lesen mit verschiedenen Schlachtengemälden. Suchen Sie im Internet z. B. nach folgenden Werken: Albrecht Altdorfer: Alexanderschlacht; Francisco Goya: Die Schrechnisse des Krieges; Pablo Picasso: Guernica.**

Günter Kunert: Das Bild der Schlacht am Isonzo

Auch der Maler war in der Schlacht gewesen; bald da-
2 nach fertigte er ein Gemälde an, auf dem er darstellte,
was er gesehen hatte: Im Vordergrund lagen Sterbende,
4 denen die Gedärme aus den aufgerissenen Leibern quol-
len, und Leichen, über die Pferde und Tanks wegge-
6 gangen, dass bloß blutiger Brei geblieben, geschmückt
mit Knochensplittern. Dahinter stürmten die Soldaten
8 der gegnerischen Heere aufeinander zu, in besudelten
Uniformen, angstverzerrt die Gesichter. Im Hinter-
10 grund, unterhalb des Befehlsstandes, waren Offiziere dabei, Weiber zu schwängern, Kognak zu saufen und die
12 Ausrüstung ganzer Kompanien für gutes Geld zu ver-
hökern.

14 Dies war das Bild, und es hing im Atelier des Malers, als
ein Besucher erschien, der sich porträtieren lassen wollte
16 und durch Wesen und Benehmen sich als alter General
zu erkennen gab. Er erschrak vor dem Bild.
18 So sei die Schlacht nie gewesen, rief er, das Bild lüge!
Sein blinzelnder Blick fuhr kreuz und quer das Werk ab
20 und entdeckte dabei hinter dem zerschmetterten Schädel eines Toten eine kleine Gestalt, die trommelnd und
22 singend und mit kühn verschobenem Helm aufs
Schlachtfeld lief. Dieses Detail kaufte der General, ließ es
24 aus dem Gemälde schneiden und einrahmen: Damit
künftige Generationen sich ein Bild machen könnten
26 von der großen Schlacht am Isonzo.

QUELLE: Günter Kunert: Tagträume in Berlin und andernorts. Kleine Prosa, Erzählungen, Aufsätze. München: Carl Hanser Verlag. 1972. Abrufbar unter: http://home.bn-ulm.de/~ulschrey/handl-prod-orient_lit-unt/sII-beisp_handl-prod-orient_lit-unt.pdf; 19. 12. 2014

Der Text von Günter Kunert ist eine Parabel, d. h. ein „Gleichnis mit selbständiger Handlung, in der eine Wahrheit durch einen Vorgang aus einem anderen Vorstellungsbereich anschaulich gemacht wird."

QUELLE: Ivo Braak: Poetik in Stichworten. Kiel: Hirt 1980, S. 38

Ü5   **Interpretieren Sie, welche Wahrheit durch diese Parabel anschaulich gemacht wird, indem Sie die unterschiedliche Wahrnehmung des Malers und des Generals untersuchen. Schreiben Sie 270 bis 330 Wörter.**

Der Zusammenhang zwischen Analysieren und Interpretieren

Man kann literarische Texte verstehen, auch wenn man sie vorher nicht analysiert hat. Dies ist besonders dann der Fall, wenn man es gewohnt ist, literarische Texte regelmäßig zu konsumieren. Wer immer wieder Prosatexte liest, Gedichte oder Liedtexte (lyrics) hört oder ins Theater geht, bekommt mit der Zeit Erfahrung, worauf man bei literarischen Texten achten kann und muss. Wenn Sie also sicher werden wollen im Umgang mit Literatur, dann sollten Sie Literatur immer wieder lesen, sehen, hören.

Das erste Verstehen eines Textes ist bereits eine erste Stufe der Interpretation. Für eine Textinterpretation im Rahmen der schriftlichen Reife- und Diplomprüfung müssen Sie mit einem Text aber weiterarbeiten:

Wenn Sie sich ein erstes Verständnis, eine erste Interpretation, aufgrund der Lektüre eines Textes erarbeitet haben, müssen Sie dieses Verständnis schriftlich festhalten. Dabei müssen Sie Ihr Verständnis anhand der inhaltlichen, formalen und sprachlichen Kennzeichen des Textes begründen. Manchmal hilft die Analyse dieser Kennzeichen bei der Erarbeitung einer Interpretation, manchmal gelangt man schon beim ersten Lesen zu einer Interpretationshypothese, dann braucht man die Analyse, um diese Hypothese zu bestätigen oder zu verwerfen (verifizieren oder falsifizieren).

Letztlich ist dieser Prozess Teil des so genannten *hermeneutischen Zirkels*, in dem sich die Interpretation abspielt: Die Teile eines Textes führen zu einer Vorstellung über die Gesamtbedeutung eines Textes, die Vorstellung über das Ganze wirkt zurück auf eine exaktere Vorstellung der Teile, was wiederum zur größerer Bewusstheit des Textganzen führt usw.

3.3.3 — Die Interpretation von epischen Texten

Die für die Erschließung epischer Texte notwendigen Analysekriterien finden Sie auf S. 46 f.

Lesen Sie den kurzen Prosatext „Die Beamten" (in Originalschreibung) von Peter Bichsel:

Peter Bichsel: Die Beamten (1964)

Um zwölf Uhr kommen sie aus dem Portal, jeder dem
2 nächsten die Tür haltend, alle in Mantel und Hut und
immer zur gleichen Zeit, immer um zwölf Uhr. Sie wün-
4 schen sich, gut zu speisen, sie grüssen sich, sie tragen alle
Hüte.
6 Und jetzt gehen sie schnell, denn die Strasse scheint ihnen verdächtig. Sie bewegen sich heimwärts und fürch-
8 ten, das Pult nicht geschlossen zu haben. Sie denken an
den nächsten Zahltag, an die Lotterie, an das Sporttoto,
10 an den Mantel für die Frau.
Beim Mittagessen fürchten sie sich vor dem Rückweg,
12 denn er scheint ihnen verdächtig, und sie lieben ihre Arbeit nicht, doch sie muss getan werden, weil Leute am
14 Schalter stehn. Dann ist ihnen nichts verdächtig, und ihr
Wissen freut sie, und sie geben es sparsam weiter. Sie ha-
16 ben Stempel und Formulare in ihrem Pult, und sie haben
Leute vor den Schaltern. Und es gibt Beamte, die Kinder
18 gern haben, und es gibt solche, die Rettichsalat lieben,
und einige gehn nach der Arbeit fischen, und wenn sie
20 rauchen, ziehen sie meist die parfümierten Tabake den
herberen vor, und es gibt auch Beamte, die keine Hüte
22 tragen.
Und um zwölf Uhr kommen sie alle aus dem Portal.

QUELLE: Peter Bichsel: Eigentlich möchte Frau Blum den Milchmann kennenlernen. Olten/Freiburg i. Br.: Walter 1964

Ü6
— Bilden Sie Vorstellungen (vgl. TIPP, S. 62) zum Titel. Halten Sie die Vorstellungen in einem Cluster fest.
— Suchen Sie über eine Suchmaschine Bilder zu den Stichwörtern „Beamte", „Beamtenwitze" u. Ä. Erstellen Sie aufgrund der Treffer eine Art Klischeeprofil der Berufsgruppe Beamte.
— Vergleichen Sie nun Ihr Cluster und die Klischeevorstellungen mit dem Text von Peter Bichsel und stellen Sie Gemeinsamkeiten und Unterschiede fest.
— Nennen Sie Parallelen bezüglich des Titels zum Text von Thomas Bernhard: Der Vorzugsschüler.
— Welche Analysekriterien für epische Texte (siehe S. 46 f.) sind für den Text „Die Beamten" relevant? Vergleichen Sie Ihr Ergebnis eventuell in Partnerarbeit.
— Nennen Sie drei sprachliche Merkmale des Textes und interpretieren Sie ihre jeweilige Funktion.

Sprachliches Muster	Aussagefunktion

— Die Struktur des Textes weist einen Rahmen auf: Der erste Satz beginnt: „Um zwölf Uhr kommen sie aus dem Portal [. . .]" Der letzte Satz lautet: „Und um zwölf Uhr kommen sie alle aus dem Portal." Deuten Sie Wirkung und Aussage dieses Rahmens.

— Zum Interpretieren gehört auch, dass man auf den ersten Blick Unverständliches, Unaufgelöstes bestimmt: Benennen Sie schriftlich die Inhalte, Aussagen, Phänomene des Textes, die Sie irritieren und die Sie vorerst nicht aufklären können.

— Formulieren Sie Deutungshypothesen zu folgenden Auffälligkeiten bzw. Irritationen:
  — Warum scheint den Beamten die Straße verdächtig?
  — Wieso geben sie ihr Wissen sparsam weiter?

Sie haben nun eine Menge Vorarbeit für eine Interpretation geleistet.
Lesen Sie nun den Text nochmals.

Schreibaufgabe

Ziehen Sie Ihre Aufzeichnungen heran und verfassen Sie eine Textinterpretation. Bearbeiten Sie dabei die folgenden Arbeitsaufträge:

AUFGABE

— Beschreiben Sie das Thema des Textes und die in ihm geschilderte Situation.
— Erläutern Sie Bauweise, sprachliche Gestaltung, inhaltliche Auffälligkeiten und die sich daraus ergebende Deutung des Textes.
— Setzen Sie sich mit der Sichtweise des Textes auseinander.

Schreiben Sie 405 bis 495 Wörter.
Markieren Sie Absätze mittels Leerzeilen

Eine Textinterpretation überarbeiten

Der Verfasser von „Die Beamten" heißt Peter Bichsel und er hat die Geschichte 1964 geschrieben. Sie handelt von den Beamten und ihrer Arbeit. In der Geschichte ist es Mittagspause und die Beamten gehen alle um zwölf Uhr aus dem Portal. Sie gehen also, um Mittag zu essen. Beim Mittagsessen fürchten sie sich alle vor dem Rückweg, weil sie ihre Arbeit nicht besonders lieben. Sie machen die Arbeit nur, weil sie getan werden muss.

Die Sprache ist einfach mit kurzen komprimierten Sätzen. Die Sätze geben viel Information über den Beamten, wie sie leben, arbeiten und denken aus der Perspektiv des Autors. Man darf nichts über die einzelne Person wissen, die als Beamter arbeitet. Stattdessen wird ein typisches Klischeebild der Beamten insgesamt vorgestellt.

Die Geschichte ist in immer gültigem Präsens geschrieben und die Aussage über die Beamten wirkt daher als allgemein gültig. Ein wichtiges Wort für die gesamte Geschichte ist „Bürokratie" und dazu kommen Schlüsselwörter wie „Alltag",

„verdächtig", und „sie". Das Gedicht hat auch spezifische Verben, die wichtig sind. Diese Verben verstärken die Rolle der Beamten als Menschen. Sie machen sozusagen die Beamten zu Menschen mit verschiedenen Gefühlen und Leben. Sonst könnte man glauben, dass der Autor von Maschinen redet. Wichtige Verben im Zusammenhang sind: „wünschen", „fürchten", „denken an", und „lieben".

Am Anfang und Ende der Geschichte ist ein Satz vorkommend, der den Text einrahmt: „um zwölf Uhr kommen sie alle aus dem Portal." Dieser Satz wirkt ungefähr als ein Symbol für den ewigen Kreislauf des Alltags eines Beamten. Auch eine Anapher kommt im Text vor. Das sieht man, weil es Übereinstimmung an den Anfängen der Sätze gibt; „Sie wünschen sich, gut zu speisen, sie grüssen sich, sie tragen alle Hüte." Eine Antithese ist eine direkte Konfrontation gegensätzlicher Begriffe oder Gedanken in einem Satz. Ein Beispiel dafür ist: „sie lieben ihre Arbeit nicht, doch sie muss getan werden."

Die Geschichte sieht die Beamten als Menschen, die immer denselben Tagesablauf haben. Sie machen ihre Arbeit aus Pflichtbewusstsein und nicht, weil sie ihnen große Freude macht. Obwohl es sie freut, wenn sie mehr wissen als die Leute vor den Schaltern. Es wird auch gezeigt, dass manche anders sind, weil sie Rettichsalat essen oder Hüte tragen. Die meisten Menschen haben wahrscheinlich eine ähnliche Vorstellung von Beamten wie Bichsel. Sie haben vielleicht auch schlechte Erfahrungen mit Beamten gemacht. Die Sichtweise auf die Beamten entspricht daher schon auch der Wahrheit, aber sicher nicht für alle Beamten. (398 Wörter)

QUELLE: Schülerinarbeit

Ü7
— Schritt 1: Aufgabenerfüllung aus inhaltlicher Sicht: Stellen Sie fest, welche Anforderungen der Aufgabenstellung erfüllt wurden und welche nicht. Markieren Sie treffende Aussagen.
— Schritt 2: Inhaltliche Ergänzungen zur Erfüllung der Aufgabenstellung: Ergänzen Sie notwendige Ausführungen.
— Schritt 3: Aufgabenerfüllung aus textstruktureller Sicht: Stellen Sie, wenn notwendig, Textpassagen um.
— Schritt 4: Aufgabenerfüllung in Bezug auf Stil und Ausdruck: Markieren Sie weniger angemessene Formulierungen. Nehmen Sie eine Überarbeitung dieser Formulierungen vor.

TIPP
Viele Schülerinnen und Schüler nützen Interpretationen, die sich zu vielen bekannten Texten im Internet finden. Ja, nützen Sie diese Arbeiten, daraus kann man auch lernen. Aber: Vielfach sind diese Interpretationen fehlerhaft, unvollständig, oberflächlich und sprachlich bedenklich. Machen Sie sich daher die Mühe und schreiben Sie zuerst einmal Ihren persönlichen Zugang. Das ist anstrengend, aber fruchtbringend. Ziehen Sie erst danach Texte aus dem Internet heran. Sie können nun Ideen aufgreifen und in Ihre Arbeit einbauen. Vergessen Sie aber nicht, die Quelle anzuführen, falls Sie Ausführungen wörtlich (Zitat) oder indirekt (Hinweis mittels vgl.) verwenden.

3.3.4 — Ein literarisches (Selbst-)Gespräch für die Interpretation nutzen

Das literarische Gespräch

In einem literarischen Gespräch diskutieren fünf bis sechs Teilnehmer/Teilnehmerinnen oder auch die ganze Klasse in einem Sitzkreis (z. B. 15 Minuten) über einen Text. Es geht darum, dass Sie als Teilnehmerin bzw. Teilnehmer sich an einen Text herantasten, indem Sie Ihre Assoziationen aussprechen, Fragen stellen, Vermutungen äußern, auf Auffälligkeiten hinweisen und auf die Äußerungen der Mitdiskutierenden reagieren. Sinn des literarischen Gesprächs ist nicht die Erarbeitung einer endgültigen und „richtigen" Interpretation, sondern auszuloten, auf welche unterschiedlichen Arten sich der Text auffassen lässt (die Literaturwissenschaft spricht von „Lesarten" eines Textes). Besonders wichtig ist, dass Sie auch artikulieren, was Ihnen an dem Texte nicht auflösbar scheint, was Sie irritiert. Ziel des literarischen Gesprächs ist auch, dass Sie sich darin üben, über literarische Text zu sprechen und dabei Ihre Gedanken und Gefühle äußern, gleichzeitig aber auch auf den Text konzentriert sind.

QUELLE: http://www.leseforum.ch/sysModules/obxLeseforum/Artikel/434/verstehen-und-nicht-verstehen-im-gespraech.pdf; 02. 01. 2015

Lesen Sie zuerst den kurzen Prosatext „Eine sehr kurze Geschichte" von Clemens J. Setz und anschließend das schriftlich festgehaltene literarische Gespräch über diesen Text.

Clemens J. Setz: Eine sehr kurze Geschichte (2012)

Nach einem langen und harten Arbeitstag im Büro stellte Lilly fest, dass auf ihren Schulterblättern kleine Flügel
gewachsen waren: schmutzig rosafarbene, verletzlich
wirkende Hautgebilde, die wie Gelsenstiche juckten und
sich von ihr mit einiger Willensanstrengung sogar ein
wenig hin und her bewegen ließen. Vor lauter Angst schnitt sich Lilly die Flügel mit einer Schere ab und spülte sie im Klo hinunter. Sie überlegte, ob sie vielleicht
nachwachsen würden, aber diese Sorge erwies sich als
unbegründet. Die Flügel kamen nie mehr wieder, egal,
wie lang und hart Lillys Arbeitstage auch waren, bis ans
Ende ihres kurzen Lebens.

QUELLE: Clemens J. Setz: Die Liebe zur Zeit des Mahlstädter Kindes. Frankfurt/Main: Suhrkamp 2012, S. 255.
Abrufbar unter: http://multiplyme.wordpress.com/2012/07/29/eine-sehr-kurze-geschichte-clemens-j-setz/; 30. 12. 2014

Das folgende literarische Gespräch wurde von fünf Studierenden durchgeführt:
— Wieso fällt Lilly „Nach einem langen und harten Arbeitstag" auf, dass ihr Flügel wachsen?
— *Das kann ja eine Auswirkung der harten Arbeit sein. Vielleicht wird sie krank von der harten Arbeit, und sie stirbt ja dann bald.*
— *Glaube ich nicht, Flügel sind doch etwas zum Wegfliegen. Also vielleicht wachsen ihr die Flügel, weil die Arbeit hart, uninteressiert oder sonst etwas in der Richtung ist. Mit den Flügeln kann sie der Arbeit vielleicht einmal entfliehen.*
— *Aber wieso schneidet sie sich die dann weg?*
— *Außerdem: die Flügel werden ja nicht positiv geschildert, die sind „schmutzig" und dann jucken sie wie Gelsenstiche.*
— *Ein schöner Schmetterling ist zuerst auch eine Raupe, die ist auch nicht unbedingt schön.*
— *Die will gar kein Schmetterling werden.*
— *Wofür könnten die Flügel denn dann stehen?*
— *Für die Regel, sie will nicht Frau werden, sie verweigert das, manche Mädchen enden dann in der Magersucht, die kann sogar tödlich enden: Am Ende steht, dass Lilly ein kurzes Leben hat.*
— *Nein, das passt nicht. Lilly ist dafür zu alt, die arbeitet schon im Büro.*
— *Vielleicht bekommt sie ein Kind, will es nicht, hat eine Fehlgeburt oder macht eine Abtreibung.*
— *Und später will sie ein Kind, bekommt aber keines mehr.*
— *Fast könnte man meinen, sie will dann doch wieder, dass die Flügel noch einmal wachsen, sie arbeitet total hart, aber egal wie hart, sie wachsen nicht; eigentlich schaut das so aus, als ob sie enttäuscht ist, dass sie nicht doch noch einmal wachsen. Vielleicht würde sie sie dann nicht mehr abschneiden, sondern wachsen lassen.*
— *Und sie stirbt daran, dass die Hoffnung enttäuscht wird, dass die Flügel doch noch einmal nachwachsen? Das glaube ich nicht.*
— *Und können die Flügel nicht einfach für Fantasie stehen? Sie könnte ausbrechen aus dem harten Büroalltag. Sie traut sich aber nicht. Sie hat Angst davor. Sie kann sich nur ihren Büroalltag vorstellen.*
— *Ja, vielleicht wird ihr ein höherer Posten angeboten. Sie fühlt sich aber überfordert.*
— *Fantasie? Vielleicht könnte sie sogar Dichterin werden. Sie schmeißt ihre Texte aber ins Klo.*
— *Die Frau ist fürs Leben einfach zu schwach. Nicht nur die Flügelansätze waren „verletzlich wirkend", sie ist insgesamt leicht verletzlich, zu sensibel. Sie zerbricht am Leben und stirbt.*
— *Und deshalb heißt die Geschichte „Eine sehr kurze Geschichte"?*
— *Außerdem ist es ja wirklich eine sehr kurze Geschichte.*
— *Aber wieso die Flügel jucken, hat noch niemand gesagt.*
— *Würde die Geschichte mit einem jungen Mann auch funktionieren?*
— ...

QUELLE: Aufzeichnungen aus einer Seminarstunde. Gekürzt und in Standardsprache wiedergegeben.

TIPP Nützen Sie z. B. für eine Textinterpretation im Rahmen einer Hausübung die Möglichkeit des literarischen Gesprächs. Setzen Sie sich mit einigen Kolleginnen und Kollegen zusammen und führen Sie ein 15-minütiges Gespräch. Notieren Sie dann die für eine schriftliche Interpretation relevanten Äußerungen. Halten Sie auch fest, was offen geblieben ist. Formulieren Sie die offenen Fragen auch in der Textinterpretation. Garantiert fällt Ihnen mit dieser Methode das Abfassen der Hausübung leichter und qualitätsvoll wird sie auch sein.

Ü8 — **Bringen Sie sich in das oben abgedruckte literarische Gespräch nachträglich ein, indem Sie ergänzen, antworten, neue Fragen stellen, Gegenargumente bringen etc.**
— **Versuchen Sie, für jede der im literarischen Gespräch geäußerten Meinungen einen Beleg im Text zu finden.**
— **Verfassen Sie die folgende Schreibaufgabe.**

Schreibaufgabe

Lesen Sie erneut den Text „Eine sehr kurze Geschichte" von Clemens J. Setz.

Verfassen Sie nun eine Textinterpretation und behandeln Sie dabei folgende Arbeitsaufträge:

AUFGABE

— Geben Sie die Situation des Textes wieder.
— Setzen Sie sich unter Heranziehung des literarischen Gesprächs mit den unterschiedlichen Interpretationsansätzen zu dem Text auseinander.
— Erläutern Sie Ihre Sichtweise des Textes

Schreiben Sie 540 bis 660 Wörter.
Markieren Sie Absätze mittels Leerzeilen.

TIPP

Die Kurzgeschichte „Das Schulfoto" des Autors Clemens J. Setz können Sie unter http://derstandard.at/ 1353208514903/Clemens-J-Setz-Das-Schulfoto (01. 02. 2014) nachlesen. Hier wird auch eine Art literarisches Gespräch geführt, und zwar durch die anschließenden Postings.

Ü9

— Verfassen Sie ein Posting zu Ihrer Meinung über die Kurzgeschichte „Das Schulfoto".
— Verfassen Sie eine Antwort auf eines der Postings von Leserinnen und Lesern.

Ein „literarisches Selbstgespräch" führen

Ü10

Erproben Sie eine Art „literarisches Selbstgespräch", indem Sie auf Ihre Fragen, Mutmaßungen, Feststellungen über einen literarischen Text mit Mutmaßungen, Gegenfragen, anderen Sichtweisen antworten. Nehmen Sie ihr Selbstgespräch digital auf (z. B. über Notebook, Smartphone …). Hören Sie sich Ihr Selbstgespräch an und bringen Sie Ihre Äußerungen in eine Mindmap.

Lesen Sie den Text „Für eine Zigarette 5 Minuten" von Paula Köhlmeier.

Paula Köhlmeier: Für eine Zigarette 5 Minuten

Ida sitzt kaugummikauend vor der Waschmaschine.
2 Wenn ihre Mutter nicht da ist, raucht sie Zigaretten. Wenn ihr Vater nicht da ist, raucht sie Joints. Wenn niemand da ist, kommt ihr Freund auf Besuch. Ida hört *The Doors* und reißt beim Lachen den Mund weit auf.

6 Sie möchte nach Afrika, hier ist es ihr zu kalt.
Niemand würde mehr Zigaretten rauchen, wenn die
8 Mutter weg ist.
Niemand würde kiffen, wenn der Vater weg ist.
10 Der Freund würde sowieso nicht mehr kommen.
Sie würde aufstehen, die Wäsche aus der Maschine
12 nehmen, sie in einen Rucksack packen, den Kaugummi aus dem Fenster spucken, die Schuhe anziehen und ge-
14 hen.
Später würde sie eine Karte aus Afrika schreiben.
16 Die Eltern würden lesen: Ich komme wieder, wenn es warm wird.

18 Die Mutter würde die Karte an den Kühlschrank kleben und Erbsen aus dem Eisfach holen.
20 Ida würde Sprachen lernen und die Wäsche in Waschsalons waschen.
22 Sie würde in Afrika vor der Waschmaschine sitzen und Kaugummi kauen.
24 Sie würde den Kaugummi gegen eine Zigarette eintauschen und die Wäsche in den Rucksack packen.
26 Sie würde jemanden kennenlernen.
Sie würde eine zweite Karte an ihre Eltern schreiben: Ich
28 komme wieder, wenn es warm wird.
Ida sitzt kaugummikauend vor der Waschmaschine.
30 Die Mutter kommt in fünf Minuten.
Ida braucht fünf Minuten für eine Zigarette.
32 Ida sitzt zigarettenrauchend vor der Waschmaschine.

QUELLE: Paula Köhlmeier: Maramba. Wien: Zsolnay 2005, S. 93 f.

Ü11

— Führen Sie ein „literarisches Selbstgespräch" über diesen Text und zeichnen Sie dieses über ein Smartphone auf.
— Hören Sie sich Ihr Selbstgespräch an und tragen Sie Ihre Bemerkungen in Form von Stichwörtern in folgende Tabelle ein:

Inhalt	Textsorte, Struktur	Erzählform	Figur	Sprache	Interpretations-hypothese(n)

Schreibaufgabe

AUFGABE

— Beschreiben Sie Idas Situation.
— Setzen Sie die Struktur und Sprache des Textes mit Idas Befindlichkeit in Beziehung.
— Setzen Sie sich abschließend mit der Interpretationshypothese auseinander, dass Ida nicht weggehen wird.

Schreiben Sie zwischen 405 und 495 Wörter.
Markieren Sie Absätze mittels Leerzeilen.

Schreibaufgabe (Hausübung oder Schularbeit)

Verfassen Sie eine Textinterpretation.

Situation: Die Tageszeitung „DER STANDARD" und der Hörfunksender „Ö1" haben dieses Jahr einen Wettbewerb um den Rimbaud-Preis veranstaltet. Jugendliche bis 19 Jahre konnten einen literarischen Text einsenden, die Leser/Leserinnen konnten per Kupon oder E-Mail für den ihrer Meinung nach besten Text votieren.

Gleichzeitig mit der Veröffentlichung der Texte im „STANDARD" wurden auf derselben Seite Besprechungen und Interpretationen dieser Texte durch bekannte „Literatur-Experten" abgedruckt.

Im Falle des vorliegenden Textes werden nun Sie als jugendliche Leserin/jugendlicher Leser gebeten, eine Besprechung des vorliegenden Textes auf Grundlage einer Interpretation zu erstellen.

Lesen Sie den Text „Grenzenlos" von Patrick Kovacs.

Verfassen Sie nun die Textinterpretation und bearbeiten Sie dabei folgende Arbeitsaufträge:

AUFGABE

— Geben Sie einen Überblick über Inhalt, Thema und Motiv(e) des Textes.
— Analysieren Sie die sprachlichen Besonderheiten des Textes.
— Verfassen Sie eine mögliche Interpretation.
— Beurteilen Sie die literarische Qualität des Textes.

Schreiben Sie 540 bis 660 Wörter.
Markieren Sie die Absätze durch Leerzeilen.

Lesen Sie den folgenden Text aus der Tageszeitung „Der Standard" vom 02. 12. 2000:

Patrick Kovacs: Grenzenlos (2000)

2 Der Geruch von altem Schweiß. Der Geruch der Wonne. Der Geruch des Anstaltshofes. Diese waren leicht zu merken.

4 Da saß er nun. rauchte sein Päckchen Zigaretten
6 leer und blickte mit seinen kleinen Schweinsäuglein durch die ölige Scheibe. Den Wind, der durch sein zerzaustes Haar fährt, den Regen, der
8 auf seine salzige Haut pocht, wollte er spüren. Noch so lange. Zu lange. Große Ängste hatte er
10 ausgestanden. Die Wiesen. Sie waren schön. Es tat ihm um nichts leid, er vermisste keinen, und ihn
12 vermisste auch niemand. Aber die Wiesen. Mensch, die Wiesen.
14 Natürlich hatte er die Wiese auch im Hof. Aber es war nicht dieselbe Wiese. Mit der anderen Wiese,
16 seiner Wiese, konnte er sprechen. Er führte mit ihr sehr vielseitige Gespräche. Er lag in ihr, in der grü-
18 nen Woge, welche ihn verschlang, und sprach mit ihr über das Wetter. Wie es ihr ergehe, ihre Sorgen
20 und Probleme. Aber sie unterhielten sich auch über Hungersnöte, Kriege. Die Wiese verstand ihn.
22 Aber diese hier? Anfangs hatte er versucht, mit ihr zu sprechen.
24 Sprach sogar im selben Dialekt wie mit der anderen, seiner Wiese. Vergebens. Also blickte er nur
26 mehr gegen die Betonmauer, die ja gar keine war,

28 sondern grenzenlose Ferne. So blickte er auf die Felder und Wiesen, welche nie aufhörten, und
30 sprach nicht. Keine einzige Silbe. Die Schachtel Zigaretten war leer. Was tun? Wohin?

Stumm und schwerfällig trottete er umher. Zer-
32 stampfte die Wanzen, Flöhe und Kakerlaken, verwischte ihre Eingeweide quer über dem Zimmer-
34 boden, freute sich am Zerkrachen ihrer Köpfe, horchte und hoffte.
36 Hoffte auf den gleichmäßigen, stechenden Schritt des Wärters, das Rasseln des Schlüsselbundes im
38 Türschloß. Seinem Schloß. Das Schloß seiner Tür. Seines Raumes. Seiner Welt.
40 Die Hoffnung, aus der kleinen abgeriegelten Welt in die größere Abgeschiedenheit zu gelangen. Die-
42 ses Überschreiten der Grenzen, der Demarkationslinie zwischen diesen Welten, schien ihm so un-
44 heimlich spannend, bewegend und weitläufig. So groß war der Hof, in den er gehen würde, so
46 groß, so weit, so unerreicht. Was waren Kontinente, Berge, Seen, Wälder im Gegensatz zu diesem
48 prächtigen; ganz flächig betonierten Hof… Der Regen trommelte heftig gegen das Fenster. Am
50 liebsten wäre er jetzt ein Fenster. Ein großes. mit sauberen Scheiben, die funkeln. Ja, ein Fenster.

QUELLE: Der Standard, 02. 12. 2000

Kommentierung der Aufgabe

Dimension *Aufgabenerfüllung aus inhaltlicher Sicht*
— Geben Sie einen Überblick über Inhalt, Thema und Motiv(e) des Textes:
— Ein Jugendlicher ist in einer Anstaltszelle (Gefängnis? Psychiatrische Klinik?) eingeschlossen. Er sehnt sich nach der freien Natur, insbesondere nach (s)einer Wiese, mit der er sogar sprechen konnte. Zwar gibt es im (Anstalts-)Hof auch eine Wiese, aber die versteht ihn nicht. Zum Zeitpunkt der Geschichte ist der Jugendliche in seinem Zimmer (seiner Zelle?) eingesperrt, so dass ihm der Hof schon genügen würde und die ganze Welt bedeutete. Da er nicht ins Freie/in die Freiheit kann, wünscht er sich gegen Ende, wenigstens das Fenster zu sein, so könnte er zumindest den Wind und den Regen spüren.

— Analysieren Sie die sprachlichen Besonderheiten des Textes:
Überwiegend kurze Sätze, viele Ellipsen, direkter Einstieg (in medias res) in den Text durch drei anaphorische eingeleitete Ellipsen. Mitunter auch Einwortsätze: „Vergebens." Elliptische Fragen aus der Sicht des Jugendlichen: „Was tun? Wohin?". Kurze Passagen des Erzählerberichts wechseln mit längeren Passagen des personalen Erzählers, der uns in die Innensicht des Jugendlichen führt. Lakonischen Stil, der auf die Hoffnungslosigkeit des jugendlichen Insassen hinweist. Etliche Alliterationen und mehrmals Einsatz eines Trikolons. Verstärkung der Aussage und Wirkung durch das Stilmittel der Wiederaufnahme: „[…] das Rasseln des Schlüsselbundes im Türschloß. Seinem Schloß. Das Schloß seiner Tür. Seines Raumes. Seiner Welt." Hier in Verbindung mit einem Trikolon und mit einer Klimax der Öffnung nach außen (Türschloss – Tür – Raum – Welt). Damit Verstärkung der Hoffnung – aber auch der darauffolgenden Verzweiflung. Am Ende Konjunktiv II als Konjunktiv der Nichtwirklichkeit.

— Verfassen Sie eine mögliche Interpretation:
Ein Jugendlicher ist eingesperrt. Die Gründe können nur vermutet, also interpretiert werden. Vielleicht ist er

unfähig mit Menschen sozial verträglich zu kommunizieren, unterhalten kann er sich nur mit der Natur bzw. einer Wiese, dort fühlt er sich aufgehoben wie in einer „grünen Woge", vielleicht ist diese Kommunikationsunfähigkeit kombiniert mit Neigung zur Gewalt, wie das sadistisch-genüssliche Vernichtungsritual des Ungeziefers zeigt. Letztlich zeigt der Text aber die Verzweiflung, die aus der Situation des Eingesperrtseins hervorgeht, die Qual, die zu Zerstörung (Ungeziefer) und Selbstzerstörung (Kettenrauchen) führt. Die Sehnsucht nach Freiheit bzw. dem Freien ist „grenzenlos". Der Abstumpfung durch das Eingesperrtsein wird der Drang nach Spüren, nach Berührung (durch Wind und Regen symbolisiert) gegenübergestellt.

— Beurteilen Sie die literarische Qualität des Textes:
Für einen jugendlichen Verfasser guter Einsatz von sprachlichen Bildern (Wiese, Ungeziefer, Schloss, Fenster …), geschickter Einsatz des personalen Erzählers, eine die Situation unterstützende Sprachführung; die Geschichte passiert nicht auf der Oberfläche, sondern muss durch die Auflösung der Bilder erschlossen werden. Als Schwäche könnte die allzu große Häufung an stilistischen Mitteln angeführt werden und die Neigung zum Pleonasmus (kleine Äuglein, trommelte heftig).

3.3.5 — Die Interpretation von lyrischen Texten

Die für die Erschließung lyrischer Texte notwendigen Analysekriterien finden Sie auf S. 49.

Lesen Sie die folgenden Gedichte von Johann Wolfgang von Goethe, Joseph von Eichendorff und Ulla Hahn.

Johann Wolfgang von Goethe:
Der König in Thule[1] (1774)

Es war ein König in Thule,
Gar treu bis an das Grab,
Dem sterbend seine Buhle[2]
4 Einen goldnen Becher gab.

Es ging ihm nichts darüber,
6 Er leert' ihn jeden Schmaus[3];
Die Augen gingen ihm über,
8 So oft er trank daraus.

Und als er kam zu sterben,
10 Zählt' er seine Städt' im Reich,
Gönnt' alles seinen Erben,
12 Den Becher nicht zugleich.

Er saß beim Königsmahle,
14 Die Ritter um ihn her,
Auf hohem Vätersaale,
16 Dort auf dem Schloß am Meer.

Dort stand der alte Zecher[4],
18 Trank letzte Lebensglut,
Und warf den heil'gen Becher
20 Hinunter in die Flut.

Er sah ihn stürzen, trinken
22 Und sinken tief ins Meer,
Die Augen täten ihm sinken,
24 Trank nie einen Tropfen mehr.

[1] Thule: sagenhafte Insel in der antiken Mythologie
[2] Buhle: Geliebte (vgl. die Buhlschaft in Hofmannsthals „Jedermann")
[3] Schmaus: ein gutes, reichliches Essen
[4] Zecher: jemand, der trinkt
QUELLE: Johann Wolfgang von Goethe: Werke. Jubiläumsausgabe. Hg. v. Friedmar Apel u. a. Darmstadt: Wissenschaftliche Buchgesellschaft 1998, Bd. 1, S. 116 f.

Joseph von Eichendorff:
Das zerbrochene Ringlein (1813)

In einem kühlen Grunde
2 Da geht ein Mühlenrad,
Mein' Liebste ist verschwunden,
4 Die dort gewohnet hat.

Sie hat mir Treu versprochen,
6 Gab mir ein'n Ring dabei,
Sie hat die Treu gebrochen,
8 Mein Ringlein sprang entzwei.

Ich möcht als Spielmann reisen
10 Weit in die Welt hinaus
Und singen meine Weisen
12 Und gehn von Haus zu Haus.

Ich möcht als Reiter fliegen
14 Wohl in die blutge Schlacht,
Um stille Feuer liegen
16 Im Feld bei dunkler Nacht.

Hör ich das Mühlrad gehen:
18 Ich weiß nicht, was ich will –
Ich möcht am liebsten sterben,
20 Da wär's auf einmal still!

QUELLE: Otto Conrady (Hg.): Lauter Lyrik. Der Kleine Conrady. Eine Sammlung deutscher Gedichte. Düsseldorf: Artemis & Winkler 2008, S. 237

Ulla Hahn:
Verzeihung (1993)

Ich verzeihe mir
2 jede Sekunde die ich
um dich geweint
4 alle Tage Monate Jahre
des Wartens das dich
6 gemeint

Ich verzeihe mir
8 jede Lüge jede
Täuschung die mich von dir
10 entfernte ich glaubte aber
ich näherte mich dir

12 Ich verzeihe mir
dich ich werde nichts
14 verloren geben ich gebe
dir was ich will
16 zurück was ich nicht will
Ich lebe.

QUELLE: Hahn, Ulla: Liebesgedichte. Stuttgart: DVA 1993

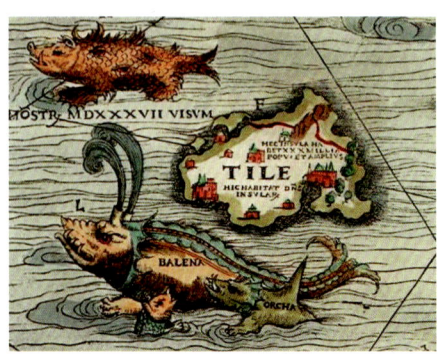

Schritte zur Gedichtinterpretation

1. Schritt: Sicherung des Inhalts: Handlung, Situation, Thema, Motiv, Stoff

Der erste Schritt zu einer gelungenen Gedichtinterpretation ist, sich ein grundlegendes Verständnis des Inhalts zu erarbeiten. Gedichte stellen dabei besondere Ansprüche, weil sie – bis auf Balladen – kaum eine Handlung aufweisen, sondern eher eine Momentaufnahme darstellen.
Während Epik etwas erzählt und in einen Film übertragen werden kann, verdichtet das Gedicht Gedanken, Gefühle, Situationen, ja mitunter die ganze Welt auf ein Bild.
Tatsächlich lässt sich ein *Inhalt* in Form einer *Handlung* nur für das Gedicht von Goethe wiedergeben. Aber auch hier müssen Sie eventuell bestimmte Begriffe oder sprachliche Muster klären.

Besonders lyrische Sprache greift oft auf ältere Sprachformen zurück und nimmt sich auch Freiheiten in der Grammatik heraus.

— Wortschatz: Lyrik verwendet oft ältere und stilistisch hochstehende Begriffe und Wendungen: *Buhle* statt *Geliebter, Freundin*; *Schmaus, Mahl* statt *Essen*; *ihm sinken die Augen* statt *er stirbt* … Veraltete oder kaum gebräuchliche Ausdrücke werden bei der SRDP im Rahmen der Aufgabenstellung angeführt. Sehr oft finden Sie diese Begriffe, wie z.B. *Schmaus* oder *Zecher*, auch im Österreichischen Wörterbuch. Schlagen Sie im Zweifel also nach.

— Wortbildung: Der Vokal *e* kann in bestimmten grammatikalischen Formen weggelassen werden; meist wird dies durch ein Auslassungszeichen angezeigt: *Städt'* statt *Städte*; *gold'nen* statt *goldenen*; *zählt'* statt *zählte* … Ebenso kann in der Nachsilbe *-ig* das *i* weggelassen werden: *blutge Schlacht* … Andererseits erhalten Nomen im Dativ Singular die früher oft gebrauchte Endung *-e*: *am Brunnen vor dem Tore*; *beim Mahle, im Saale, in einem kühlen Grunde* … Ebenso tauchen besonders in älteren Gedichten Verbformen mit einem zusätzlichen *-e* auf: *er trinket* statt *trinkt*; *sie hat gewohnet* statt *gewohnt* …

— Satzgrammatik: Im Perfekt wird oft das Hilfszeitwort im Gliedsatz, wo es an letzter Stelle steht, weggelassen: *Ich verzeihe mir jede Sekunde, die ich um dich geweint* statt *… geweint habe.* Manchmal wird die übliche Wortstellung im Satz umgedreht (= Inversion), dies kann zur Hervorhebung des Umgestellten dienen: *Die Augen gingen ihm über, so oft er trank daraus* statt *… so oft er daraus trank*; oder: *Ich möcht' als Spielmann reisen weit in die Welt hinaus* statt *Ich möchte als Spielmann weit in die Welt hinaus reisen*.

Ü12 **Kreuzen Sie die jeweils zutreffende Antwort an.**

	König in Thule	Ring-lein	Verzei-hung
Dieses Gedicht erzählt am ehesten eine Geschichte.	X		
Dieses Gedicht erzählt zumindest eine Vorgeschichte.		X	
In diesem Gedicht kann die Vorgeschichte nur indirekt erschlossen werden.			X

Geben Sie den Inhalt des Gedichts „Der König in Thule" von Johann Wolfgang von Goethe wieder.

Zu klären sind vielleicht noch die Wendungen „Die Augen gingen ihm über" (der König weint) sowie „Die Augen täten ihm sinken" (Der König schließt seine Augen, er stirbt). Weiters müssen Sie Zusammenhänge richtig herstellen: In der ersten Strophe ist auf den ersten Blick nicht klar, wer stirbt – der König oder seine Geliebte. Erst wenn man weiterliest, wird einem klar, dass der König noch lebt, seine Geliebte aber nicht mehr da ist.

Die Dichtheit der Sprache zeigt sich auch in Zusammensetzungen wie „Vätersaale": der Saal, in dem schon die Väter, also die Vorfahren saßen und tafelten.

TIPP Wenn sich der Inhalt eines Gedichts nicht leicht erschließt, kann es helfen, wenn man den Text in übliche schriftliche Standardsprache und in Prosatextzeilen überträgt. Beispiel für die ersten beiden Strophen:

In Thule gab es einen König, der bis zu seinem Tod treu war. Als seine Geliebte starb, gab sie ihm einen goldenen Becher. Es gab für ihn nichts, was über dem Becher stand, und bei jedem Essen trank er daraus; und jedes Mal, wenn er daraus trank, musste er weinen.

Ü13 Übertragen Sie die restlichen Strophen in Standardsprache. Fassen Sie dann den Inhalt des Gedichts kurz in ein bis zwei Einleitungssätzen zusammen.

Auch in den Gedichten von Eichendorff und Hahn kann man den Inhalt festhalten, aber man kann keine oder kaum eine Handlung nacherzählen.

Ü14 Beschreiben Sie die *Situation*, in der sich das lyrische Ich in Eichendorffs Gedicht „Das zerbrochene Ringlein" befindet. Beschreiben Sie die *Situation*, in der sich das lyrische Ich in Hahns Gedicht „Verzeihung" befindet.

Sprache: Bilder /Stilmittel /rhetorische Figuren

2. Schritt: Die sprachlichen Bilder, das semantische Feld und ihre Bedeutung erschließen

Die sprachlichen Bilder

In vielen Gedichten kann man nur schwer konkrete Inhalte feststellen. Man muss in ihnen dem lyrischen Ich, seinen Eindrücken, Stimmungen, Gedanken und seiner Stellung zur Welt folgen. Diese Eindrücke werden im Gedicht auf sehr engem Raum wiedergegeben. Der Verdichtung des Inhalts entspricht also die Verdichtung der Sprache. Sie ist meist dichter als in anderen Textsorten. Das bedeutet, die Wörter und Worte weisen eine besonders hohe Bildlichkeit auf: Sie fordern die Lesenden zur Assoziation, zur Aktivierung von Konnotationen und Mehrdeutigkeiten auf und zum Nachdenken über Begriffe, die nicht wortwörtlich zu verstehen sind, sondern die eine Bedeutung über den Wortsinn hinaus aufweisen. Wichtige Formen der Bildlichkeit sind:

— Die Metapher = bildhafter Vergleich: „Schwächer trifft der Sonnenpfeil" (Detlev von Liliencron: Herbst) für: die Sonnenstrahlen werden milder.
— Das Symbol = Zeichen, das auf eine abstrakte Vorstellung verweist: Waage für Gerechtigkeit.
— Die Metonymie = Vertauschung; Ersetzung eines Begriffs durch einen damit in Zusammenhang stehenden: der Stahl für Dolch; den neuesten Handke lesen statt das neueste Buch von Handke lesen.
— Die Personifikation = Vermenschlichung von Dingen, Pflanzen, Tieren: „Gelassen stieg die Nacht ans Land" (Eduard Mörike: Um Mitternacht) für: Langsam wurde es Nacht, wurde es dunkel.
— Die Allegorie = Bildhafte Darstellung eines Gedankens oder abstrakten Begriffs: z. B. der Sensenmann für den Tod.
— Das Wortspiel = durch Vertauschung und Verdrehung in und von Wörtern wird Mehrdeutigkeit erzeugt: „manche meinen / lechts und rinks / kann man nicht / velwechsern. / werch ein illtum!" (Ernst Jandl: lich-tung)
— Die Konnotation = mitschwingende Bedeutung: Der Begriff *Nacht* meint die Zeitspanne zwischen Sonnen-untergang und Sonnenaufgang; mit dem Begriff können je nach Zusammenhang Zustände wie *Stille* und *Frieden* (z. B. in romantischen Gedichten) verbunden sein oder Gefühle wie *Angst, Verbrechen, Wahnsinn, Umnachtung, Tod* (wie in Shakespeares Tragödie „Hamlet" oder in Werwolf-Filmen) verbunden sein.
— Darüber hinaus gibt es noch viele weitere Stilmittel, die diese Bildlichkeit und auch die Eindringlichkeit dieser Bilder verstärken.

Die Auflösung, d. h. Erklärung dieser Bilder ist oft ein wichtiger und manchmal sogar der entscheidende Schritt zu einer Gedichtinterpretation.

Allegorie und Symbol

Justitia als Allegorie des Rechts. Ihre Augenbinde ist das Symbol für ihre Unpar-teilichkeit, das Schwert ist das Symbol für die Durchsetzung des Rechts und die Waage symbolisiert die Abwägung der Sachverhalte.

Ü15 Erklären Sie folgende Symbole in Goethes Gedicht:

goldener Becher:

_____

Er leert' ihn jeden Schmaus:

_____

Und warf den heiligen Becher / Hinunter in die Flut:

_____

— Deuten Sie die Symbolik der 3. Strophe („nicht zugleich" meint hier: nicht so wie die Städte und alles andere):

> Und als er kam zu sterben,
> Zählt' er seine Städt' im Reich,
> Gönnt' alles seinen Erben,
> Den Becher nicht zugleich.

— Markieren Sie die sprachlichen Bilder in Eichendorffs Gedicht und erklären Sie ihre Bedeutung.
— Erschließen Sie die Stimmung, das Gefühl des lyrischen Ich in der 4. Strophe. Erläutern Sie, warum das lyrische Ich die darin geäußerte Vorstellung als erstrebenswert ansieht. Erörtern Sie, inwieweit diese Situation mit der jener (männlichen) Jugendlicher vergleichbar ist, die heutzutage den Drang verspüren, in einen Krieg zu ziehen.

> Ich möcht als Reiter fliegen
> Wohl in die blutge Schlacht,
> Um stille Feuer liegen
> Im Feld bei dunkler Nacht.

Das semantische Feld
Durch die Erschließung des semantischen Feldes kann man Zusammenhänge und Gegensätze sichtbar machen und so die Stimmung des lyrischen Ich und sein Verhältnis zur Welt aufdecken:
Mit gleicher Farbe markierte Begriffe bilden Gegensatzpaare: verschwunden – gewohnt; versprochen – gebrochen; einen (Verlobungs- oder Hochzeits-)Ring überreichen – Ring springt entzwei (sprachliches Bild für das gebrochene Treueversprechen); liegen – fliegen; Bewegung des Mühlrads (gehen) – Stillstand (still) aufgrund des erwünschten Todes (sterben).
Mit gleicher Farbe geschriebene Begriffe werden wiederholt oder gehören von der Bedeutung (semantisch) zusammen, sie bilden ein semantisches Feld: der Gang des Mühlenrads; der Spielmann, der Weisen (= Lieder) singt; Reiter, Schlacht, Feuer und Feld; der Gang des Mühlrads; die Liebste, am liebsten; kühler Grund, sterben, still. Die fett unterstrichenen Verszeilen „Ich möchte als Spielmann reisen" und „Ich möchte als Reiter fliegen" münden in der Feststellung: „Ich weiß nicht was ich will" und in dem Resultat: „Ich möchte am liebsten sterben".

In einem kühlen Grunde
Da geht ein Mühlenrad,
Mein' Liebste ist verschwunden,
Die dort gewohnt hat.

Sie hat mir Treu versprochen,
Gab mir ein'n Ring dabei,
Sie hat die Treu gebrochen,
Mein Ringlein sprang entzwei.

Ich möcht als Spielmann reisen
Weit in die Welt hinaus
Und singen meine Weisen
Und gehn von Haus zu Haus.

Ich möcht als Reiter fliegen
Wohl in die blut'ge Schlacht,
Um stille Feuer liegen
Im Feld bei dunkler Nacht.

Hör ich das Mühlrad gehen:
Ich weiß nicht, was ich will –
Ich möcht am liebsten sterben,
Da wär's auf einmal still!

Ü16 Interpretieren Sie nun das Gedicht, indem Sie das semantische Feld nützen.
— Vergleichen Sie dazu die gleiche und doch unterschiedliche Situation in der ersten und in der letzten Strophe.
— Überlegen Sie dabei, welche Bedeutung der kühle Grund (Mühlen liegen an einem Bach in einem tiefer liegenden Gelände (= Grund, wo es feucht und kühl ist) in Verbindung mit den letzten zwei Verszeilen (sterben, still) annehmen kann.
— Untersuchen Sie auch die Beziehung der Wörter, die sich reimen, zueinander.

3. Schritt: Die formalen Auffälligkeiten für die Interpretation nutzen

Die Sprache eines Gedichts wird für das Lesen und Sprechen in ganz eigene Formen gebracht: in Strophen, in Verszeilen, in Reime, in ein Metrum, in einen bestimmten Rhythmus und in bestimmte Klangbilder. Auch dies soll zur Aktivierung oder Verstärkung von Vorstellungen bei den Lesenden führen.

So ist in Eichendorffs Gedicht auffällig, dass die erste und die letzte Strophe sehr ähnlich sind, dass das Mühl(en)rad sich am Anfang und am Ende dreht, dass also die erste und letzte Strophe einen Rahmen bilden. Das lyrische Ich erträgt anscheinend nicht, dass seine Liebste, die in der Mühle gewohnt hat, zwar verschwunden ist, aber das Mühlrad sich noch immer dreht. Das Beständige ist also nicht die Liebe, sondern der Kreislauf des Mühlrads. Wollte man ein Wortspiel anbringen, könnte man sagen, das lyrische Ich ist am Ende angesichts des sich noch immer drehenden Mühlrads in Gefahr durchzudrehen.

Gedichtinterpretationen verlangen auch eine Analyse der Formelemente. Eine Analyse des Gedichts „Der König in Thule" ergibt folgendes Ergebnis: sechs *Strophen*, pro Strophe vier *Verszeilen*, pro Verszeile drei *Senkungen* und *Hebungen* = Jambus (die Zeilen 1, 7, 19, 23, 24 beinhalten eine zusätzliche Senkung). Diese Form der Strophe wird *Volksliedstrophe* genannt.

Analyse und Interpretation von Gedichten verlangen die notwendigen Fachbegriffe und ihre Verbindung mit entsprechenden Verben bzw. Fügungen. Die folgende Liste umfasst Beispiele für Wendungen, die immer wieder eingesetzt werden:
Das Gedicht hat den Titel / trägt den Titel / ist mit dem Titel „…" überschrieben / Der Autor hat dem Gedicht den Titel „…" gegeben.
Das Gedicht besteht aus sechs Strophen / weist sechs Strophen gleicher Länge auf / umfasst fünf gleich lange Strophen / setzt sich aus drei unterschiedlich langen Strophen zusammen …
Die fünfzeilige Strophe wird durch eine Verszeile abgeschlossen, die aus einem einzigen Wort besteht / gebildet wird.
Die Form des Gedichts ist regelmäßig. Es besteht aus fünf Strophen zu je vier Verszeilen mit jeweils drei Hebungen.
Das Gedicht verwendet durchgängig den Jambus.
Die Zeilen 14, 16, 22 und 24 enden auf den gleichen Reim.
Das Ende jeder Verszeile fällt mit dem Ende eines Satzes oder Teilsatzes zusammen, es liegt also Zeilenstil vor.
Das Gedicht ist durch Enjambement geprägt.
Jede Strophe ist in Form des Kreuzreims gestaltet, wobei a immer weiblich, b immer männlich endet.
Das jambische Versmaß wird in den Zeilen 1, 7, 19, 23 und 24 durchbrochen. In diesen Zeilen findet sich eine zusätzlich unbetonte Silbe.
Der Autor verwendet das Bild des Mühlrads für / um …
Die Assonanzen mittels t-Laut unterstreichen das Thema des Todes.
Die erste Strophe ist durch die Assonanz des Vokals a geprägt / dominiert / beherrscht.
In der Eingangsstrophe … / In der Schlussstrophe / In der Endstrophe / In der abschließenden Strophe / In der Schlusszeile / Im letzten Vers / In der letzten Verszeile …
An dieser Stelle / Im dritten Vers / Gleich zu Beginn der ersten Strophe / Mit dem ersten Wort tritt das lyrische Ich explizit ins Gedicht.
Das lyrische Ich ist in diesem Gedicht abwesend / tritt nicht in Erscheinung …
Das lyrische Ich wendet sich an ein Du.
Jede Strophe wird mit der anaphorischen Formel „Ich verzeihe mir" eingeleitet / eröffnet / begonnen.

Ü17 Ordnen Sie diese Aussagen dem jeweiligen Gedicht zu.

Für eine Interpretation ist allerdings die Aufzählung formaler Elemente zu wenig. Man muss darüber hinaus darauf achten, ob einzelne dieser Elemente eine besondere Bedeutung für die Interpretation haben können. So kann man darauf achten, ob das Tempo des Rhythmus in einem Gedicht eine Rolle spielt, ob sich das Tempo ändert, ob das Versmaß an wichtigen Stellen durchbrochen wird usw.
In Goethes Gedicht „Der König in Thule" sind Inhalt, Sprache und Form besonders gut verbunden:
Der Volksliedvers gilt als schlicht, eingängig und einprägsam. Es wird uns also eine schlichte Geschichte erzählt.

Das zeigt auch die erste Verszeile: Sie beginnt fast wie ein Märchen. (Während aber die Märchenformel „Es war einmal" (z. B. ein König) sehr unbestimmt ist, gibt es hier einen konkreten König und einen konkreten Ort – auch wenn dieser sagenhaft ist –, nämlich Thule.)

Einen Blick muss man auch auf die Reimwörter werfen: So reimen sich der „König von Thule" und die „Buhle", die Verbundenheit der beiden durch ihre Liebe wird auch durch die Reimbindung ausgedrückt. Nachdem die Buhle gestorben ist, bleibt dem König nur mehr der Becher seiner Buhle: Es reimen sich der König als „Zecher" und „Becher", und bei jedem „Schmaus" trank er „daraus", der Becher ist alles, was er von der Liebe noch hat, es geht ihm nichts „darüber" und jedesmal, wenn er daraus trinkt, gehen ihm die Augen „über" … Für ihn ist sein ganzes „Reich" nicht dem Becher „[…]gleich". Und am Ende folgt dem letzten Feuer, das noch im Becher wie im König ist („Lebensglut"), das Ende: Der König stirbt, und der Becher versinkt in der „Flut".

Auffällig sind auch Übereinstimmungen von Lauten (= Assonanz): Hier zeigt sich die Verbundenheit von **B**uhle und **B**echer. Und als der König dem **T**od nahe ist, ergibt sich eine Häufung des Konsonanten **t**:

Dor**t** s**t**and der al**t**e **Z**echer,	Er sah ihn s**t**ürzen, **t**rinken
Trank le**tz**te Lebensglu**t**,	Und sinken **t**ief ins Meer,
Und warf den heiligen Becher	Die Augen **t**ä**t**en ihm sinken,
Hinun**t**er in die Flu**t**.	**T**rank nie einen **T**ropfen mehr.

 Bestimmen Sie Assonanzen im Gedicht „Das zerbrochene Ringlein".

Wie entscheidend die Anordnung der Verszeilen besonders für moderne Gedichte ist, zeigt das Gedicht „Verzeihung" von Ulla Hahn. Besonders deutlich wird dies, wenn wir die Strophen nebeneinander anordnen:

Ich verzeihe mir	Ich verzeihe mir	12 Ich verzeihe mir
2 jede Sekunde die ich	8 jede Lüge jede	dich ich werde nichts
um dich geweint	Täuschung die mich von dir	14 verloren geben ich gebe
4 alle Tage Monate Jahre	10 entfernte ich glaubte aber	dir was ich will
des Wartens das dich	ich näherte mich dir	16 zurück was ich nicht will
6 gemeint		Ich lebe.

— Markieren Sie in diesem Gedicht Wiederholungen und Gegensätze.
— Vergleichen Sie die zweite Zeile jeder Strophe miteinander.
— Erschließen Sie in der zweiten Strophe: Wer hat wen belogen und getäuscht?
— Vergleichen Sie unterschiedliche Lesarten in der dritten Strophe: „ich gebe dir was ich will" – „ich gebe dir was ich will zurück" – „ich gebe dir [. . .] zurück was ich nicht will"
— Formulieren Sie eine Interpretationshypothese und begründen Sie diese anhand von Textstellen.
— Interpretieren Sie die letzte Zeile: „Ich lebe."

4. Schritt: Kotexte und Kontexte einbeziehen

Poetische Texte entstehen in einer geschichtlich, politisch und sozial konkreten Situation und sind verbunden mit geistesgeschichtlichen und literarischen Traditionen sowie mit Biografie und dem Werk bzw. mit anderen Texten der Autorin/des Autors.

Nutzen Sie also Ihr Fachwissen und Ihr Allgemeinwissen (Weltwissen) für die Textinterpretation und nutzen Sie Informationen, die mit einer Aufgabenstellung im Rahmen der SRDP in einer Infobox mitgeliefert werden.

Goethes Gedicht „Der König in Thule" wird beispielsweise in der Tragödie „Faust" von Gretchen gesungen und symbolisiert ihre Vorstellung von Liebe und ihres Geliebten.

Eichendorffs Gedicht ist in die literarische Epoche der Romantik einzuordnen und zeigt typische Merkmale romantischer und Eichendorff'scher Lyrik. Der Philosoph Jürgen Safranski schreibt über Eichendorff: „Eichendorff ist kein Dichter der Heimat, sondern des Heimwehs, nicht des erfüllten Augenblicks, sondern der Sehnsucht, nicht des Ankommens, sondern der Abfahrt" (Safranski 2007, S. 214). Steht ein derartiges Zitat in der Infobox, sollte es genützt werden.

 Erörtern Sie, inwieweit die Aussage Safranskis auch für das Gedicht „Das zerbrochene Ringlein" zutreffend ist.

Das Gedicht von Ulla Hahn kann gelesen werden als Beispiel für die Umkehrung von Geschlechterrollen: Nicht mehr die Frau ist die Verlassene und Leidende, sondern sie bestimmt aktiv ihre Rolle.

Mögliche Themenstellungen

Bei der Interpretation eines (literarischen) Textes kann die Aufgabenstellung unterschiedliche Blickwinkel verlangen:

Die Aufgabe kann
— auf das ganze Gedicht abzielen: Erschließen Sie eine mögliche Deutung des Gedichts.
— den Titel in den Mittelpunkt stellen: Interpretieren Sie, wie der Titel „Verzeihung" zu verstehen ist.
— eine Aussage oder eine Verszeile ins Visier nehmen: Deuten Sie die Aussage der letzten Zeile: „Ich lebe."
— auf die Überprüfung einer vorgegebenen Interpretationshypothese abzielen: Überprüfen Sie die folgende Interpretationhypothese zu Ulla Hahns Gedicht: „Der Begriff der ‚Verzeihung' wird hier mehrdeutig verwendet: als eine Form des Selbst-Verzeihens und als eine Form der Abrechnung, in der auch der Zorn auf das Du mitschwingt."
QUELLE: Gerhard Härle: Lyrik – Liebe – Leidenschaft. Motivgeschichtlicher Streifzug durch die europäische Liebeslyrik. O.O., o.J.; http://www01.ph-heidelberg.de/wp/haerle/download/Haerle_LiebLyr_310306.pdf; 28. 01. 2015
— einen Vergleich fordern: Ein Vergleich zwischen Gedichten kann auf der Ebene des Inhalts, der Form, der Sprache und der Aussage erfolgen. Es können auch einzelne Motive verglichen werden. So kann man z. B. die unterschiedliche Behandlung des Motivs der Treue zwischen den Gedichten „Der König in Thule" und „Das zerbrochene Ringlein" vergleichen.

Ü21 **Nennen Sie Aspekte, die sich zwischen Goethes und Eichendorffs Gedichten vergleichen lassen. Nennen Sie Aspekte, die sich zwischen Eichendorffs und Hahns Gedichten vergleichen lassen.**

Schreibaufgabe (Hausübung oder Schularbeit)

Verfassen Sie eine Textinterpretation.

Situation: Im Rahmen der schriftlichen Diplom- und Reifeprüfung aus Deutsch weisen Sie Ihre literarische Kompetenz nach, indem Sie zwei Gedichte vergleichend interpretieren.
Lesen Sie die Gedichte „Das zerbrochene Ringlein" von Joseph von Eichendorff und „Verzeihung" von Ulla Hahn.

Verfassen Sie nun die Textinterpretation und bearbeiten Sie dabei folgende Arbeitsaufträge:

AUFGABE
— Beschreiben Sie die Situation des lyrischen Ichs in beiden Gedichten.
— Vergleichen Sie, wie das jeweilige lyrische Ich mit seiner Situation umgeht und damit fertig wird.
— Diskutieren Sie, ob das lyrische Ich des Gedichts „Verzeihung" ein Mann oder eine Frau ist oder ob beides möglich ist.

Schreiben Sie 540 bis 660 Wörter.
Markieren Sie die Absätze durch Leerzeilen.

---

i **Infobox**
Ulla Hahn, geboren 1946 in Brachthausen, Deutschland. Studium der Germanistik, Lehrbeauftragte an den Universitäten Hamburg, Bremen und Oldenburg, danach bis 1989 Literaturredakteurin bei Radio Bremen. Ihr lyrisches Werk wurde u. a. mit dem Hölderlin-Preis ausgezeichnet. In ihren Gedichten erkennt man ihre „Eigenart als politische Dichterin, die durch Genderthemen, Gesellschaftskritik, Formenreichtum und Experimentierfreude besticht." (www.perlentaucher.de; 25. 01. 2015)

Kommentierung der Aufgabe

Dimension *Aufgabenerfüllung aus inhaltlicher Sicht*
— Beschreiben Sie die Situation des lyrischen Ichs in beiden Gedichten: Beide haben eine Liebesbeziehung hinter sich, bei Eichendorff wurde das lyrische Ich verlassen, bei Hahn kann dies auch der Fall sein, genauso ist aber auch/eher eine Trennung vorstellbar, die vom lyrischen Ich ausgegangen ist. Im ersten Fall dominiert Verzweiflung und Passivität, im zweiten Fall wird eine aktive Haltung eingenommen.
— Vergleichen Sie, wie das jeweilige lyrische Ich mit seiner Situation umgeht und damit fertig wird:

Eichendorff: Das lyrische Ich befindet sich am Ort der Liebe oder sieht ihn zumindest innerlich vor sich, erinnert sich mit Schmerzen, ist orientierungslos, schwankt zwischen einem Leben als Sänger oder Soldat, Letzteres geht in Richtung Selbstzerstörung, mündet in der letzten Strophe in Todessehnsucht. Hahn: Das lyrische Ich rechnet ab, mit der Beziehung aber auch mit sich selbst. Es hat sich in der Beziehung oft selbst belogen, selbst getäuscht, alles getan, um die Beziehung aufrecht zu erhalten. Nun weint es dem Partner keine Träne nach, versinkt aber auch nicht in Selbstmitleid, sondern macht sich von allen falschen Anstrengungen frei, verzeiht sich, dass es überhaupt diese Partnerschaft eingegangen ist und kann jetzt wieder aufatmen und selbstbestimmt leben.

— Diskutieren Sie, ob das lyrische Ich im Gedicht „Verzeihung" ein Mann oder eine Frau ist oder ob beides möglich ist: Im Prinzip ist beides möglich. Dass das Gedicht von einer Autorin verfasst wurde, sagt noch nichts über das Geschlecht des lyrischen Ichs aus. Geht man allerdings von bestimmten Verhaltensmustern zwischen Frau und Mann aus, dann schreibt man das Nachdenken über eine Beziehung, die Bemühung um die Beziehung und die Aufarbeitung eher der Frau zu. Auch ein Kontext von Emanzipation und „Genderthemen" (siehe Infobox) spricht dafür.

3.3.6 — Die Interpretation von dramatischen Texten

Erschließungsmerkmale für dramatische Texte finden Sie auf S. 48 f.

Dramatische Texte sind letztlich dafür geschrieben, um auf dem Theater aufgeführt zu werden. Jede Inszenierung ist gleichzeitig eine Interpretation. Eine Regisseurin, ein Bühnenbildner, Schauspielerinnen und Schauspieler müssen die Handlung, den Raum, die Figuren in einer konkreten Weise auf die Bühne bringen, d.h. interpretieren. Wenn Sie als Schülerin, als Schüler ein Drama oder einen Ausschnitt interpretieren, machen Sie nichts anderes als jemand, der Regie führt: Sie überlegen sich, auf welche Weise man die Handlung und die Figuren verstehen kann.

Im Rahmen der schriftlichen Reife- und Diplomprüfung können natürlich keine vollständigen Dramentexte behandelt werden, sondern es werden Ihnen Ausschnitte, Szenen oder kurze Szenenfolgen vorgelegt werden. Sie können daher schwer erkennen, welchem spezifischen dramatischen Genre der Text angehört. Aber:

TIPP Nützen Sie die in der Aufgabenstellung zumeist angeführte Bezeichnung: Tragödie, Komödie, Tragikomödie, (bürgerliches) Trauerspiel, Schauspiel, Posse, dokumentarisches Drama, soziales Drama, historisches Drama, Einakter, Minidrama … Sie erhalten damit eventuell Hinweise,
— ob es um einen tiefgreifenden Konflikt geht, der wahrscheinlich in der Katastrophe enden wird (Tragödie), oder ob es eher um vergnügliche Verwicklungen geht, die sich am Ende in einem Happy-end auflösen (Komödie);
— ob eine Figur komplex (Schauspiel) oder eher eindimensional als Typ (Posse) angelegt ist;
— welcher Gesellschaftsschicht die Figuren angehören: dem hohen Stand (Tragödie), dem Bürgertum (bürgerliches Trauerspiel), dem niederen (Arbeiter-)Stand (soziales Drama).

Bei der Interpretation eines dramatischen Textes müssen Sie sich auf folgende Aspekte konzentrieren: Charakterisierung von Figuren – Figurenkonstellation – Figurenrede – Handlung/der dramatische Konflikt – Kontexte.

Figurencharakterisierung
Dass die genannten Aspekte alle miteinander zusammenhängen, zeigt sich an der Gestaltung einer Bühnenfigur. Eine Figur wird charakterisiert
— **durch ihre direkt beschriebenen Eigenschaften:**
  – mittels Beschreibung durch Autorin/Autor im Personeninventar und in Regieanweisungen
    → mögliche Frage zur Interpretation: Wieso sieht die Autorin/der Autor die Figur so? (Wie hat Schiller die historische Figur der Maria Stuart für die Bühne vorgesehen? Welche Ansicht bzw. Absicht steht dahinter?)
  – mittels Äußerungen anderer Figuren; aber Achtung: Diese sehen die Figur aus ihrer Perspektive heraus; zwei oder mehr Figuren können auch unterschiedliche Ansichten haben
    → mögliche Frage zur Interpretation: Was sagt das über eine Figur aus, wenn sie eine andere Figur in einer bestimmten Weise wahrnimmt?
  – mittels Selbstbeschreibung, Eigencharakterisierung; aber Achtung: Die Figur sieht sich selbst so, andere können sie anders sehen
    → mögliche Fragen zur Interpretation: Was sagt das über eine Figur aus, wie sie sich selbst wahrnimmt? Wie weit stimmen Selbstbild und Fremdwahrnehmung überein?
— **durch ihre indirekt gezeigten Eigenschaften:**
  – aufgrund ihrer Handlungsweise(n) und ihres Verhaltens gegenüber anderen Figuren: Löst die Figur einen Konflikt aus, verschärft/vermeidet sie ihn? Ist sie aktiv oder passiv? Wie geht sie mit anderen Figuren um?

→ mögliche Fragen zur Interpretation: Welche Haltungen und Einstellungen zeigen sich oder vermutet man aufgrund einer bestimmten Handlungsweise?
- aufgrund ihrer Ansichten und Meinungen (zu Politik, Gesellschaft, Kunst, Personen, „zum Leben"…)
  → mögliche Fragen zur Interpretation: Sind diese Ansichten individuell, ideologisch, eigenbestimmt, fremdbestimmt?
- aufgrund ihrer Sprache: Durch Wortwahl, Satzbau, Sprechweise zeigt sich die Mentalität, die soziale Stellung der Figur und wie sie über andere denkt.
  → mögliche Fragen zur Interpretation: Welche Denkweise offenbart sich durch die Sprache und Sprechweise? Welche Ansichten und Absichten werden offenbar?
— **durch ihre äußeren Merkmale** (Aussehen, Stimme, Bewegung, Alter, Geschlecht): diese Merkmale werden von der Autorin/vom Autor im Figureninventar oder in Regieanweisungen angeführt. Nicht genannte Merkmale stellen sich Lesende aufgrund der oben genannten Merkmale vor. Regisseure müssen sich konkrete Vorstellungen machen und sich für bestimmte Darstellerinnen und Darsteller — oft im Rahmen eines Vorsprechens (Casting) — entscheiden.
  → mögliche Fragen zur Interpretation: Wie kann man sich die Figur vorstellen? Wieso stellen wir uns das Äußere einer Figur in einer bestimmten Weise vor, obwohl sie im Werk nicht explizit beschrieben wird?

Eine Hilfe für die Charakterisierung und damit auch für die Interpretation einer Figur kann die Erstellung eines *Rollenprofils* sein. Zu diesem Zweck versetzen Sie sich in eine Figur und stellen aus der Sicht dieser Figur in der Ich-Form Überlegungen an. Wählen Sie dazu eine bestimmte Textstelle, die für das Rollenprofil ergiebig ist und beantworten Sie die Auflistung in der Tabelle:

Name der Figur:	Name der Figur:
Ich befinde mich in folgender Situation:	Ich befinde mich in folgender Situation:
Meine Wünsche und Ziele sind:	Meine Wünsche und Ziele sind:
Dazu müsste ich Folgendes tun:	Dazu müsste ich Folgendes tun:
Zu den anderen Personen habe ich folgende Beziehungen und Einstellungen:	Zu den anderen Personen habe ich folgende Beziehungen und Einstellungen:

Vgl. Deutschunterricht 4/2008

Figurenkonstellation

Die Figurenkonstellation zeigt, in welchen Beziehungen Figuren in epischen und dramatischen Werken zueinander stehen. Besonders vertraute Konfigurationen können sein

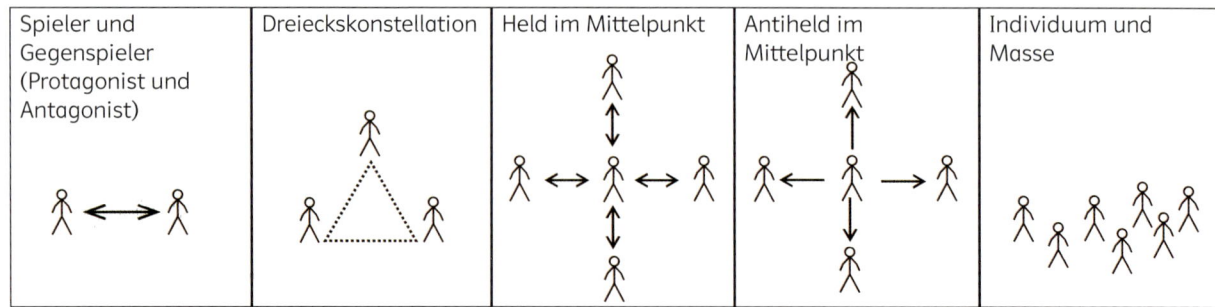

| Spieler und Gegenspieler (Protagonist und Antagonist) | Dreieckskonstellation | Held im Mittelpunkt | Antiheld im Mittelpunkt | Individuum und Masse |

Vgl. Günther Einecke, Maximilian Nutz: deutsch.kompetent. Zielgerichtet zum Abitur. Stuttgart: Klett: 2009, S. 415

→ mögliche Fragen zur Interpretation: Sind bestimmte Beziehungen individuell oder sozial bestimmt? Wurden sie freiwillig eingegangen oder sind sie erzwungen? Möchte jemand das Beziehungsgeflecht ändern und warum?

Figurenrede

Die verbalen Äußerungen können mithilfe des Wissens über Kommunikation (Wer sagt was zu wem mit welchen Mitteln und mit welcher Absicht?) interpretiert werden: Die einzelnen Sprechakte der Redenden können mit sprechaktbezeichnenden Verben bezeichnet werden.

TIPP Machen Sie sich im Text Anmerkungen zu den Sprechakten der Figuren: mitteilen, feststellen, vorwerfen, verwerfen, einwerfen, entgegnen, argumentieren, beeinspruchen, abwehren, anklagen, schwören, vortragen, monologisieren, belehren, aufklären, verraten, fragen, hinterfragen, antworten, schweigen, verstummen, anweisen, hinweisen, abweisen, demütigen, abwerten etc.

Für die schriftliche Darstellung beschreiben Sie aber nicht jeden einzelnen Sprechakt, denn dann würden Sie eine Nacherzählung schreiben. Sie werden prägende, entscheidende Sprechakte anführen und nach Möglichkeit in übergeordnete Begriffe fassen: Diskussion, Streit, Austausch, Anklage, Verhör, Liebesgeständnis …
Für die Interpretation werden Sie hinter die oberflächlichen Äußerungen blicken und den „Subtext" erforschen, d. h. sich eine Meinung zu den Motiven und Absichten der Figuren bilden, die Sie mit Hinweisen auf den Text begründen.
— Wie viel Gesprächsanteil haben die verschiedenen Figuren? Dominiert eine Figur? Schweigt eine Figur?
  → mögliche Fragen zur Interpretation: Aus welchen Gründen sind die Redeanteile so verteilt? Liegt symmetrische oder komplementäre Kommunikation vor? Schweigt jemand absichtlich?
— Gehen die Dialogpartner aufeinander ein oder reden sie aneinander vorbei? Gelingt die Kommunikation oder gelingt sie nicht?
  → mögliche Fragen zur Interpretation: Können die Redenden einander nicht verstehen oder reden sie absichtlich aneinander vorbei? Welche Gründe gibt es dafür?
— Gibt es einen Unterschied zwischen dem Gesagten und dem Gemeinten? Welche Rolle spielen Inhaltsebene und Beziehungsebene?
  → mögliche Fragen zur Interpretation: Was ist die „eigentliche" Botschaft einer Figur? Wie wird sie aufgenommen?
Die wichtigsten Formen der Figurenrede sind
— der Monolog: ein Selbstgespräch, das meist die Gemütslage oder den inneren Konflikt der Figur zeigt
— der Dialog: ein Gespräch zwischen zwei oder mehr Figuren
— das Beiseitesprechen: eine Äußerung, die nur für das Publikum und nicht die Gesprächspartner bestimmt ist.

Mit diesen verbalen Formen sind nonverbale (Körpersprache, Mimik, Gestik) und paraverbale Mittel (Lautstärke, Betonung, Sprachmelodie, Tonhöhe, Sprechtempo, Pausen) der Kommunikation verbunden. Hinweise dazu finden sich mitunter in den Regieanweisungen.

Handlung/der dramatische Konflikt

Treffen Personen mit unterschiedlichen Verhaltensweisen und Ansichten aufeinander, so entstehen Interessensgegensätze. Die Ausverhandlung dieser Gegensätze führt im Drama (und im Film) zu Konflikten. Diese Konflikte können in einer Katastrophe enden (Antigone) oder in einem glücklichen Ende aufgelöst werden (Der eingebildete Kranke), oder sie können fortbestehen (Mutter Courage), in Resignation enden (Dantons Tod) oder mit Vernunft beigelegt werden (Iphigenie).
→ mögliche Fragen zur Interpretation: Welche Figur hat welche Interessen? Sind die Konflikte persönlich, historisch, gesellschaftlich, politisch oder sozial motiviert? Werden die Konflikte als überzeitlich angesehen oder als historisch bedingt? Welche historischen, gesellschafts-politischen, ideengeschichtlichen Anschauungen der Autorin/des Autors werden transportiert?

Kontexte

Gerade für die Beantwortung der zuletzt gestellten Frage kann die Einbeziehung des Kontextes wichtig sein:
→ mögliche Fragen zur Interpretation: In welcher Weise spiegeln sich im Drama gesellschaftliche Zustände der Entstehungszeit? Welche Dramenkonzeption verfolgt die Autorin bzw. der Autor? Ist eine Idee, Botschaft, Lehre mit dem Drama verbunden (Ideendrama, Propagandastück, episches Drama …) oder verbindet man eine solche mit ihm?

Ü22 **Beantworten Sie als Vorübung zur folgenden Schreibaufgabe jene möglichen Fragen zur Interpretation, die auf den folgenden Text anwendbar sind.**

Lesen Sie die folgenden Szenen aus dem Drama „Die letzten Tage der Menschheit" von Karl Kraus.

Karl Kraus: Die letzten Tage der Menschheit (1914–1917)

38. Szene

Winter in den Karpathen[1]. Ein Mann an einen Baum gebunden.

2 KOMPAGNIEFÜHRER[2] HILLER: Wie viel Grad hats woll?

EIN SOLDAT: An die 30.

4 HILLER: Na. denn könnt ihr'n losbinden. *(Die Soldaten tun es. Der Mann – Füsilier[3] Helmhake – bricht ohnmächtig zusammen. Hiller schlägt ihm mit der Faust mehrmals ins Gesicht.)* Nu mal ins Erdloch neben! *(Es geschieht.)* Aber ist es denn

6 auch feucht und stinkend genug?

DER SOLDAT: Jawohl.

8 HILLER: Fiebert woll schon tüchtich?

DER SOLDAT: Jawohl.

10 HILLER: Doppelposten – nu mal ran – das Schwein bekommt nichts zu fressen und zu saufen. Darf auch weder tags noch nachts austreten. *(Lachend)* Hat er denn freilich auch nicht nötich! Also wie gestern. Wer was dawider hat, den

12 zerschmettere ich! *(Er geht mit den Leuten ab. Zwei Soldaten bleiben vor dem Erdloch zurück. Man hört Wimmern.)*

DER ZWEITE SOLDAT: Meinst du nicht auch, daß wir gottgefälliger handelten, wenn wir statt seiner – ihn –?

14 DER ERSTE: Jawohl.

DER ZWEITE: Zwei sind schon tot. Thomas, den er bei ebensolcher Kälte gezwungen hat, sich nackt auszuziehen, und

16 Müller, der krank auf Wache mußte. Noch fünf andere hat er – *(Man hört Stöhnen. Es klingt wie „Durst!")* Ach was – das halte ein anderer aus! Ich will ihm einen Schneeball an den Mund halten. *(Er kriecht in das Erdloch und kehrt weinend*

18 *zurück.)* Noch nicht zwanzig Jahre alt – freiwillig ins Feld gegangen –! *(Hiller erscheint mit Leuten.)*

HILLER: Ich habe mir die Sache überlegt. Ich will mal sehn – der Kerl soll rauskommen! – Na wirds?

20 DER ZWEITE SOLDAT: Er – kann wohl nicht mehr, Herr Leutnant.

HILLER: Was is'n los? 'raus mit dem Mistvieh! *(Einige Soldaten zerren Helmhake heraus und schleifen den Reglosen wie ein*

22 *Stück Vieh.)* So siehste aus. Ach die Drecksau verstellt sich ja bloß, trampelt ihn doch in den Hintern! *(Er tritt ihn mit dem Stiefelabsatz.)* Willst du laufen, du Schwein!? Ist denn das Aas noch nicht verreckt?!

24 DER ZWEITE SOLDAT *(beugt sich zu dem Mißhandelten nieder, den er berührt, streckt seine Hände wie abwehrend zu Hiller empor und sagt)*: Soeben.

26 *(Verwandlung.)*

39. Szene

28 *Ebenda im Unterstand Hillers.*

UNTERARZT MÜLLER: Tod durch Erfrieren. Wiederbelebungsversuche vergebens. Das Bedenklichste ist, daß er keine

30 Verpflegung bekommen hat.

HILLER: Wir müssen die Sache so deichseln, daß uns keiner an den Wagen fahren kann.

32 MÜLLER: Kein Zweifel, das Menschenmaterial ist erschöpft und krank. Nichts als Konservensuppe und die ist gesundheitsgefährlich. Es zeigt sich ein direkter Erschöpfungswahnsinn. Die Leute buddeln im Schnee und springen wie die

34 Besessenen herum.

HILLER: Ich gebe ja selbst zu, daß Hunger, Schläge und Anbinden nicht mehr zureichen, um den Kampfesmut zu beleben.

36 Was soll man tun? Was Helmhake betrifft, so kann ich sagen, daß ich alles Erdenkliche getan habe. Dem Vater schreibe ich so:

38 Werter Herr Helmhake!

Hierdurch erfülle ich die traurige Pflicht, Sie von dem plötzlichen Ableben Ihres Sohnes, des Gardefüseliers Carl Helm-

40 hake, in Kenntnis zu setzen. Der Arzt stellte blutigen Dünndarmkatarrh fest.

Während seiner kurzen Krankheit ist Ihrem Sohne die bestmöglichste körperliche und ärztliche Pflege zuteil geworden,

42 Wir verlieren in dem Dahingeschiedenen einen tüchtigen Soldaten und guten Kameraden, dessen Verlust wir schmerzlich betrauern. Seine Überreste ruhen auf dem Friedhofe in Dolzki[4].

(Verwandlung.)

[1] Karpaten (früher Karpathen): Gebirgszug, der von der Slowakei über Polen, die Ukraine, Rumänien bis nach Serbien reicht.
[2] Kompa(g)nieführer: Offizier, der eine Kompanie (militärische Einheit) befehligt. Im heutigen österreichischen Bundesheer als ‚Kompaniekommandant' bezeichnet.
[3] Füselier: alte Bezeichnung für Infanterist = Soldat der Infanterie (zu Fuß kämpfende Truppe)
[4] Dolzki: Stadt in Südpolen (früher Ukraine)

QUELLE: Karl Kraus: Die letzten Tage der Menschheit. IV. Akt, 38. und 39. Szene. München: dtv 1964, Bd. II, S. 112–114 (Originalschreibung)

AUFGABE

Schreibaufgabe (Hausübung oder Schularbeit)

Verfassen Sie eine Textinterpretation.

Situation: Im Rahmen der schriftlichen Diplom- und Reifeprüfung aus Deutsch weisen Sie Ihre literarische Kompetenz nach, indem Sie einen Dramenausschnitt interpretieren.
Lesen Sie die beiden Szenen aus dem Drama „Die letzten Tage der Menschheit" von Karl Kraus.

Verfassen Sie nun die Textinterpretation und bearbeiten Sie dabei folgende Arbeitsaufträge:

— Geben Sie die in den beiden Szenen dargebotene Situation wieder.
— Erschließen Sie die Charaktere sowie die Sprech- und Handlungsweise der Figuren.
— Interpretieren Sie die möglichen Aussageabsichten der beiden Szenen.

Schreiben Sie 540 bis 660 Wörter.
Markieren Sie die Absätze durch Leerzeilen.

i

Infobox
Die letzten Tage der Menschheit: Die Tragödie entstand in der Zeit vom Sommer 1914 bis zum Juli 1917 und hat den Ersten Weltkrieg zum Thema. Das Drama enthält eine enorme Fülle an Schauplätzen und Figuren — Diplomaten, Minister, Offiziere, Soldaten, Kriegsgewinnler, Adelige, den Kaiser, Journalisten, Kleinbürger usw. In über 200 Szenen soll das Gesicht des Krieges vorgeführt werden.
Karl Kraus: Geboren 1874 in Jičín (Nordböhmen), gestorben 1936 in Wien. Studierte Philosophie und Germanistik in Wien, gründete 1899 die Zeitschrift „Die Fackel". Er wirkte als Dramatiker, Lyriker, Vortragskünstler und als Kulturkritiker. Mit seinen Schriften protestierte er gegen den Krieg, gegen die obrigkeitshörige Justiz, gegen aufhetzenden Journalismus, gegen Frauenverachtung und v. a. gegen den schlampigen Umgang mit der Sprache.

Kommentierung der Aufgabe

Dimension *Aufgabenerfüllung aus inhaltlicher Sicht*
— Geben Sie die in den beiden Szenen dargebotene Situation wieder:
  An der Karpatenfront werden kriegsmüde Soldaten vom Kompanieführer Hiller brutal bestraft. Der Füselier Helmhake wird an einen Baum gebunden und minus 30 Grad ausgesetzt und danach in ein Erdloch gesteckt. Nachdem bereits zwei Kameraden an ähnlichen Strafen gestorben sind, überlegen die beiden Wachen, gegen Hiller vorzugehen. Als Helmhake an den Qualen stirbt, vertuschen der Kompanieführer und der Militärarzt Müller die Todesursache. In einem Beileidsschreiben loben Sie den zu Tode Gebrachten und geben einen Dünndarmkatarrh als Todesursache an.
— Erschließen Sie die Charaktere sowie die Sprech- und Handlungsweise der Figuren:
  Kompanieführer Hiller spricht vom Bestraften in derben Tierbezeichnungen („Schwein", „Mistvieh", „Drecksau") und schließlich als verwesendes Tier („Aas") und folgerichtig auch von „fressen" und „saufen". Er ist verroht und sadistisch, er freut sich über seine menschenverachtenden Scherze: Seinen Befehl, dem Misshandelten die Notdurft zu verbieten, fügt er „[L]achend" die Bemerkung an: „Hat er denn freilich auch nicht nötich!" Für die Qualen sorgt er mit kurzen Befehlen und mit sadistischen Fragen sowie Drohungen an die Wachen. Zu Beginn spricht er nicht *mit* dem Bestraften, sondern nur *über* ihn. Helmhake wird so zum Objekt. Erst gegen Ende richtet er sich an den bereits Toten mit typischen „Befehlsfragen": „Willst du laufen, du Schwein!?" (Siehe auch die Satzzeichen.)
  In der zweiten Szene verzeiht sich Hiller selbst, indem er dem Arzt und auch sich versichert, dass er alles für Helmhake getan hat. Er weist auch die Verantwortung von sich, indem er nicht fragt, was soll *ich* tun, sondern: „Was soll man tun?" Hier empfindet er doch ein wenig Furcht vor Rechenschaft, anscheinend hat er aber kein schlechtes Gewissen. Die Todesnachricht an den Vater ist routiniert, bürokratisch nüchtern, formelhaft.
  Unterarzt Müller ist medizinischer Erfüllungsgehilfe, er hat aber zumindest Bedenken.
  Die beiden Wachsoldaten, insbesondere der zweite Soldat erträgt die Situation nicht mehr, hilft dem Verurteilten und überlegt die Beseitigung Hillers. Er ist vorsichtig gegenüber seinem Kameraden, was sich darin zeigt, dass er seine Absicht als Frage formuliert; er traut sich den Gedanken gar nicht auszusprechen, und er beruft sich auf Gott: „Meinst du nicht auch, daß wir gottgefälliger handelten, wenn wir statt seiner — ihn —?"

— Interpretieren Sie mögliche Aussageabsichten der beiden Szenen:
Die beiden Szenen führen anhand eines konkreten Falls die Verrohung und die Menschenverachtung der Offiziere vor Augen, zeigen die Nöte der einfachen Soldaten, zeigen die Militärärzte als Erfüllungsgehilfen und Mittäter. Die zuletzt formulierte Todesnachricht zeigt, wie verlogen der Krieg und die ihn begleitende Propaganda ist. Hinter den wohltönenden Worten von Heldentum, Heldentod, Kameradschaft, Kampf usw. stecken Hunger, Kälte, Erschöpfung, Tortur, Qual, Sadismus, Blut, Dreck und elendes Verrecken.

3.3.7 — Produktionsorientierte Schreibübungen

Für eine gelungene Interpretation literarischer Texte ist es wichtig, dass man sich auf den jeweiligen Text einlässt, sich in Figuren und Situationen hineinversetzt, Handlungsmuster hinterfragt und Handlungen zu verstehen versucht, die Sprache auf sich wirken lässt und in Stellen hineinleuchtet, die von der Erzählerin/vom Erzähler (bewusst) nicht konkret ausgeführt wurden. Die folgenden Übungen sollen Ihnen dafür Möglichkeiten bieten.

TIPP Vergleichen Sie im Anschluss an die jeweilige Übung Ihre Fassung mit der Fassung einer Mitschülerin oder eines Mitschülers. Stellen Sie die Unterschiede beider Fassungen sehr konkret fest. Diskutieren Sie über die Gründe für diese Unterschiede. Diskutieren Sie darüber, welche Fassung plausibler scheint. Stellen Sie eventuell eine gemeinsame Endfassung her.

Vorstellungen entwickeln (Imaginieren)	Stellen Sie sich Schauplätze, Landschaften, Gegenstände und Figuren vor, denken Sie an Geräusche und Gerüche und versetzen Sie sich in Stimmungen. Schreiben Sie anschließend diese Stimmungen nieder.
Eisbergmodell anwenden	Zeichnen Sie auf ein A4-Blatt einen Eisberg und die dazugehörige Wasserlinie. Dabei soll ungefähr ein Siebtel des Eisbergs über der Wasserlinie liegen. Schreiben Sie vor einer Textinterpretation die offensichtlichen Fakten des Textes in den sichtbaren Teil des Eisbergs, und schreiben Sie Mitgedachtes, Unbewusstes, Mitschwingendes, Darunterliegendes – also alles, was von der Erzählerin/dem Erzähler nicht ausdrücklich erzählt wird – in den nicht sichtbaren Teil des Eisbergs. Verfassen Sie mit den Aufzeichnungen im unsichtbaren Teil eine Interpretationshypothese.
Verlaufsprotokoll anlegen	Zeichnen Sie einen Zeitstrahl, je nach erzählter Zeit unterteilt in die jeweiligen Zeiteinheiten (… Stunden, Tage, Wochen …). Tragen Sie die Geschehnisse ein – die erzählten in einer Farbe, die nicht erzählten in einer anderen Farbe. Machen Sie durch Pfeile etwaige Rückblenden oder Vorausdeutungen sichtbar.
Figur illustrieren	Zeichnen Sie eine literarische Figur nach Ihren Vorstellungen (siehe Vorstellungen entwickeln). Markieren Sie im Text jene Details, die sich durch den Text belegen lassen. Überlegen Sie, warum Sie die anderen Details gerade so und nicht anders gestaltet haben. Überlegen Sie, ob es andere Möglichkeiten gibt und welche das sein können.
Rollenprofil verfassen	Schlüpfen Sie in eine Figur. Beantworten Sie z. B. einige der folgenden Fragen in der Ich-Form: Welche Rolle habe bzw. spiele ich in dem Werk? In welcher Beziehung stehe ich zu den anderen Figuren? Was will ich erreichen? Was motiviert oder demotiviert mich? Wie sehen mich die anderen Figuren? Wie sehe ich andere Figuren? Habe ich eine Gegenspielerin/einen Gegenspieler? Wie sieht die/der mich? Was stimmt meiner Meinung nach an ihrer/seiner Sichtweise nicht?
Inneren Monolog schreiben	Wählen Sie eine den Text prägende Figur. Markieren Sie einen für diese Figur wichtigen Punkt oder Abschnitt im Text. Schreiben Sie den Gedankenstrom der Figur an diesem Punkt auf. Alternative: Gestalten Sie eine Eintragung in ein Tagebuch.
Gedanken und Gefühle einer Figur an eine andere mitteilen	Wählen Sie eine den Text prägende Figur. Markieren Sie einen für diese Figur wichtigen Punkt oder Abschnitt im Text. Lassen Sie die Figur an diesem Punkt ihre Gedanken und Gefühle an eine andere Figur mittels Brief, Gespräch, Mail (falls es dieses Medium zur Zeit der Handlung gegeben hat) mitteilen. Diese andere Figur kann im Text vorkommen, sie können Sie aber auch erfinden: z. B. einen Freund, eine Schwester …

Denkblasen einfügen	Fügen Sie Gedanken einer oder mehrerer Figuren mittels Denkblasen in den Text ein.
Handlungsteile ergänzen, einfügen, fortsetzen	Gestalten Sie Leerstellen der Handlung aus, indem Sie Handlungselemente präzisieren, ausgestalten, ergänzen, einfügen, eine Fortsetzung schreiben (z. B. ein Jahr später …). Unter einer Leerstelle versteht man einen Handlungsteil, der von der Autorin bzw. dem Autor nicht oder kaum ausgeführt wurde und den man mit der eigenen Vorstellungskraft ergänzen muss.
Figurenperspektive wechseln	Erzählen Sie die Handlung oder Handlungsteile, ein Vorkommnis, ein Ereignis u. a. aus der Sicht einer (anderen) Figur.
Erzählperspektive wechseln	Ersetzen Sie einen Ich-Erzähler durch einen Sie/Er-Erzähler oder umgekehrt. Ersetzen Sie einen neutralen Erzähler durch einen personalen Erzähler.
Sprachliche Prägung ändern	Ersetzen Sie lange Sätze durch kurze — und umgekehrt. Fügen Sie in einen Text mit wenigen oder keinen Adjektiven viele Adjektive ein — streichen Sie aus einem adjektivreichen Text die Adjektive. Reichern Sie den Text mit direkten Reden an — oder ersetzen Sie direkte Reden durch indirekte.
Unterschiedlichen Lesevortrag erproben	Tragen Sie den Text laut, leise, langsam, schnell, pathetisch, einfühlsam, nüchtern, mit bedeutungsschwangeren Pausen etc. vor. Bewerten Sie die unterschiedlichen Fassungen.
Vergleich	Vergleichen Sie im Anschluss an die jeweilige Übung Ihre Fassung mit der Fassung einer Mitschülerin oder eines Mitschülers. Stellen Sie die Unterschiede beider Fassungen sehr konkret fest. Diskutieren Sie über die Gründe für diese Unterschiede. Diskutieren Sie darüber, welche Fassung plausibler scheint. Stellen Sie eventuell eine gemeinsame Endfassung her.

QUELLEN: Praxis Deutsch, Nr. 123/1994: Handlungs- und produktionsorientierter Unterricht.
Deutsch. Unterrichtspraxis für die Klassen 5-10, 25/2010, S. 38 f.

3.3.8 — Die Interpretation von Sachtexten

Lesen Sie den folgenden Leserbrief aus der Tageszeitung „Die Presse" vom 07. 10. 2014.

Schulgaleere steuert auf Bildungskatastrophe zu

Der Zug ist abgefahren, die Verordnungen und Gesetze sind von uns Lehrern nun zu vollziehen. Wir müssen „mit Volldampf" rudern, auch wenn die Schulgaleere direkt auf die Klippen einer Bildungskatastrophe zusteuert, im Vergleich zu der die bisherigen Rückschläge in Sachen PISA oder Uni-Ranking nur schwacher Gegenwind waren. Was ist passiert? Das populistische Sommerloch-Thema „Schulreform" taucht normalerweise in den in Notzeiten als Klopapier verwendbaren Zeitungen („Heute", „Krone", „Österreich") nur dann auf, wenn ein akuter Mangel an passenden Schlagzeilen für analphabetische „Leser" herrscht. Wahrscheinlich aus Einfallslosigkeit ist es allerdings ein Dauerthema geworden, das auch die nächste „Qualitätsebene" der von mir aus diesem Grund nicht abonnierten oder abbestellten Zeitungen erreicht hat („Kurier", „Krone", „Standard"). Diese Zeitungen, die immer wieder vergeblich versuchen, sich einen seriösen Anstrich zu verpassen, haben es einigen Pseudoexperten ermöglicht, ihre schädlichen Schulreformideen fast täglich dem ahnungslosen Publikum in einer Art Gehirnwäsche einzuhämmern. Mit Bestsellern im Bereich populärwissenschaftlicher Schundliteratur verdienen sie dann viel Geld und steigen schließlich bis zum ministeriellen Berater auf. Der bekommt im Staatsfernsehen (das man leider nicht kündigen kann wie ein Zeitungsabo) mehr Sendezeit als der Bundeskanzler, weil dieser ja eh alles vertritt, was „die meisten" Wähler, also die Käufer der „Krone" oder die Nutzer der Gratiszeitungen, für das Wahre halten – und zwar aus dem zirkulären Grund, weil es eben in „der" Zeitung steht. Auch wenn es mich nicht mehr betrifft – das neue Lehrerdienstrecht wird das Problem „Deutschunterricht ohne Literatur" noch potenzieren. Wir „alten" Deutschlehrer, die wir in zehn Jahren in Pension sind, haben noch die Zeit, aktuelle Literatur zu lesen und Aufsätze zu korrigieren (auch

> 42 wenn es schwer ist, wenn man nicht so wie ich die Lehrverpflichtung freiwillig reduziert). In Zukunft werden den „Jungen" dann noch ein paar Deutsch-
> 44 klassen auf die derzeit bestehende Lehrverpflichtung draufgepackt.
> 46 Wer in der Gesellschaft sagt etwas dagegen, wenn man einer Berufsgruppe, die man für lange Ferien
> 48 beneidet, die Arbeitszeit ohne Lohnausgleich (für ein bisschen mehr Anfangsgehalt bei flacherer Ge-
> 50 haltskurve) erhöht?
>
> 52 Im Fall der zukünftigen Deutschlehrer (mir könnte es ja wurscht sein) heißt das: entweder Burn-out bzw. Berufswechsel nach wenigen Jahren oder (die
> 54 wahrscheinlichere Alternative) ein massiver Qualitätsverlust des Unterrichts. Denn das, was bisher
> 56 geleistet wird, kann in Zukunft einfach nicht mehr geleistet werden.
> *Dr. Bernhard Hölzl, BG und BRG Zwettl*
>
> QUELLE: Die Presse, 07. 10. 2014

Auch Sachtexte, also Leserbriefe, Reden, Zeitungsaufsätze und dergleichen mehr, können interpretiert werden. Dazu eignet sich die folgende Frage:
Wer sagt was mit welchen Mitteln in welchem Medium mit welcher Absicht und mit welchem möglichen Effekt?

Ü23 Beantworten Sie diese Frage, indem Sie in der Tabelle stichwortartig Antworten für den oben stehenden Leserbrief eintragen.

Wer?	Was?	Mit welchen Mittel?	Mit/In welchem Medium?	Mit welcher Absicht?	Mit welchem möglichen Effekt?

Wer? Die entscheidende Antwort kann hier nicht „Dr. Bernhard Hölzl" lauten; das ist zwar der Name des Verfassers, viel wichtiger ist aber seine Rolle im Berufsleben, nämlich die des Deutschlehrers. In dieser Funktion fühlt er sich als Lehrer von der Bildungspolitik allgemein und als Deutsch-Lehrer im Besonderen (Stichwort: Literatur, Aufsätze korrigieren) betroffen.
Was? Kritik an der aktuellen Bildungspolitik, an den Bildungsexperten und Politikern, an den Medien und dem neuen Lehrerdienstrecht.
Mit welchen Mitteln? Sehr bildhafte Sprache, negativ besetzte Begriffe, anklagende Frage, umgangssprachliche bzw. dialektale Wendungen.
Mit/In welchem Medium? Der Autor wählt das Medium eines Leserbriefs, den er an eine Zeitung gerichtet hat, die sich seiner Meinung nach von den anderen Medien unterscheidet, weil sie als einzige auf Bildung achtet.
Mit welcher Absicht? Das ist der Kern der Interpretation. Hier hilft die Anwendung des Organonmodells von Karl Bühler. Bühler nennt drei grundsätzliche Funktionen der Sprache: die *Darstellung* (informieren), den *Appell* (argumentieren und appellieren) und den *Ausdruck* (seiner Stimmung, seinem Gefühl Ausdruck verleihen).

Ü24 Markieren Sie mit drei verschiedenen Farben die Passagen des Leserbriefs, in denen jeweils die *Darstellung*, der *Appell* oder der *Ausdruck* im Vordergrund steht.

Eine Auswertung der Übung ergibt folgendes Bild:

Darstellung: In dem Leserbrief (wie in den meisten Leserbriefen) gibt es wenige Informationspassagen:

— Es gibt neue Gesetze, die die Lehrer jetzt umsetzen müssen,
— Schulreform ist ein Dauerthema, und
— das neue Lehrerdienstrecht bringt „mehr Anfangsgehalt bei flacherer Gehaltskurve".

Ausdruck: Die anderen Teile des Leserbriefs geben vor allem die ganz persönliche Sichtweise des Autors wieder, sie zeigen, wie erzürnt und frustriert er ist:

— Bildungsreform = Bildungskatastrophe
— Berichterstattung in den Zeitungen = für Analphabeten, Zeitungen sind Klopapier
— Bildungsexperten = Pseudoexperten, verdienen viel Geld mit populärwissenschaftlichen Büchern, beraten Politiker, die sich wiederum nach den Zeitungen richten
— Österreichisches Fernsehen = Staatsfernsehen
— Neues Lehrerdienstrecht = führt zu Qualitätsverlust des Unterrichts und zum Burn-out der jungen Lehrkräfte

Besonders auffällig zeigt sich der Ausdruck, wenn der Autor die unpersönliche man-Ebene verlässt: „[…] mich nicht mehr betrifft", „so wie ich", „mir könnte es ja wurscht sein".
Appell: Der Leserbrief ist insgesamt ein Appell an die Leserinnen und Leser, etwas gegen die vermeintliche Katastrophe zu unternehmen. Vor allem der aus einer einzigen Frage bestehende vorletzte Absatz zielt darauf ab.

Schreibaufgabe

Lesen Sie den in der Presse vom 07. 10. 2014 abgedruckten Leserbrief „Schulgaleere steuert auf Bildungskatastrophe zu".

Verfassen Sie nun die Textinterpretation und bearbeiten Sie dabei folgende Arbeitsaufträge:

AUFGABE

— Fassen Sie den Inhalt des Leserbriefs zusammen.
— Analysieren Sie Aufbau und sprachlich-stilistische Mittel des Leserbriefs.
— Beurteilen Sie seine Absicht und Darstellungsweise.

Schreiben Sie 450 bis 550 Wörter.
Markieren Sie Absätze mittels Leerzeilen.

In der folgenden Tabelle finden Sie in der linken Spalte eine mögliche Lösung und in der rechten Spalte inhaltliche und sprachliche Hinweise. Die unterpunkteten Passagen sind in erster Linie interpretativ.

Der Leserbrief von Dr. Bernhard Hölzl ist am 7. 10. 2014 in der Tageszeitung „Die Presse" erschienen und gibt die Ansicht des Verfassers zum Thema Bildungspolitik wieder. Der Autor des Leserbriefs ist der Meinung, dass die Bildungsreformen der letzten Jahre und das kommende Lehrerdienstrecht zu einem „Qualitätsverlust des Unterrichts", insbesondere des Deutschunterrichts führen werden. In diesem Zusammenhang kritisiert er auch die Berichterstattung der Medien, weil sie den Bildungsexperten Platz für die Publikation ihrer Ideen einräumen/einräumten.	Der Leserbrief von Dr. Bernhard Hölzl ist am 7. 10. 2014 in „der Presse" erschienen → *die Zeitung trägt den Titel „Die Presse"; möglich, aber weniger exakt ist auch: …ist in der „Presse" erschienen.* …und gibt die Ansicht des Verfassers zum Thema Bildungskatastrophe wieder. → *Der Begriff „Bildungskatastrophe" gibt bereits die Meinung des Verfassers wieder. Nicht alle Menschen sehen Bildungsreformen als Katastrophe an. Benennen Sie daher Themen immer mit einem neutralen, übergeordneten Begriff!* einräumen/einräumten → *Da es eine Tatsache ist, dass die Medien über das Thema berichten, kann man den Indikativ verwenden. Will man darauf hinweisen, dass hier indirekte Redewiedergabe vorliegt, kann man auch den Konjunktiv einsetzen (indirekte Redewiedergabe: K I, wenn dieser sich vom Indikativ nicht unterscheidet: K II). Will man darauf hinweisen, dass man die Darstellung des Autors bezweifelt, muss man K II einsetzen.*

Die negative Sichtweise des Verfassers zum Thema „Entwicklung des Bildungswesens" kann man an einer langen Liste negativ konnotierter Begriffe ablesen, die sich durch den gesamten Text ziehen: „Bildungskatastrophe", „Rückschläge", „Sommerloch-Thema", „Notzeiten", „Mangel", „Einfallslosigkeit", „Pseudoexperten", „Gehirnwäsche", „Schundliteratur", „Problem", „Burn-out", „Qualitätsverlust". Es sind fast durchgängig zusammengesetzte Nomen, was ihnen ein besonderes Gewicht verleiht. Die Rede von „schädlichen Schulreformideen" und von einem „ahnungslosen Publikum" verstärkt diesen Eindruck.

Der Verfasser/Die Verfasserin → hier kann man nicht gendern, denn der Verfasser ist männlich.
verwendet viele schlechte Wörter. → *es gibt keine „schlechten" Wörter. Mit Wörtern kann man aber Menschen Dinge und Sachverhalte schlecht machen, schlecht darstellen, in ein schlechtes Licht rücken, abwerten, negativ sehen, Menschen kann man beleidigen, beschimpfen, herabwürdigen etc. Wörter und Begriffe können aber negativ konnotiert/besetzt sein, pejorative (abwertende) Bedeutung haben.*

Der Verfasser entwickelt ein sehr bilderreiches Szenario, indem er zahlreiche Metaphern (Nominalmetaphern, Verbalmetaphern) einsetzt. Besonders eindrucksvoll ist das Bild der Schulgaleere. Auch der Ausdruck der Galeere ist nicht unbedingt positiv besetzt. Man stellt sich dieses Schulschiff mit vielen Ruderern besetzt vor, wobei die Ruderer wohl die fleißigen Lehrkräfte („Wir müssen ‚mit Volldampf' rudern") symbolisieren sollen, während die Steuermänner wohl die Bildungsexperten, Bildungspolitiker und Medienleute sind. Diese Experten führen das Schiff zum Kentern, indem es metaphorisch gegen Klippen gelenkt wird. Weitere Metaphern sind: Ideen „in einer Art Gehirnwäsche einzuhämmern", Deutschklassen werden auf die „Lehrverpflichtung draufgepackt".

Der Text hat viele Metaphern → *weist auf, beinhaltet, ist dominiert durch, ist geprägt von …*
Der Verfasser schreibt viele Metaphern → *setzt ein, verwendet, gebraucht, bringt zum Einsatz …*
Der Verfasser meint, dass die Schulgaleere an den Klippen der Bildungskatastrophe zerschellen wird. → *Hier wird die Metapher einfach wiedergegeben, nur das Wort „zerschellen" wird zusätzlich verwendet. Metaphern und andere sprachliche Bilder müssen aber erklärt werden; man kann sie auch interpretieren, wie es im linken Text geschieht.*
Der Ausdruck Galeere ist nicht positiv. → *nicht positiv besetzt, konnotiert, nicht mit positiven Gefühlen verknüpft, ruft keine positiven Vorstellungen hervor … (siehe oben)*

Auffällig ist, dass diese sehr bildhafte und auch gebildete Sprache immer wieder von Einschüben aus der Umgangssprache durchbrochen wird: „als Klopapier verwendbaren Zeitungen", „eh alles", „mir könnte es ja wurscht sein". Diese Sprachebene wird dann eingenommen, wenn der Verfasser besonders emotional wird.

Der Autor verwendet eine normale Sprache. → *diese Floskel liest man in Schüleraufsätzen immer wieder; diese Bezeichnung ist aber nichtssagend. Der Sprachduktus sollte mit Fachbegriffen benannt werden: Standardsprache, Umgangssprache, Alltagssprache, Bildungssprache, oder mit treffenden Adjektiven benannt werden.*

Weiters sticht der aus einem einzigen Fragesatz bestehende vorletzte Absatz hervor: „Wer in der Gesellschaft sagt etwas dagegen […]?" Das ist letztlich keine Frage, sondern eine Art Hilferuf und eine Aufforderung in Richtung: So sagt doch endlich etwas! Wehrt euch! Man könnte sie aber auch als rhetorische Fragen sehen: Der Verfasser resigniert und glaubt nicht daran, dass irgendjemand seine Stimme erheben wird.

Dann fragt der Autor, wer in der Gesellschaft etwas dagegen sagt. → *Fast wortwörtliche Wiedergaben sind zu vermeiden.*
Dann stellt der Verfasser die rhetorische Frage, wer in der Gesellschaft etwas dagegen sagt. → *Diese Version ist genauer, aber auch hier wird nicht analysiert bzw. interpretiert, worauf die rhetorische Frage abzielt, was sich denn von selbst beantwortet. Im Text links wird die Antwort gegeben.*

Der Verfasser arbeitet auch viel mit Gegensätzen (Antithesen): die Vergangenheit war besser – die Zukunft wird düster; seriöse Lehrer – unseriöse Experten; die alten – die jungen Deutschlehrer … Er betont so, wie schlecht die aktuellen Entwicklungen sind. Im Falle der Deutschlehrer wendet der Leserbriefautor auch noch den rhetorischen Trick der Einbeziehung anderer an, indem er in der Mehrzahl spricht: „Wir ‚alten' Deutschlehrer". Indem er zeigt, wie er sich bereits opfert, will er gleichzeitig zeigen, wie sehr die kommende Generation wird leiden müssen. Wichtig ist ihm, den Eindruck zu vermeiden,

Der Verfasser verwendet auch viele Antithesen. → *Für eine Interpretation ist es notwendig, die Funktion bzw. mögliche Wirkung von Stilmitteln herauszuarbeiten.*
Der Verfasser arbeitet auch viel mit Gegensätzen (Antithesen): „die Vergangenheit war besser" – „die Zukunft wird düster"; „seriöse Lehrer" – „unseriöse Experten"; „die alten Deutschlehrer" – „die jungen Deutschlehrer"… → *Die Anführungszeichen sind nicht korrekt, da es sich nicht um Zitate handelt. Die beiden ersten angeführten Gegensätze sind gelungene Zusammenfassungen von Grundaussagen des Textes,*

dass er für persönliche Vorteile eintritt, daher der Hinweis, dass es ihn nicht mehr betreffen werde und ihm die Sache persönlich „wurscht" sei.

Dieser Leserbrief ist eine Art Aufschrei und zugleich Anklage eines Deutschlehrers. Angeklagt werden Bildungsexperten, Politiker und Medien. Hier hat sich ein Deutschlehrer seine Befürchtungen, ja vielleicht sogar seine Frustration über die Entwicklungen der Schulpolitik von der Seele geschrieben. Auf der einen Seite vermittelt der Leserbrief Resignation, auf der anderen Seite aber vermittelt er einen Funken Hoffnung, dass viele Leserinnen und Leser seinen Aufschrei wahrnehmen und sich vielleicht ebenfalls zu Wort melden, um so die Schulgaleere doch noch in sichere Gewässer zu steuern.

(529 Wörter)

der letztgenannte Gegensatz steht konkret im Text, aber nicht in dem exakten Wortlaut.

Der Leserbrief ist eine Kritik an den Reformen im Schulwesen. Der Verfasser will mit dem Leserbrief gegen die Reformen protestieren, um sie zu verhindern. *→ Der erste Satz ist eine — richtige — Feststellung, für eine Interpretation ist er zu wenig. Der zweite Satz ist zu allgemein und in der Weise auch nicht ganz exakt. Als eine Art Protest kann der Brief wohl verstanden werden. Ein Appell findet sich nur sehr indirekt in dem Brief wieder. Eine Interpretation muss auch nicht eine einzige und eindeutige Aussage treffen. Auch Sachtexte können auf verschiedene Weise gelesen werden und bei den Lesenden ankommen. Dies berücksichtigt der Mustertext links.*

Schreibaufgabe (Hausübung oder Schularbeit)

Verfassen Sie eine Textinterpretation.

Situation: Im Rahmen einer Beschäftigung mit dem (Dokumentar-)Film „Supersize me", der die US-Fastfood-Ketten für das Problem Übergewicht verantwortlich macht, unterziehen Sie diverse Artikel zu dem Thema einer kritischen Betrachtung.

Lesen Sie den Artikel „Selbstmord mit 10 Fingern" von Wolfram Siebeck, erschienen in der Wochenzeitung „Die Zeit" Nr. 15/2000 vom 06. 04. 2000.

Verfassen Sie nun die Textinterpretation und bearbeiten Sie dabei folgende Arbeitsaufträge:

AUFGABE

— Fassen Sie die vom Artikel behandelten Themen kurz zusammen.
— Analysieren Sie Aufbau und sprachlich-stilistische Mittel des Artikels.
— Nehmen Sie kritisch Stellung zu Absicht und Darstellungsweise des Artikels.

Schreiben Sie 405 bis 495 Wörter.
Markieren Sie Absätze mittels Leerzeilen.

Selbstmord mit 10 Fingern
Zivilisierte Länder haben strenge Waffengesetze. Und warum darf dann jeder mit Cheeseburgern herumfuchteln, mit Schokoriegeln und anderem Junkfood? Sieht denn keiner, dass man mit süßem Popcorn sich und andere gefährdet?

Von Wolfram Siebeck

Geht ein Mann zum Arzt. Keuchend tastet er sich an der Wand entlang. Er ringt nach Atem, seine Beine knicken alle paar Schritte ein, dann nimmt er einen Zug aus der Sauerstoffflasche. Der Mann ist 32 Jahre alt und wiegt 330 Kilo. Er ist auf dem Weg zu einer Magen-Bypassoperation.
Seine Krankheit wird in den USA *obesity* genannt. Fettsucht. 18 Prozent der Amerikaner leiden darunter. *Obesity* ist eine Volkskrankheit, und vor allem die Armen sind fett. Die Ursache ist bekannt. Die Leute essen zu viel Schund. Zu viel Zucker, zu viel Fett. Und sie bewegen sich zu wenig. Kinder beginnen den Tag mit einem Doughnut und essen abends einen doppelten Cheeseburger, davor und dazwischen wird genascht und nur Limonade getrunken, wie die *Washington Post* ekelgeschüttelt schreibt.
Vielleicht interessieren sich einige dafür. Die

87

20 Mehrzahl der Fettsäcke aber sitzt offenbar vor dem
Fernseher und sieht sich Werbespots für Schoko-
22 riegel an, während sie Kartoffelchips mampft.
Denn die Epidemie breitet sich aus.
Es gab in den USA schon einmal eine Epidemie
24 mit schrecklichen Folgen. Sie wütete sehr lange, bis
jemand zu sagen wagte, dass die Krankheit, der
26 Lungenkrebs, durchs Rauchen verursacht werde.
Natürlich wurde er wegen Verleumdung belangt.
28 Doch danach wurde die Tabakindustrie zu Entschädigungen in Milliardenhöhe verurteilt.
30 Auch bei der amerikanischen Variante der Fettsucht lässt sich ein Schuldiger ausmachen. Auch
32 diesmal wird es sehr lange dauern. Aber ich nehme
an, dass eines Tages auch die Nahrungsmittelin-
34 dustrie Entschädigungen wird zahlen müssen.
Denn nicht die Fressorgien der Russen, nicht die
36 Schlemmermahle der Franzosen und nicht die
Spaghettiberge der Italiener bringen 300-Kilo-
38 Menschen hervor. Der Täter ist – das sagt mir
mein Gefühl-Junkfood made in USA: Diese ma-
40 genumdrehende Süße in allem und jedem, das bil-
lige Knabber- und Knusperzeug, die Fertigsaucen,
42 Hormone im Fleisch – alles was künstlich ist, in
Labors präpariert, in Fabriken montiert, vom
44 Fließband herab auf unkritische Konsumenten ge-
schüttet, in Familienpackungen zum Sonderpreis
46 weltweit in speziell dafür gebauten Riesenmärkten
verhökert.
48 Eines Tages, wenn die Kosten für die Behandlung
der Fettsucht den Staat stärker belasten als Raum-
50 fahrt oder Wahlkämpfe, wenn die Airlines die Sitze
in ihren Maschinen verbreitern müssen und Klein-
52 wagen keine Käufer mehr finden, werden sich Un-

54 tersuchungskommissionen damit beschäftigen, ob
der Dickmacher nur in tiefgefrorenen Pommes
56 sitzt oder auch in Pizzas und in Softdrinks. Und es
wird sich herausstellen, dass er überall sitzt. Und
58 dann treten die ersten Anwälte auf, die sich selbst-
los in den Dienst ihrer fetten Klienten stellen und
60 bei der Nahrungsmittelindustrie Schadensersatz
einklagen. Die wird zahlen, wie auch die Tabakin-
62 dustrie gezahlt hat, da die Regierung inzwischen
neue Märkte in den Entwicklungsländern erschlos-
64 sen hat und neue Riesenmärkte entstanden sind,
damit die Afrikaner endlich einmal satt werden.
66 Mit China werden schon entsprechende Handels-
gespräche geführt, wie man weiß. In früheren Pe-
68 rioden galt dort Fettleibigkeit schon einmal als
Ausweis des Wohlstands. Deshalb wird es nicht
70 schwer sein, den doppelten Cheeseburger und den
Big Mac in China heimisch zu machen. Bis das
72 Durchschnittsgewicht von anderthalb Milliarden
Chinesen allerdings bei 300 Kilo liegt, muss noch
74 viel Cola den Yangtse hinunter fließen, was die entsprechenden Aktionäre kaum erwarten können.
76 Warum wird das nicht verboten? Haben wir ein
Gesundheitsministerium oder nicht? Damit sich
78 die Bundesbürger nicht gegenseitig umbringen
(oder Selbstmord verüben), haben wir ein strenges
80 Waffengesetz. Dem Konsumenten ist es ziemlich
unmöglich, einen Revolver zu kaufen. Aber Junk-
82 food wird ihm geradezu aufgedrängt. Nur weil
noch niemand untersucht hat, woran mehr Leute
84 sterben, an schlechten Kalorien oder an der Kugel?
[…]

QUELLE: Die Zeit 15/2000, 06. 04. 2000

Schritt für Schritt eine Textinterpretation verfassen

1. Text lesen

Lesen Sie den Input-Text. Nachdem Sie sich im Rahmen einer Prüfungssituation dafür entschieden haben, die Aufgabe der Textinterpretation zu wählen, lesen Sie den Text mehrmals und genau.
Markieren Sie Auffälligkeiten. Notieren Sie Einfälle und Erkenntnisse. Machen Sie stichwortartige Notizen.
Legen Sie sich Rechenschaft über Unklarheiten (Begriffe, sprachliche Bilder, Bedeutung …) ab. Versuchen Sie Unklarheiten durch erneutes Lesen des Gesamttextes, durch intensives Lesen des entsprechenden Absatzes sowie durch Nachschlagen zu beseitigen. Überlegen Sie, ob nicht Erschließbares eventuell in der Intention des Textes liegt. Wollte der Autor bewusst etwas im Unklaren lassen oder geht es um literarische Leerstellen, die die Lesenden für sich interpretieren müssen? Wenn dies der Fall ist, formulieren Sie (später) diese Erkenntnis und arbeiten Sie sie in Ihre Textanalyse ein.

2. Vorwissen aktivieren

Rufen Sie Ihr Fachwissen zu Textsorten, Ihre literarische Bildung, Ihr historisches und politisches Wissen, Ihr Wissen über Alltagssituationen, über Kommunikation usw. auf und verbinden Sie es mit den Textinhalten.

3. Aufgabenstellung erfassen:

Textinterpretationen folgen in den meisten Fällen dem Schema *Textwiedergabe – Textanalyse – Textdeutung*. Prüfen Sie jedoch im konkreten Fall immer, ob dies auch zutrifft.
Achten Sie in Zusammenhang damit auf die *konkreten Operatoren*:
Der erste Operator betrifft meist die Textwiedergabe. Er wird berücksichtigen, ob der zu behandelnde Text eine

Geschichte erzählt, eine Momentaufnahme ist, eine Stimmung wiedergibt, ein Motiv behandelt usw. Dementsprechend sind die Operatoren formuliert:

— **Fassen** Sie den Text (kurz) **zusammen**.
— **Geben** Sie die Handlung **wieder**.
— **Benennen** Sie die Stationen des Scheiterns der Hauptperson.
— **Beschreiben** Sie die Gefühlslage der Hauptperson.

Der zweite Operator verlangt meist eine Analyse. Achten Sie darauf, welche Aspekte des Textes von Ihnen untersucht werden sollen. Steht ein einzelner Aspekt im Mittelpunkt oder sind es mehrere? Sollen Sie sich auf sprachliche Besonderheiten, auf das Verhalten einer Figur, auf die kommunikative Situation, auf Kennzeichen der Textsorte usw. konzentrieren?

Der Operator muss allerdings nicht unbedingt **analysieren** lauten, genauso sind untersuchen, **erschließen**, **erklären**, **erläutern** möglich. Ebenso kann hier ein Vergleich verlangt sein.

In diesem Fall erstellen Sie am besten eine Tabelle, in der Sie Unterschiede und Gemeinsamkeiten von Texten eintragen:

Unterschiede		Gemeinsamkeiten von Text 1 und 2
Text 1	**Text 2**	

Für die Gliederung haben Sie drei Möglichkeiten:

1) Sie besprechen zuerst Text 1 und dann Text 2 unabhängig voneinander, abschließend führen Sie den Vergleich durch.
2) Sie besprechen den für Sie ergiebigeren Text intensiv. Der zweite Text wird nicht intensiv und im Gesamten besprochen, sondern immer in Bezug zum ersten.
3) Sie gehen von den Aspekten aus und beziehen sich immer sowohl auf Text 1 wie auf Text 2. Diese Vorgangsweise erfordert auf jeden Fall eine gute Gliederungsübersicht über die Aspekte.

Der dritte Operator zielt auf die Deutung des Textes ab. Oft wird auch ausdrücklich verlangt, dass Sie die Analyse für Ihre Deutung fruchtbar machen:

— Interpretieren Sie aufbauend auf Ihrer sprachlichen Analyse der Rede die mögliche Absicht des Verfassers.

Auch die Interpretation kann auf einzelne Aspekte abzielen:

— Setzen Sie sich mit der Hypothese auseinander, dass in diesem Text das Motiv des Mitleids im Mittelpunkt steht.
— Diskutieren Sie Möglichkeiten zum Verständnis des letzten Absatzes.
— Bewerten Sie den Einsatz der vorliegenden sprachlichen Mittel.
— Deuten Sie den Satz „Die Mutter würde die Karte an den Kühlschrank kleben und Erbsen aus dem Eisfach holen." (siehe S. 67)

4. Text nach Erschließungsmerkmalen untersuchen

Je nach literarischer oder pragmatischer Textsorte wenden Sie passende Erschließungsmerkmale zur Analyse des Textes an. Überlegen Sie immer mit, welche Interpretationsansätze sich mit jedem Analysepunkt ergeben: Sind formale und sprachliche Kennzeichen typisch für die vorliegende Textsorte, den Autor oder die Autorin, eine literarische Epoche? Welche darüber hinausgehenden Auffälligkeiten liegen vor? Wie können die Erkenntnisse für die Interpretation genutzt werden? Beziehen Sie Ihr Wissen über die Entstehungszeit ein. Nutzen Sie die Hinweise in der Infobox.

5. Interpretationshypothese formulieren

Ziehen Sie ein Resümee aus ihrer Untersuchung.

TIPP Formulieren Sie Ihre Interpretationshypothese schriftlich in ein bis zwei Sätzen (nicht stichwortartig). So haben Sie beim Schreiben immer den Bezugspunkt.

6. Gliederung überlegen

Hier müssen Sie auf die Aufgabenstellung zurückgreifen. Wenn Sie den Operatoren folgen, haben Sie zumindest die Grobgliederung. Aber achten Sie darauf, dass Sie die drei bis vier von den Operatoren geforderten Teile gedanklich und sprachlich gut miteinander verknüpfen! Sie müssen sich nicht an die von den Operatoren vorgegebene Reihenfolge halten. Gerade eine Textinterpretation ist dann besonders gelungen, wenn Analyse und Interpretation gut miteinander verknüpft sind oder zumindest mehr und mehr ineinander übergehen.

TIPP Analysieren Sie zuerst allgemeine und offensichtliche Merkmale und führen dann mehr und mehr zu jenen Merkmalen hin, die für die Interpretation entscheidend sind. (Siehe die Lösung zu „Schulgaleere steuert auf Bildungskatastrophe zu", S. 85 f.)

Im Umgang mit der Interpretationshypothese sind zwei Muster möglich: Man entwickelt die Interpretationshypothese und schließt mit ihr ab. Oder man eröffnet (den Hauptteil) mit der Interpretationshypothese und argumentiert sie dann.

7. Text verfassen

Eröffnet wird die Textanalyse mit den üblichen Einleitungszeilen, die informieren über: Autorin oder Autor, Texttitel, Textsorte, Entstehungszeit, Quelle (vor allem bei Sachtexten), Thema, bei literarischen Texten unter Umständen Stoff oder Motiv.

TIPP Überprüfen Sie in der Überarbeitungsphase insbesondere Ihre Hinweise zu Thema und Motiv nochmals. Im Laufe des Schreibens kann sich ergeben, dass man ein anderes Thema oder Motiv im Mittelpunkt sieht. Dies muss dann korrigiert werden.

Formulieren Sie sachlich. Verwenden Sie die richtigen Wendungen (Kollokationen), Präpositionen (Der Text handelt von … Und nicht: Der Text handelt über …) und Fachbegriffe. Schreiben Sie normgerecht. Denken Sie immer an die gedankliche Gliederung. Verbinden Sie die einzelnen Ausführungen mit entsprechenden Konjunktionen und Verweiswörtern. Beobachten Sie beim Schreiben Ihre Satzmuster: Setzen Sie je nach Wirkung kürzere und längere Sätze ein. Beachten Sie den Grundsatz: Ein Gedanke – ein Satz. Vermeiden Sie unübersichtliche Satzkonstruktionen, z. B. die meist grammatikalisch unkorrekt endenden „dass wenn"-Sätze.
Achten Sie auf die Verhältnismäßigkeit der einzelnen Teile Ihrer Arbeit: Wenn mit dem ersten Operator eine Zusammenfassung des Textes gefordert ist, dann geht es hier nicht um eine klassische Inhaltsangabe oder um die Textsorte Zusammenfassung, sondern wirklich um eine knappe Information.
Bauen Sie Zitate zielführend und korrekt ein (siehe unten).

8. Geschriebenen Text überarbeiten

1. Durchgang
In Prüfungssituationen ist eine radikale Überarbeitung kaum leistbar. Das UWE-Muster (Umstellen – Weglassen – Ergänzen) ist in einigen Fällen aber dennoch möglich:
— Umstellen: Einzelne Absätze lassen sich auch am Schluss noch verschieben. Aber achten Sie dabei, ob die Anschlüsse und Verweise noch stimmen!
— Weglassen: Streichen Sie Überflüssiges oder bereits einmal Gesagtes, wenn die Wiederholung keine Funktion hat.
— Ergänzen: Gedankliche, logische, informative, sprachliche Lücken müssen ausgefüllt werden.
2. Durchgang
Überprüfen Sie die Angemessenheit des Wortschatzes. Korrigieren Sie unpassende Begriffe, umgangssprachlichen Ausdruck, schiefe Wendungen, unkorrekte Präpositionen.
3. Durchgang
Konzentrieren Sie sich auf die normative Sprachrichtigkeit: Rechtschreibung, Grammatik.

TIPP Wenn Sie unter Zeitdruck geraten, absolvieren Sie auf jeden Fall Durchgang 2 und 3!

Der Umgang mit Zitaten

Analysen und Interpretationshypothesen müssen Sie mit Stellen aus dem Text belegen. Das heißt, Sie müssen Ihre Aussagen mit Hinweisen auf den Text abstützen. Der genaueste Beleg erfolgt durch die Anführung von Zitaten. Beachten Sie dabei folgende Regeln:

Korrekt zitieren
— Zitate müssen dem Original entsprechen und in Anführungszeichen gesetzt werden:
> Der kurze Prosatext beginnt mit einem einfachen Satz, der die Figur, ihre Handlung und den Ort umfasst: „Ida sitzt kaugummikauend vor der Waschmaschine."

In diesem Fall wird ein ganzer Satz zitiert, er endet mit einem Punkt. Der Punkt wird daher mitzitiert und der gesamte Satz, bestehend aus dem eigenen Satz und dem zitierten Satz, benötigt keinen weiteren Punkt.

Dies entspricht ganz der Zeichensetzung der direkten Rede. Sie sagte: „Ich habe den Roman ausgelesen."

> Goethe beginnt sein Gedicht mit einem schlichten Hauptsatz: „Es war ein König in Thule".

In diesem Fall weist der zitierte Satz keinen Punkt auf. Der Punkt wird daher nach dem zitierten Satz gesetzt.

— Auslassungen müssen durch drei Punkte in eckigen Klammern gekennzeichnet werden:

> Dass sich Ida wohl kaum dazu aufraffen wird, tatsächlich nach Afrika zu gehen, macht die Erzählerin dadurch klar, dass Einleitungs- und Schlusssatz fast identisch sind: „Ida sitzt […] vor der Waschmaschine." Alles, was sich geändert hat, ist der Umstand dass sie zu Beginn einen Kaugummi kaut und am Ende eine Zigarette raucht.

— Werden einzelne, nicht zusammenhängende Wörter oder Wortgruppen zitiert, müssen sie jedes Mal mit Anführungszeichen versehen werden:

> Die Nomen „Reiter", „Schlacht", „Feuer", „Feld" und „Nacht" in der vierten Strophe können alle mit dem Krieg in Verbindung gebracht werden.

— Zitate können auf verschiedene Weise in eigene Ausführungen integriert werden:

> Auffällig ist, dass das Symbol der Treue („Ring") in der Situation des Zerbrechens die Verkleinerungsform annimmt und zum „Ringlein" wird.

— Bei der Integration von Zitaten in die eigenen Ausführungen müssen Sie darauf achten, dass Sie erstens notwendige Anpassungen vornehmen und zweitens diese Anpassungen durch eckige Klammern kennzeichnen.

> Am Schluss hält das lyrische Ich die Geräusche des „Mühlenrad[es]" nicht mehr aus.

Nicht korrekt ist:

> *Das Geräusch **des „Mühlrad"** wird zur Qual. = **Grammatikfehler**
>
> *Das Geräusch **des „Mühlrades"** wird zur Qual. = **Zitatfehler**

Zitieren Sie über einen Vers oder über eine Strophe hinaus, muss das Versende mit einem Schrägstrich, das Strophenende mit zwei Schrägstrichen markiert werden:

> Zum Schluss erfolgt ein fast ritueller Abschied vom Becher, der vom König bis ans Ende mitverfolgt wird: „Und warf den heiligen Becher / Hinunter in die Flut. // Er sah ihn stürzen, trinken / Und sinken tief ins Meer".

Korrekte und konkrete Fachbegriffe verwenden

— Oft ist hilfreich und notwendig, die Zitate mit grammatischen oder literarischen Fachbegriffen zu bezeichnen. Achten Sie auf die notwendigen und korrekten Begriffe:

Die folgende Ausführung ist nicht korrekt:

> *Viermal in Folge schreibt die Autorin die Sätze **„Sie würde".** = **kein vollständiger Satz**

„Sie würde" ist kein Satz, sondern eine Satzeinleitung bzw. eine Einleitung des Satzes. Richtig wäre also:

> Viermal in Folge beginnt die Autorin die Sätze mit der Einleitung „Sie würde […]".

Oder:

> Viermal in Folge leitet die Autorin die Sätze mit der Formel „Sie würde […]" ein.

 — Setzen Sie Fachbegriffe ein.

Die einmalige oder mehrmalige Wiederholung eines Wortes oder einer Wortgruppe am Beginn aufeinander folgender Sätze, Absätze, Verse, Strophen … nennt man Anapher (Adjektiv: anaphorisch) (siehe S. 50). Schreiben Sie daher:

> Die nächsten vier aufeinander folgenden Sätze beginnen mit der Anapher „Sie würde".

— Verwenden Sie konkrete Begriffe. Schreiben Sie nicht *Wörter*, wenn konkret *Nomen* gemeint sind:

> Die Nomen „Reiter", „Schlacht", „Feuer" und „Feld" weisen auf einen Kriegsschauplatz hin.

Schreiben Sie nicht: *Die Verwendung von „wär's" zeigt …*, sondern schreiben Sie:

> Die Verwendung des Konjunktivs II („wär's"), deutet darauf hin, dass …

Die Platzierung des Zitats angeben

— Geben Sie an, aus welcher Stelle im Text das Zitat entnommen wurde. Verwenden Sie dabei die korrekten Bezeichnungen:

Ein Sachtext besteht zumeist aus
  – Abschnitten (gekennzeichnet durch Zwischenüberschriften),
  – Absätzen (gekennzeichnet durch Leerzeilen oder Einrückungen),
  – Zeilen (in Prüfungsaufgaben oft durch Zeilennummerierung angezeigt),
  – einer Vorbemerkung, einem Vorspann bzw. dem Einleitungsabsatz (oft gekennzeichnet durch Hervorhebung, z. B. durch kursive Schrift)
  – dem Schlussabsatz und manchmal
  – einem Abstract (ebenfalls oft kursiv hervorgehoben)

Ein epischer Text gliedert sich in Kapitel, Abschnitte, Episoden, Einleitung, Hauptteil/Höhepunkt, Schluss, Absätze, Zeilen …

Der vorletzte Satz ergänzt den elliptischen Titel der Kurzgeschichte mit Subjekt und Prädikat: „Ida braucht fünf Minuten für eine Zigarette."

Ein Drama kann Vorspiel/Prolog, Akte/Aufzüge, Szenen/Auftritte, Epilog und Verse aufweisen.

„Kein Zweifel, das Menschenmaterial ist erschöpft und krank." (39. Szene)

Ein Gedicht besteht aus Strophen und Versen/Verszeilen/Zeilen.

Der Schlussvers deutet auf ein neues, nun wieder selbstbestimmtes Leben hin: „Ich lebe."

Das Zitat in einen Handlungszusammenhang oder gedanklichen Zusammenhang stellen

Zitate dürfen nicht aus dem Zusammenhang gerissen werden. Es hat keinen Sinn, zu schreiben: *Die Geschichte beginnt damit, dass eine junge Frau namens Ida zuhause alleine vor der Waschmaschine sitzt und Kaugummi kaut. In Z. 7 will sie nach Afrika, „denn hier ist es ihr zu kalt."* Falls der Text Zeilennummerierung aufweist, können Sie die Zeilennummer in einer Klammer nachstellen.

Der zweite Absatz besteht im Gegensatz zum ersten, der Idas triste Situation veranschaulicht, aus nur einem Satz und nennt ihren Wunschtraum: „Sie möchte nach Afrika, hier ist es ihr zu kalt." (Z. 7)

Auf die Funktion von Zitaten achten

— Zitate haben im Wesentlichen zwei Funktionen (vgl. Eco 1998, S. 196):

a) Das Zitat dient zur anschließenden Auseinandersetzung und Interpretation:

Ida hofft aber auf eine Besserung der Kommunikation mit ihren Eltern. „Sie würde eine zweite Karte an ihre Eltern schreiben: Ich komme wieder, wenn es warm wird." An diesem Satz zeigt sich meines Erachtens, dass Ida nicht jede Hoffnung aufgegeben hat. Sie hofft darauf, dass ihre Eltern darüber nachdenken, warum sie nach Afrika weggegangen ist. Sie hofft darauf, dass die Eltern zur Besinnung kommen, ihr nachtrauern und sich um sie bemühen. Sie hofft darauf, dass ihre Eltern herzlich zu ihr sind und wieder Herzenswärme ausstrahlen.

b) Das Zitat unterstützt die zuvor gemachten Aussagen, es unterstützt die Analyse bzw. Interpretation:

Einerseits möchte das betrogene lyrische Ich sein weiteres Leben als Sänger verbringen, also eine Künstlerlaufbahn einschlagen, andererseits möchte es Soldat werden und in den Krieg ziehen. Es zeigt sich somit, dass der Verlassene nach dem Bruch der Liebesbeziehung orientierungslos ist. Dessen ist er sich aber auch bewusst, denn er sagt von sich selbst: „Ich weiß nicht, was ich will".

— Keinen Zweck haben Zitate, die die eigenen Ausführungen ersetzen, vor allem, wenn es um die Wiedergabe des Inhalts geht:

*Ida stellt sich dann die Situation vor, wenn Sie in Afrika wäre: „Niemand würde mehr Zigaretten rauchen, wenn die Mutter weg ist.

Niemand würde kiffen, wenn der Vater weg ist.

Der Freund würde sowieso nicht mehr kommen."

Ebenso überflüssig sind Zitate, die die eigenen Ausführungen bloß wiederholen oder untermalen:

*Dann stellt sich Ida vor, dass Sie aus Afrika ein Karte an ihre Eltern schicken würde: „Später würde sie eine Karte aus Afrika schreiben."

QUELLE: Eco, Umberto: Wie man eine wissenschaftliche Abschlußarbeit schreibt. Doktor-, Diplom- und Magisterarbeiten in den Geistes- und Sozialwissenschaften. Heidelberg: C. F. Müller 1998.

Ü25 Setzen Sie die jeweiligen Zitate mit den dazugehörigen Satzzeichen in die beiden Texte ein (Dazu müssen Sie auf den Text „Für eine Zigarette 5 Minuten" auf der S. 67 f. und die drei Gedichte auf S. 70 f. zurückgreifen):

Ida stellt sich vor, wie es wäre, wenn sie tatsächlich nach Afrika ginge. Dass der Platz vor der Waschmaschine dann leer bliebe, unterstreicht die Erzählerin durch die zweimalige Satzeinleitung

_____

Dass Idas Freund wohl keinen Kontakt zu ihren Eltern hat oder von diesen sogar abgelehnt wird, zeigt die lakonische Vermutung _____

Der erste und der letzte Satz der Geschichte sind fast ident. Nur das Partizip _____
wird durch ein anderes Partizip ersetzt, nämlich _____

Die Liebe ist erkaltet, doch das Mühlrad dreht sich weiter. Es wird dem lyrischen Ich aber nicht mehr warm ums Herz, wenn er an die zerbrochene Liebe denkt. Daher steht das Mühlrad auch nicht an einem idyllischen Ort, sondern _____

Ulla Hahns Gedicht ist geprägt durch den Zeilensprung. Die erste Zeile jeder Strophe kann zwar als vollständiger Hauptsatz gelesen werden, doch dann folgt in der zweiten Zeile sozusagen der Gegenstand des Verzeihens. In der letzten Strophe ist dieses Objekt überraschenderweise der ehemalige Liebespartner selbst. Der vollständige Satz lautet: _____

Textquellenverzeichnis
S. 4: Jürgen Baurmann: Sachtexte lesen und verstehen. Seelze: Friedrich 2009, S. 41-45.
S. 4: Duden, Bd. 7: Das Herkunftswörterbuch: Etymologie der deutschen Sprache. Die Geschichte der deutschen Wörter bis zur Gegenwart. Mannheim: Bibliographisches Institut 2001, S. 741-742.
S. 5: http://kurier.at/chronik/wien/bank-filialleiter-zweigte-1-4-millionen-euro-ab/89.821.524; 08. 10. 2014
S. 6/7: Isabella Wallnöfer: Kommunikation als „erotischer Akt". In: Die Presse, 02. 09. 2015
S. 10 f.: derStandard.at, 30.05.2012; http://derstandard.at/1336698138449/Schwarzmarkt-Illegaler-Organhandel-boomt-Bis-zu-160000-Euro-fuer-eine-Niere; 08. 12. 2014
S. 14 f.: Julia Schilly: Vertreibung von Indigenen für Naturschutz in Indien. In: Der Standard, 28. 10. 2014; http://derstandard.at/2000007275478/Vertreibung-von-Indigenen-fuer-Naturschutz-in-Indien
S. 16 f.: http://www.spiegel.de/unispiegel/wunderbar/facebook-luege-hollaendische-studentin-taeuscht-asien-reise-vor-a-998943.html; 01. 03. 2015
S. 18 f.: http://www.salzburg.com/nachrichten/welt/chronik/sn/artikel/happy-dying-suedkoreaner-ueben-das-sterben-131706/; 21. 12. 2014
S. 20: http://www.journalist.de/ratgeber/handwerk-beruf/redaktionswerkstatt/schreibblockade-14-journalisten-erklaeren-was-sie-dagegen-tun.html; 18. 01. 2015
S. 20 f.: Bastian Sick: Der traurige Konjunktiv. http://www.spiegel.de/kultur/zwiebelfisch/zwiebelfisch-der-traurige-konjunktiv-a-329309.html; 18. 01. 2015
S. 22: Vgl. Hans-R. Fluck: Fachsprachen. Einführung und Bibliographie. Tübingen: A. Francke 1996, S. 47 und S. 55f.
S. 22: Hermann Maier/Fritz Schweiger: Mathematik und Sprache. Zum Verstehen und Verwenden von Fachsprache im Mathematikunterricht. Wien: öbv&hpt 1999, S. 105.
S. 22: Josef Leisen (2010): Handbuch Sprachförderung im Fach. Sprachsensibler Fachunterricht in der Praxis. Bonn: Varus, S. 49-52.
S. 23: Gunter E. Grimm: Von der Käuflichkeit der Moral. Dürrenmatt, „Der Besuch der alten Dame", 1956. In: Klaus-Michael Bogdal und Clemens Kammler (Hg.): München: Oldenbourg 2000, S. 144-149. Hier S. 144.
S. 23: http://www.ris.bka.gv.at/Ergebnis.wxe?Abfrage=Gemeinderecht&Titel=&Bundesland=&Gemeinde=&GZ=&Datum=16.11.2012&IndexTyp=Undefined&ImRisSeit=Undefined&ResultPageSize=50&Suchworte=Hund&Position=1; 16. 11. 2013
S. 24: Stefan Schäfer: deutsch. kompetent. Vertiefungskurs. Stuttgart: Klett 2010, S. 30
S. 24: http://www.lesenundverstehen.at/pluginfile.php/501/mod_label/intro/6_lehrer.pdf; 11. 01. 2015
S. 26: Merz-Grötsch, Jasmin: Diagramme auswerten. In: Deutsch 5-10, 7/2006, S. 32-35, durch eigene Angaben ergänzt.
S. 28: http://www.salzburg.com/nachrichten/dossier/20jahreeu/sn/artikel/was-oesterreich-der-eu-beitritt-gebracht-hat-133051/, 31. 12. 2014
S. 29: https://www.wko.at/Content.Node/iv/presse/wkoe_presse/presseaussendungen/Studie__Einstellungen_zur_EU.pdf; 11. 01. 2015
S. 30-32: http://www.zeit.de/2002/45/Die_Suche_nach_den_Narben_der_Kindheit/komplettansicht; 31. Oktober 2002; 07. 01. 2015
S. 33 f.: ZEIT Wissen, Nr. 01/2011; http://www.zeit.de/zeit-wissen/2011/01/Freundschaft/komplettansicht; 29. 12. 2014;
S. 33 f.: Johann Stangel, Reinhard Stockinger: Sprachräume 3. Deutsch für die AHS-Oberstufe, Schülerbuch 11. Schuljahr. Wien: öbv, S. 50-51.
S. 36: Horst Sitta: Linguistik der Schriftlichkeit/Textlinguistik. Bozen o. J. (unpubliziertes Vorlesungsskriptum)
S. 38: Jakob Pflügl: Zeitverschwendung oder wichtige Auszeit? http://derstandard.at/2000002211370/Die-letzten-zwei-Schulwochen-Zeitverschwendung-oder-wichtiger-Perspektivwechsel; 08. 10. 2014
S. 39 f.: Lisa Nimmervoll: Zentralmatura: Reif am Tag X – und dann? http://derstandard.at/2000009833137/Zentralmatura-Reif-am-Tag-X-und-dann; 30. 12. 2014
S. 40: Martin Hussong, Artur Schütt, Brigitte Stuflesser: Textanalyse optisch. Düsseldorf: Schwann 31977, S. 11-16.
S. 41: Theodor Storm: Immensee. In: Theodor Storm: Gesammelte Werke in 4 Bänden, hg. von Karl Ernst Laage und Dieter Lohmeier. Band 1: Gedichte/Novellen 1848-1867. Darmstadt: Wissenschaftliche Buchgesellschaft 1998, S. 295-296 und 327-328.
S. 42 f.: Karl Jaspers: Arbeit und Eigentum. In: Jakob Lehmann, Hermann Glaser: Arbeitshefte zum Oberstufenaufsatz. Frankfurt/Main: Diesterweg 131975, S. 69-70.
S. 44: Heinz Gierlich: Analyse fiktionaler Texte: Das „große Ganze" im Blick behalten. In: Deutschunterricht 4 (2011), S. 27.
S. 44: Karl Otto Conrady: Der Große Conrady. Das Buch deutscher Gedichte. Düsseldorf: Artemis & Winkler 2008, S. 485.
S. 45: Swantje Ehlers: Studienbuch zur Analyse und Didaktik literarischer Texte. Hohengehren: Schneider 2010, S. 257
S. 45: Alois Scheucher u. a.: Zeitbilder 5&6. Wien: öbv 2011, S. 118.
S. 46: Nils Mohl: Es war einmal Indianerland. Hamburg: rororo 32012, S. 13-14.
S. 46: Swantje Ehlers: Studienbuch zur Analyse und Didaktik literarischer Texte. Hohengehren: Schneider 2010
S. 51: Alo Allkemper, Norbert Otto Eke: Literaturwissenschaft. Paderborn: UTB 32010, S. 154
S. 51: Anne-Laure Bondoux: Die Zeit der Wunder. Hamburg: Carlsen 2011, S. 5
S. 51: Karl Otto Conrady: Der Große Conrady. Das Buch deutscher Gedichte. Düsseldorf: Artemis & Winkler 2008, S. 171.
S. 52: Antonio Fian: Kaufrausch. In: Der Standard, 13./14. 12. 2014, http://derstandard.at/2000009321029/Dramolett-Kaufrausch?_lexikaGroup=1; 02.01.2015
S. 55 f.: Jenny Erpenbeck: Haare. In: Christine Hummel (Hg.): Kürzestgeschichten. Texte und Materialien für den Unterricht. Stuttgart: Reclam 2010 (Reclams Universal-Bibliothek 15064), S. 103-106.
S. 55 f.: Manfred Perterer: Wer nichts weiß, muss alles glauben; http://www.salzburg.com/nachrichten/meinung/standpunkt/sn/artikel/wer-nichts-weiss-muss-alles-glauben-134068/; 11. 01. 2015
S. 56: Martin Fix: Texte schreiben. Schreibprozesse im Deutschunterricht. Paderborn: UTB 22008, S. 179-180.
S. 59: Thomas Bernhard: Erzählungen. Kurzprosa, hg. v. Hans Höller, Martin Huber, Manfred Mittermayer (= Werke Band 14), Frankfurt am Main: Suhrkamp 2003, S. 213.
S. 62: Otfried Preußler: Phantasie und Wirklichkeit. In: H. Pleticha (Hg.): Sagen Sie mal, Herr Preußler... Stuttgart: Thienemann 1998, S. 56-65. Zitiert nach: Kaspar H. Spinner: Literarisches Lernen. In: PRAXIS DEUTSCH, H. 200, S. 6-16, hier S. 8. Abrufbar unter: http://www.unioldenburg.de/fileadmin/user_upload/niederlandistik/download/Literatur/Spinner,Kaspar_H_Literarisches_Lernen.pdf; 30. 12. 2014
S. 62: Günter Kunert: Tagträume in Berlin und andernorts. Kleine Prosa, Erzählungen, Aufsätze. München: Carl Hanser Verlag. 1972. Abrufbar unter: http://home.bn-ulm.de/~ulschrey/handl-prod-orient_lit-unt/sII-beisp_handl-prod-orient_lit-unt.pdf; 19. 12. 2014
S. 62: Ivo Braak: Poetik in Stichworten. Kiel: Hirt 1980, S. 38
S. 63: Peter Bichsel: Eigentlich möchte Frau Blum den Milchmann kennenlernen. Olten/Freiburg i. Br.: Walter 1964
S. 65: http://www.leseforum.ch/sysModules/obxLeseforum/Artikel/434/verstehen-und-nicht-verstehen-im-gespraech.pdf 02. 01. 2015
S. 65: Clemens J. Setz: Die Liebe zur Zeit des Mahlstädter Kindes. Frankfurt/Main: Suhrkamp 2012, S. 255. Abrufbar unter: http://multiplyme.wordpress.com/2012/07/29/eine-sehr-kurze-geschichte-clemens-j-setz/; 30. 12. 2014
S. 67 f.: Paula Köhlmeier: Maramba. Wien: Zsolnay 2005, S. 93f.
S. 69 f.: Patrick Kovacs: Grenzenlos. In: Der Standard, 02. 12. 2000
S. 70: Ulla Hahn: Liebesgedichte. Stuttgart: DVA 1993
S. 70: Johann Wolfgang von Goethe: Werke. Jubiläumsausgabe. Hg. v. Friedmar Apel u.a. Darmstadt: Wissenschaftliche Buchgesellschaft 1998, Bd. 1, S. 116 f.
S. 70: Otto Conrady (Hg.): Lauter Lyrik. Der Kleine Conrady. Eine Sammlung deutscher Gedichte. Düsseldorf: Artemis & Winkler 2008, S. 237
S. 75: Rüdiger Safranski: Romantik: Eine deutsche Affäre. München: Hanser 2007, S. 214
S. 76: Gerhard Härle: Lyrik – Liebe – Leidenschaft. Motivgeschichtlicher Streifzug durch die europäische Liebeslyrik. O.O., o.J.; http://www01.ph-heidelberg.de/wp/haerle/download/Haerle_LiebLyr_310306.pdf; 28. 01. 2015
S. 78: Günther Einecke, Maximilian Nutz: deutsch.kompetent. Zielgerichtet zum Abitur. Stuttgart: Klett: 2009, S. 415
S. 80: Karl Kraus: Die letzten Tage der Menschheit. 2 Bände. München: dtv 1964, Bd. 2, S. 112-114
S. 83 f.: Die Presse, 07. 10. 2014
S. 87 f.: Wolfram Siebeck: Selbstmord mit 10 Fingern. In: Die Zeit 15/2000; 06. 04. 2000
S. 92: Umberto Eco: Wie man eine wissenschaftliche Abschlußarbeit schreibt. Doktor-, Diplom- und Magisterarbeiten in den Geistes- und Sozialwissenschaften. Heidelberg: C. F. Müller 1998.

Lösungen:

Zusammenfassung

S. 23:

Ü 10: sind ... fest verankert = Zustandspassiv. Ausgehend von der Entwicklung der Schweiz zu einer Wohlstandsgesellschaft = umfangreiche Partipizialkonstruktionen. ... legt ... eine kritische Parabel von der subversiven Macht des Geldes vor, vor dem Hintergrund des Kalten Krieges steigert er in den Physikern diese Kritik zur Negativutopie privatwirtschaftlicher Omnipotenz = Komplexe Satzkonstruktion; Fremdwörter, Fachtermini

Ü 11: Ein **juristischer Fachtext (= Gesetzestext):** Gemeinde Afritz am See; Thema: Hundehaltung. Allgemein: Komplexe Satzkonstruktion. Wird ... gehalten = uneingeleiteter Gliedsatz; Passiv. verendeten, getöteten, abgegebenen oder sonst wie abhanden gekommenen Hundes = Verkürzung der Aussage durch Partizipien/Passiv. ... entrichtet wurde = Passiv. Abga-

benschuldner = juristischer Fachterminus. ... die Verpflichtung zur Leistung der Hundeabgabe nur hinsichtlich des Differenzbetrages = umfangreiches Attribut. Auf das Vorliegen der Voraussetzungen dieses Absatzes ist bei der Meldung gemäß § 9 Abs. 1 besonders hinzuweisen = Nominalisierung; Fachvokabular/fachspezifische Abkürzungen; unpersönliche Ausdrucksweise

Zusammenfassung: Wurden von einer Hundehalterin/einem Hundehalter in einer Gemeinde für das laufende Jahr bereits alle Abgaben für einen Hund geleistet, so sind bei Abhandenkommen dieses Tieres für einen neuen Hund derselben Abgabekategorie keine Abgaben zu entrichten oder nur mehr der Differenzbetrag bei einem größeren Tier.

S 24:

Ü 12: Beispiel: Im Bundesland Kärnten beträgt der Anteil der inländischen Studierenden an der inländischen Wohnbevölkerung im Alter von 20 bis 26 Jahren zwischen 50,1 bis 63,3 %.

Textanalyse

S. 33:

Ü 1

Aspekte zur Analyse von Sachtexten

der Textinhalt (das Thema)	Überlegungen zur Zukunft der neuen Reifeprüfung
Textfunktion	Information, Klärung und Appell
Kommunikationsform	Kommentar – schriftlicher Text, erschienen in der Tageszeitung „Der Standard"
Handlungsbereich	Öffentlich
Behandlung/Entfaltung des Themas und Textgliederung	Feststellung am Beginn: Zentralmatura errege die Gemüter schon lang; Einschränkung schließt an: Prüfung sei nur teilweise zentral. In einer Reihe anderer Länder habe die zentrale Abschlussprüfung eine lange Tradition. Vorteile einer zentralen Prüfung: Objektivierung der Ergebnisse und unbestrittener Wert. In Österreich hingegen hätten schlechte Ergebnisse bei einer Probeklausur sofort die Behauptung laut werden lassen, die Prüfung sei zu schwierig gewesen. Schlussfolgerung: Um eine Erhöhung des Niveaus gehe es den Kritikerinnen und Kritikern nicht, das Durchkommen gelte als selbstverständlich. Fazit der Autorin: Reifeprüfung werde es in der Zukunft nur dann geben, wenn sie niveauvoll und sinnvoll ist. Struktur des Textes: zentrale Behauptung steht am Beginn; Kommentar erläutert im Mittelteil die Behauptung, u. a. mit Verweis auf Situation außerhalb Österreichs. Schluss wiederholt Behauptung.
Satzbau	Kurze bis mittellange Sätze, manchmal unvollständig; überwiegend erweiterte Hauptsätze und Satzgefüge (meist mit Gliedsätzen ersten Grades); knappe Sätze formulieren nachdrücklich einfache Wahrheiten; Feststellungen werden etliche Male als rhetorische Fragen formuliert („Gibt es einen moralischen Anspruch auf Durchkommen bei der Matura? Für wen?")
Wortwahl	Text beginnt mit einem Personalpronomen, obwohl nicht sofort klar ist, worauf es sich bezieht – steigert die Neugier der Leserin/des Lesers; auffällig sind Abkürzungen (AHS, BHS); viele Wörter aus dem Bereich der Schule („Schule", „Zentralmatura", „Leistung", „Prüfung")

S. 46:

Ü 4

zurück: Sonntag, noch acht Tage Ferien

Tropfensalven wühlen das brackige Wasser des Flusses auf. Je länger man schaut, desto schaumiger und unruhiger wirkt die Oberfläche. Ein wildes Brodeln. Reinste Weltuntergangsstimmung. Da lässt sich nicht schönreden:

– Hunde und Katzen, sage ich.

Es puckert und klopft in einer Tour gegen den Schirm meiner Mütze. Ich ziehe sie tiefer in die Stirn. Rücke mit dem Hintern auf dem durchnässten Sand näher an das von mir gebuddelte Loch heran. Die Bandagen an meinen Händen erinnern an Kleidungsstücke, die man ungeschleudert aus der Waschmaschine holt.

– Die kommen nicht mehr, höre ich Mauser sagen.

Seine Stimme: weit weg und undeutlich (wie die hallenden Worte eines Predigers in einer halbleeren Kirche). Selbst meine eigene Stimme klingt im Kopf seltsam hohl wegen des Geprassels.

– Ja, es schütte Dobermänner und Säbelzahntiger, sage ich.

Baggere eine Handvoll Matsch an die Oberfläche. Mein Arm schwenkt aus: Das Zeug tropft auf die Zinne der Tropfburg. Mauser:

– Die Sache ist ein Flop, ein Fiasko, eine Honigdusche im Bärenzwinger.

– Dusche ja, Honig nein, sage ich. Beschirme mit der Hand die Augen, spähe flussaufwärts. Der Strand, die Promenade: menschenleer. Das Einzige, was sich im Moment bewegt, sind die struppigen Büsche vor der Flutschutzwand. Ihre Ästchen: winkende Arme (wie die von Zuschauern beim Rodeo). Mauser:

– Und dafür fährt man jetzt durch die ganze Stadt, einmal von der einen zur anderen Seite.

– Dafür natürlich nicht.

Ich schnippe mit dem Nagel des Zeigefingers gegen eine Tropfburgzinne, schaue den auseinanderstiebenden Sandteilchen beim Auseinanderstieben zu. Wende mich um. Linse im Sitzen über die Schulter.

Zum x-ten Mal der Kontrollblick zur Treppe.

Vom Strand führt sie vorbei an Ziergärtchen und schmucken Häuschen mit verwaisten Hochterrassen den grünen Hang hinauf. Ein verschwommenes Bild (wie frisch hingetuscht mit zu viel Wasser).

Nichts.

Zwei Figuren: Ich-Erzähler und Mauser; warten am Stadtrand am Ufer eines Flusses auf jemanden/etwas; starker Regen

S. 51:

Ü 5 Am Beginn des Romans „Die Zeit der Wunder" stellt der Ich-Erzähler sich seinen Leserinnen und Lesern vor. Sie erfahren seinen Namen (Blaise Fortune), sein Alter (12 Jahre am Beginn der Handlung, Geburtsdatum: 28. 12. 1985), den Geburtsort (Mont-Saint-Michel am Ärmelkanal), bekommen mitgeteilt, dass er das Foto seines Reisepasses verloren hat und Zollbeamte ihn ergriffen und festnahmen, weil sie seiner Geschichte nicht glaubten. Der Handlungsbeginn lässt Vermutungen entstehen, Handlung könnte von jemandem erzählen, der versucht, in einem fremden Land sein Glück zu finden.

Ü 6 Gedicht umfasst 14 Zeilen, Reimschema: abba; abba; ccd; eed → Gedichtform: Sonett: zwei Vierzeiler, zwei Dreizeiler. Metrum: Alexandriner; viele Zäsuren nach dem dritten Verstakt; männliche (a, d) und weibliche Kadenzen (b, c, e) Ausgewählte Stilmittel: Personifikationen („die Nacht schwingt ihre Fahn", „Traurt itzt die Einsamkeit"), Metaphern („der Glider Kahn", „Thal der Finsternüß"), Vergleich („Gleich wie diß Licht verfil"), Antithese (Tag-Nacht), Parallelismus (DEr schnelle Tag ist hin/die Nacht schwingt ihre Fahn"), Anapher („Laß"), Alliteration („Der Menschen müde Scharen")

S. 52:

Ü 7 Redeanteile der Frau sind am Beginn höher, jene des Praktikanten am Ende; häufiger Sprecherwechsel; fast alle Äußerungen sind kurz, zwei längere Äußerungen; Praktikant eröffnet Gespräch mit einer Mischung aus Feststellung und Frage; Frau antwortet mit Informationen über die Beschaffenheit von Weihnachtsgeschenken; will das Mikrofon des Praktikanten – Äußerungen nehmen zunehmend appellativen Charakter an; Frau bestätigt durch ihr Verhalten das zuerst verneinte Konsumdenken; Praktikant treibt Preis in die Höhe, indem er die Besonderheit des Mikrofons herausstreicht; sein Gespräch mit dem Rundfunkdirektor zeigt, dass Frau hinter das Licht geführt worden ist.

S. 54:

Ü 9 Die Journalistin Lisa Nimmervoll vertritt in dem Kommentar „Zentralmatura: Reif am Tag X – und dann?" vom 28. Dezember 2014 in der Tageszeitung „Der Standard" die Meinung, dass die Reifeprüfung in der Zukunft nur dann eine Existenzberechtigung hat, wenn es gelinge, sie sinnvoll und inhaltlich niveauvoll zu gestalten.

S. 55:

Ü 10

– Sachverhalt: Reaktionen vor allem Europas auf den Terroranschlag in Paris
– zentrale Behauptung: Die zunehmenden Spannungen in der Gesellschaft können nur durch offene, vorurteilsfreie Gespräche gelöst werden.
– Forderung: Schwierigkeiten und Probleme im Zusammenleben nicht verschweigen, sondern miteinander darüber sprechen und sich vorher informieren
– Argumente: Wertargumente dominieren: Toleranz, Forderung nach Einhaltung der Gesetze in Zusammenleben, Mäßigung und Klarheit in der Sprache …
– Zitierte Beispiele: Voltaire, Pegida-Bewegung in Deutschland
– Ausschließlich Argumente, die zentrale Behauptung (siehe oben) untermauern sollen
– Qualität der Argumente: schlüssig und relevant
– Struktur des Textes: Einleitung geht von dem Terroranschlag aus – Voltaires Ausspruch als Maßstab dafür, wie man mit Menschen umgehen sollte, die Meinungen vertreten, die sich von der eigenen deutlich unterscheiden – Terroristen haben stattdessen Gewalt eingesetzt, um Kritik zum Schweigen zu bringen; Mittelteil: Auflistung von Antworten, die Gesellschaft darauf geben soll; Schluss: Forderung nach klarer und vorurteilsfreier Diskussion aller Themen, die das Zusammenleben der Menschen erschweren.

Textinterpretation

S. 61:

Ü 2 **Mögliche Interpretationshypothesen:** Linkes Bild: Die Klimakatastrophe vernichtet die Menschheit. Ertrinkende suchen vergeblich nach Hilfe. Niemand kann ihnen mehr die Hand reichen. Rechtes Bild: Die beiden Waschmuscheln symbolisieren die Machtverhältnisse zwischen Schwarz und Weiß in den 60er-Jahren in den USA.

S. 62:

Ü 3 Sofort nach der Geburt haben die großen Konzerne den Menschen im Griff. Von früher Kindheit an schwören die global Players den Menschen auf Konsum ein. Mit ihren Produkten ist er glücklich …

S. 63:

Ü 5 Der Maler war als einfacher Soldat und Befehlsempfänger an den äußerst brutalen Isonzoschlachten im Ersten Weltkrieg beteiligt und erfährt die Schrecknisse dieser Schlacht, während der General die Propaganda (Trommler!) von Glanz und Glorie des Krieges vertritt.

Ü 6 **Beamtenklischees/Gemeinsamkeiten mit Text von Bichsel:** Beamte arbeiten wenig, machen dafür pünktlich (Mittags-)Pause, sind schnell überfordert, sind Bürokraten, behandeln die Parteien (=Kunden) herablassend, verschanzen sich hinter ihren Akten, fühlen sich nur hinter ihrem Pult und mit ihrer Amtsgewalt sicher, sehen sich als unentbehrlich, sind Sonderlinge, haben bestimmte Rituale, tragen Ärmelschoner, haben kleinbürgerliche Träume von einem besseren Leben als in der Amtsstube …

Parallelen: Typenbezeichnung im Titel; bei Bernhard der einzelne (Singular) Vorzugsschüler als Beispiel für alle, bei Bichsel die Gruppe (Plural).

Relevante Analysekriterien: kurzer Prosatext; vier Absätze; Thema im Titel; Stoff = alltäglich; Tagesablauf einer Berufsgruppe; großteils indirekte, eher stereotype Charakterisierung; Er-Erzähler; auktorialer Erzähler; ironisch-distanzierte Erzählhaltung; erzählte Zeit: ein Tag; Rahmen; beschreibende Sprache, v.a. Hauptsätze, Aufzählungen, oft verknüpft durch „und". **Sprachliche Muster → Aussagefunktion:** Aufzählung, Wiederholung → Monotonie. Parallelismus im Satz „Sie haben Stempel und Formulare […] sie haben Leute" → Menschen als Objekte. Zeitform Präsens → allgemeine Aussage, dauerhafte Gültigkeit. **Wirkung und Aussage des Rahmens:** Wiederholung, Beamte haben ihren festen Tagesablauf, bietet Sicherheit, Beamte verändern sich nicht, Eintönigkeit, fades Leben … **Unverständliches, Unaufgelöstes:** Der Rettichsalat könnte hier genannt werden. Er soll vielleicht die Schrulligkeit der Beamten zeigen/verstärken. **Auffälligkeiten bzw. Irritationen:** Beamten fehlt auf der Straße die sichere Umgebung des Amtes, dort „verschanzen" sie sich hinter Akten. Sie geben ihr Wissen sparsam weiter, weil sie sich so überlegen fühlen.

S. 65:

Ü 7 **Schritt 1:** Einleitungssatz ist gelungen, dann folgt statt der Beschreibung der Situation jedoch eher eine Inhaltsangabe, die vieles wortwörtlich aus dem Text übernimmt. Es wurden wichtige Aussagen zur Sprache und Struktur gemacht. Es gibt wesentliche Aussagen zur Interpretation und Sichtweise des Textes. **Schritt 2:** Einzelne Passagen des Textes wurden nicht interpretiert, sondern eher wiedergegeben oder zitiert, z.B. „Sie machen die Arbeit nur weil sie getan werden muss." Hier müsste man ergänzen. **Schritt 3:** Eine Umstellung von Textpassagen ist nicht notwendig; die Absätze könnten aber sprachlich besser verknüpft werden. **Schritt 4:** U.a. müssen folgende Formulierung überarbeitet werden: „In der Geschichte ist es Mittagspause", „Das Gedicht hat auch spezifische Verben", „ist ein Satz vorkommend", „wirkt ungefähr als ein Symbol", „Das sieht man, weil es", „Ein Beispiel darauf ist".

S. 66:

Ü 8 **Belege:** Schlüsselwörter sind hier: *lange und harte Arbeitstage, schmutzig rosafarbene, verletzlich wirkende Hautgebilde, Angst, schnitt ab, spülte sie im Klo hinunter, Sorge, Flügel kamen nie mehr wieder, kurzes Leben.*

S. 67:

Ü 11 **Inhalt:** Eine junge Frau sitzt vor der Waschmaschine und denkt über ihre Lebenssituation nach. Textsorte/Struktur: Kurzgeschichte, Rahmen. **Erzählform:** Personale Sie-Erzählerin; fast zeitdeckendes Erzählen. **Figur:** Junge Frau, wohnt zu Hause, desillusioniert, denkt daran, wie es wäre, wenn sie weg ist. Sprache: lakonisch; kurze Sätze, Hauptsätze, meist S-P-O, und Wenn-Sätze; Subjekt meist Ida und sie, ansonsten Vater, Mutter, Freund. **Sprache:** Anaphern; Parallelismus; Konjunktiv der Nichtwirklichkeit. **Interpretationshypothese(n):** Zu Hause wohnende junge Frau träumt während des Alltags vor der Waschmaschine vom Ausbruch, für den sie anscheinend aber keine Energie hat, alles, was bleibt, ist die Zigarettenpause.

S. 71:

Ü 12 „Der König in Thule" erzählt eine Geschichte. „Das zerbrochene Ringlein" erzählt zumindest eine Vorgeschichte. Im Gedicht „Verzeihung" kann die Vorgeschichte nur indirekt erschlossen werden. **Inhalt** von „Der König in Thule": Der König erhält von seiner sterbenden Geliebten einen goldenen Becher. Bei jedem Mahl trinkt er daraus und weint dabei um die Geliebte. Als er selbst sterben muss, vererbt er all seine Besitztümer, nur den goldenen Becher wirft er nach seinem letzten Schluck ins Meer.

S. 72:

Ü 14 Das lyrische Ich in Eichendorffs Gedicht betrauert, dass es vom (Ehe-?)Partner verlassen wurde. Das lyrische Ich in Hahns Gedicht zieht Bilanz, nachdem es vom Partner verlassen wurde bzw. ihn verlassen hat.

S. 73:

Ü 15 **Symbole:** goldener Becher als Symbol für ewige Treue; „Er leert' ihn jeden Schmaus": Beständigkeit; „Und warf den heiligen Becher / Hinunter in die Flut": So wie die Liebenden sterben, wird auch der Becher „begraben". **Symbolik der 3. Strophe/Gefühl des lyrischen Ich in der 4. Strophe:** Nichts ist so wertvoll wie die Liebe. Sprachliche Bilder in Eichendorffs Gedicht: Während der Ring als Symbol für die Treue zerbrochen ist, geht das Leben weiter (Mühlrad); das lyrische Ich kann seine Verzweiflung eventuell als Künstler (Spielmann) verarbeiten oder sich in seiner Verzweiflung in Kriegsgeschehnisse stürzen, wo die Liebesglut durch Blut und Feuer der Schlacht übertönt wird. Wirklich zum Stillstand kommen kann der Liebesschmerz aber nur durch den Tod.

S. 74:

Ü 16 In der ersten Strophe erinnert das Mühlrad an die Geliebte, in der letzten Strophe erträgt das lyrische Ich diese Situation nicht mehr; in der ersten Zeile ist das Geräusch des Mühlrads („geht") aufdringlich, die letzte Zeile wird durch das Wort „still" abgeschlossen. Der kühle Grund der ersten Strophe kann in der letzten Strophe mit einem Grab assoziiert werden. Die Reimwörter sind durch Gegensätze geprägt: versprochen – gebrochen; Ring dabei – Ring sprang entzwei; liegen – fliegen; Schlacht – Nacht; will – still!

Ü 17 „Der König in Thule": sechs Strophen. Zeilen 14, 16, 22 und 24 weisen gleichen Reim auf. Jede Strophe ist in Form des Kreuzreims gestaltet, wobei a immer weiblich, b immer männlich endet.
das jambische Versmaß wird in den Zeilen 1, 7, 19, 23 und 24 durchbrochen – in diesen Zeilen findet sich eine zusätzlich unbetonte Silbe. Dominanz des Zeilenstils. Die Assonanzen mittels t-Laut unterstreichen das Thema des Todes. Kein explizites lyrisches Ich. „Das zerbrochene Ringlein": umfasst fünf gleich lange Strophen. Die Form des Gedichts ist regelmäßig. Es besteht aus fünf Strophen zu je vier Verszeilen mit jeweils drei Hebungen. Jede Strophe ist in Form des Kreuzreims gestaltet, wobei a immer weiblich, b immer männlich endet. Das Gedicht verwendet durchgängig den Jambus. Dominanz des Zeilenstils. „Verzeihung": Setzt sich aus drei unterschiedlich langen Strophen zusammen. Die fünfzeilige Strophe wird durch eine Verszeile abgeschlossen, die aus einem einzigen Wort besteht / gebildet wird. Das Gedicht ist durch Enjambement geprägt. Mit dem ersten Wort tritt das lyrische Ich explizit ins Gedicht. Das lyrische Ich wendet sich an ein Du. Jede Strophe wird mit der anaphorischen Formel „Ich verzeihe mir" eingeleitet.

S. 75:

Ü 18 Assonanzen im Gedicht „Das zerbrochene Ringlein": 1. Strophe d, 3. Strophe: w, s, 4. Strophe: f, sch, 5. Strophe: w.

Ü 19 Wiederholungen: „ich", „ich verzeihe mir", „jede", „will"; Gegensätze: „entfernte" – „näherte", „was ich will" – „was ich nicht will", „was ich will" – „was ich nicht will". In der zweiten Zeile wird zuerst die Zeit, dann die Kommunikation, dann der Partner selbst angeführt. Die zweite Strophe kann so interpretiert werden, dass sich das lyrische Ich selbst belogen und getäuscht hat. Insgesamt verzeiht das lyrische Ich sich selbst, dass es sich mit dem Ex-Geliebten eingelassen hat, dass das Leben aus Selbsttäuschung bestanden hat, und freut sich abschließend darüber, dass nun wieder ein selbstbestimmtes Leben beginnen kann: „Ich lebe".

Ü 20 Auch „Das zerbrochene Ringlein" zeigt das lyrische Ich als Jemanden, der nicht zur Ruhe findet und unter unerfüllter Sehnsucht leidet.

S. 76:

Ü 21 Sowohl in Goethes wie in Eichendorffs Gedicht geht es um die Treue. In Eichendorffs und Hahns Gedicht geht es um das Ende einer Liebesbeziehung, über die das lyrische Ich räsoniert.

S. 79:

Ü 22 Figuren werden durch ihre Handlungsweise und ihre Sprache charakterisiert. Insbesondere die Denkweise Hillers wird offensichtlich. Über Hiller sagen auch die Soldaten etwas aus. Die Beziehung zwischen den Figuren ist erzwungen. Kommunikation ist nicht symmetrisch. Es liegen Interessensgegensätze vor. Historisch-politische Situation wird widergespiegelt. Der Autor Karl Kraus hat eine Botschaft.

S. 92:

Ü 25 Dass der Platz vor der Waschmaschine dann leer bliebe, unterstreicht die Erzählerin durch die zweimalige Satzeinleitung „Niemand würde [...]". Dass Idas Freund wohl keinen Kontakt zu ihren Eltern hat oder von diesen sogar abgelehnt wird, zeigt die lakonische Vermutung „Der Freund würde sowieso nicht mehr kommen."
Nur das Partizip „kaugummikauend" wird durch ein anderes Partizip ersetzt, nämlich „zigarettenrauchend".
Der vollständige Satz lautet: „Ich verzeih mir / jede Sekunde die ich / um dich geweint".